A mídia e seus truques

o que jornal, revista, TV, rádio e internet fazem
para captar e manter a atenção do público

Nilton Hernandes

A mídia e seus truques
o que jornal, revista, tv, rádio e internet fazem
para captar e manter a atenção do público

Copyright© 2006 Nilton Hernandes
Todos os direitos desta edição reservados à
Editora Contexto (Editora Pinsky Ltda.)

Capa
Antonio Kehl

Diagramação
Gustavo S. Vilas Boas

Revisão
Daniela Marini Iwamoto
Vera Lucia Quintanilha

Dados Internacionais de Catalogação na Publicação (CIP)
(Câmara Brasileira do Livro, SP, Brasil)

Hernandes, Nilton
A mídia e seus truques : o que jornal, revista, TV, rádio e internet fazem para captar e manter a atenção do público / Nilton Hernandes. 2. ed. – São Paulo : Contexto, 2021.

Bibliografia
ISBN 978-85-7244-343-2

1. Comunicação de massa – Aspectos sociais 2. Comunicação de massa – Audiências 3. Comunicação de massa – Influência 4. Comunicação de massa – Objetividade I. Título.

06-5756   CDD-302.23

Índice para catálogo sistemático:
1. Mídia e atenção do público : Sociologia 302.23

2021

EDITORA CONTEXTO
Diretor editorial: *Jaime Pinsky*

Rua Dr. José Elias, 520 – Alto da Lapa
05083-030 – São Paulo – SP
PABX: (11) 3832 5838
contexto@editoracontexto.com.br
www.editoracontexto.com.br

Proibida a reprodução total ou parcial.
Os infratores serão processados na forma da lei.

SUMÁRIO

UMA NOVA PROPOSTA DE ANÁLISE DOS JORNAIS 9
Plano de trabalho:
das noções gerais para as análises específicas 11

QUESTÕES GERAIS

Verdade, objetividade, realidade... revendo conceitos 17
As principais cláusulas do contrato jornal-público 18
A verdade como um efeito do discurso 18
Verdade e ideologia:
uma discussão a partir das reflexões de Clóvis Rossi 21
O recorte específico da realidade
praticado pelo jornalismo: a notícia 23
A isenção impossível:
um mesmo acontecimento e três notícias distintas 25
Os efeitos de objetividade 29
O "efeito de neutralidade" 32
A objetividade como dever fazer: a ética jornalística 35

O gerenciamento do nível de atenção:
a estratégia principal de persuasão 37

O jornal: duas histórias que se inter-relacionam 38
Formas de relacionamento entre jornais e público-alvo 39
Sujeitos marcados nos jornais
e modos de relacionamento 44
O fenômeno da atenção 46
A curiosidade e os percursos da atenção 48
Estratégias de arrebatamento e de sustentação 52
A proximidade temporal: o efeito de atualidade 55
A proximidade com atores e o espaço: a empatia 63
A proximidade imposta: o sensacionalismo 69
A estratégia de fidelização 72
Exemplo: *Jornal da Tarde versus Diário de S. Paulo* 76

A atenção manipulada no tempo e no espaço 83

Dois modos de construção do objeto:
no tempo ou no espaço 83
Valorização ou desvalorização da notícia 86
O ritmo textual 88

ANÁLISES ESPECÍFICAS

O radiojornalismo 97

Considerações gerais sobre o radiojornalismo
e o *Jornal da* CBN 98
A sensação de "tempo real" 99
A oscilação entre o ouvir e o escutar 101
A locução como elemento organizador 105
Música, efeitos sonoros, ruídos e a relação com a fala 111
A questão do tempo e do valor
da notícia: a prisão de Saddam 115

O telejornalismo 119

Considerações gerais sobre
o telejornalismo e o *Jornal Nacional* 119
A estrutura do programa 124
Marca, âncoras, repórteres e correspondentes 132
Tempo e espaço: os efeitos de câmera e edição 135
Montagem e domínio do tempo 143

A prisão de Saddam:
um bloco inteiro dedicado ao assunto...........................145
Relação entre fragmento e duração.........................172
A fala como elemento articulador.........................173
Mais questões sobre o tempo.........................178
O controle da percepção:
o uso ideológico da edição e dos planos de câmera..............180

O jornalismo impresso.........................183
Considerações gerais sobre
a *Folha de S.Paulo* e a revista *Veja*.........................183
Organização textual:
efeitos do projeto gráfico e da diagramação...................185
Divisões do jornal, suporte e a atualidade da notícia...........193
Entre o essencial e o acessório:
a construção de um leitor fragmentado........................200
Os cinco conjuntos significantes
manejados pela diagramação.........................207
Tipos gráficos e significação.........................209
O fotojornalismo.........................213
Análise de abordagem: a prisão de Saddam Hussein...........222

O portal: jornalismo na internet.........................233
Considerações gerais sobre a internet e o portal..............234
Formas de textualização.........................238
O efeito de sentido de "infinitas possibilidades"..............244
O enunciatário impaciente.........................247
Tudo é notícia.........................253
A cobertura da prisão de Saddam.........................254

CONCLUSÃO.........................265
Ethos e efeitos de proximidade.........................265
Comparação entre os jornais analisados.........................266
Uma analogia entre jornais e restaurantes.........................270

PARA SABER MAIS.........................273

BIBLIOGRAFIA.........................275

O AUTOR.........................279

UMA NOVA PROPOSTA DE ANÁLISE DOS JORNAIS

Este trabalho apresenta um modelo de análise de jornais e do jornalismo, principalmente brasileiros, para que pesquisadores, professores e estudantes consigam desvendar as estratégias persuasivas desses meios de comunicação. Ninguém nega o poder dos *jornais*, palavra que, neste livro, serve para designar qualquer forma de noticiário: impresso, de rádio, de TV, via internet. É de uma obviedade inquestionável, por exemplo, afirmar que o *Jornal Nacional* manipula nossa emoção. Ou que os principais jornais estão a serviço dos interesses da elite dominante. Mais complicado é tentar responder: *como* fazem isso? Que mecanismos colocam em funcionamento para fazer determinados pontos de vista se tornarem verdadeiras bandeiras de uma sociedade?

Atualmente as ferramentas de investigação à disposição dos analistas são limitadas e dão conta apenas de certos aspectos da produção de sentido desses objetos. Os jornais apresentam intrincadas e sofisticadas relações entre unidades que ainda são muitas vezes entendidas e estudadas por meio da classificação *verbal* x *visual*, ou *visual* e *sonoro*. Isso sem contar os que defendem a supremacia de uma certa "visualidade" em tudo e em todos os lugares. Para contrabalançar, certos teóricos acham que um jornal é só "conteúdo", que efeitos de um projeto gráfico, de ritmo na apresentação de tomadas na TV, por exemplo, devem ser encarados como cosméticos e desimportantes. Nossa vida, no entanto, está sendo dominada por relações cada vez mais complexas de possibilidades de expressão, de usos de novas linguagens, e não pelo predomínio do "verbal" ou do "visual". É por isso que existe hoje uma certa avidez por ferramentas de estudo de meios de comunicação por parte de pesquisadores, estudantes e professores universitários, principalmente de uma metodologia que dê conta do objeto jornalístico como um todo, não apenas de um dos seus aspectos (técnicos, contextuais, de "bastidores", filosóficos ou sociológicos) ou pedaços (só fotos, só capas, só parte verbal etc.). Este livro tenta dar resposta a essa necessidade: oferece ferramentas úteis, práticas, para o analista realizar um estudo "integral" de uma ou várias edições dos maiores jornais do país.

A investigação aqui proposta concentra-se no próprio objeto jornalístico. Esse é um grande diferencial deste trabalho. O jornal não é, aqui, um subterfúgio para se falar – ou se criticar – outra coisa, não é pretexto para outro tipo de discussão.

O estudo se fundamenta em uma questão básica: como os jornais obtêm atenção e laços com o público? Os produtos jornalísticos devem atrair, administrar e manter elevado o nível de atenção dos seus respectivos públicos para que exista sustentação e aumento de audiência (caso das TVs, rádios e internet) ou de tiragem (nos jornais e revistas), base da lucratividade das empresas. Como tentaremos mostrar no livro, essa é a principal coerção dos noticiários. Todas as outras operações – como a busca de efeitos estéticos, afetivos, a sensação de imediatismo do jornalismo on-line e globalizado, os conteúdos diferenciados – se filiam e fazem parte dessa necessidade vital de manter o público sempre cativo, longe do controle remoto, do dial, de outro site, dos concorrentes.

O jornal depende da tiragem ou da audiência para o exercício de seu poder como ator social. Sem atrair e manter a atenção de grandes fatias do público-alvo, não pode legitimar seu recorte da realidade e seus valores para o conjunto da sociedade. Estudar o que estamos chamando de "gerenciamento do nível de atenção" dos jornais esclarece, mostra e expõe os "truques" dos jornais para obter e manter os laços com o público. E, principalmente, como fazem para apresentar suas opiniões como verdades, como "fatos" que todos devem partilhar.

PLANO DE TRABALHO:
DAS NOÇÕES GERAIS PARA AS ANÁLISES ESPECÍFICAS

Essa obra apresenta duas grandes divisões. Na primeira parte, "Questões gerais", são discutidos os conceitos de comunicação, notícia, ideologia, realidade, verdade, objetividade. Para iniciar um estudo sobre o jornalismo dos maiores veículos de comunicação é preciso desmistificar essas noções e, ao mesmo tempo, apresentar as bases que sustentam a investigação. Nessa parte inicial do livro, o pesquisador vai encontrar as primeiras orientações gerais para realizar sua pesquisa. Apresentamos ainda toda a problemática da atenção nos jornais. Produtos industriais, os jornais construíram com o tempo mecanismos que comunicam o que é mais ou menos importante, o que merece mais ou menos concentração e atenção. Os jornalistas desenvolveram meios de guiar a percepção do público, direcionar as expectativas, mostrar pontos de maior ou menor interesse nos níveis sensível, passional e inteligível. Nas TVs, por exemplo, Willian Bonner não precisa afirmar: "Essa notícia é muito importante!". Basta apenas dar mais tempo de veiculação para uma reportagem, entre outros recursos. Estudar o gerenciamento do nível de atenção também serve para estabelecer princípios de organização e funcionamento dos principais jornais, integrando discussões e preocupações que aparecem dispersas em outros métodos de investigação.

Na segunda parte do livro, "Análises específicas", há os estudos dos meios. São examinadas características de cinco noticiários brasileiros, produzidos no período de quatro anos (2002 a 2005), mais algumas novidades de 2006, que obtiveram maior audiência ou tiragem: *Jornal da* CBN, *Jornal Nacional*, revista *Veja*, *Folha de S.Paulo*, *Portal* UOL. Em outras palavras, são estudados os jornais que poderíamos chamar de "vencedores":

OS CINCO OBJETOS JORNALÍSTICOS ANALISADOS

Nome	Tipo	Característica e tiragem ou audiência
Jornal da CBN	Programa diário de rádio	O âncora, Heródoto Barbeiro, divulga o programa como o de maior audiência da cidade de São Paulo (Fonte: http://www.herodoto.com.br). A Rádio CBN é a maior rede de emissoras *all news*, que transmite via satélite

		24 horas de jornalismo. Criada em 1º de outubro de 1991, a CBN está presente nas principais cidades e em capitais como Rio de Janeiro, São Paulo, Belo Horizonte e Brasília. Reúne mais de duzentos jornalistas pelo país (Fonte: http://radioclick.globo.com/cbn/).
Jornal Nacional	Programa diário de TV	É líder de audiência desde sua fundação, em 1969. Em 2004, tinha média de 43 pontos do Ibope. Isso significa a sintonia de 68% dos televisores brasileiros, ou 31 milhões de telespectadores. O programa da Rede Globo é um dos telejornais mais vistos no mundo (Fonte: *Veja*, edição 1869, 1º de setembro de 2004, "A guerra atrás das câmeras", texto de João Gabriel de Lima, pp. 101-8).
Folha de S.Paulo	Diário impresso	Fundada em 1921, tornou-se na década de 1980 o jornal mais vendido no país. Em 2005, a circulação média foi de 289 mil exemplares em dias úteis e 361 mil aos domingos. Tem circulação nacional (Fonte: Conheça a *Folha* – http://www1.folha.uol.com.br/folha/conheca).
Veja	Revista semanal	Quarta maior publicação do gênero "revista semanal de informação" no mundo (atrás de *Time*, *Newsweek* e *U.S.News*) e a maior do Brasil, com 1.131.100 exemplares e 4,701 milhões de leitores (Fonte: *Midiakit Veja* – acessível a partir do site www.vejaonline.abril.uol.com.br – link "para anunciar").
UOL – *Universo On Line*	Portal – internet	Principal portal de conteúdo e provedor pago de acesso à internet do país. Segundo o Ibope *NetRatings*, o UOL teve média de 7,234 milhões de visitantes mensais no Brasil entre janeiro e setembro de 2004, número que lhe dá a primeira posição no *ranking* dos maiores portais de conteúdo brasileiros e representa cerca de 60% de alcance nesse mercado. Isso significa que de cada dez pessoas que acessam a internet a partir de casa, seis visitam o UOL regularmente (Fonte: http://sobre.uol.com.br/).

Esses cinco produtos jornalísticos geraram quatro grandes grupos de análise: radiojornalismo, telejornalismo, jornalismo impresso, jornalismo de internet (portal). A *Veja* e a *Folha de S.Paulo* foram reunidas em um só item em função de sua textualização ser muito semelhante. Os jornais, depois, na conclusão, são comparados. As diferenças de abordagens, coerções e vantagens de cada um são mostradas e esclarecem e exemplificam o funcionamento de determinadas estratégias discutidas ao longo da obra.

O livro, portanto, foi construído para que o analista possa ir das questões gerais diretamente para a análise do objeto jornalístico que lhe interessa (rádio, TV, impressos, internet). Na análise específica não há fórmulas prontas. Ao contrário, é mostrado um caminho concreto de estudo – que tem a investigação do fenômeno da atenção como ponto central e irradiador das investigações – e seus resultados.

Todo o trabalho tem como base teórica a Semiótica Discursiva, ou Semiótica de origem francesa, de Greimas e seguidores, principalmente da Universidade de São Paulo. Trata-se ainda de uma versão reduzida e de divulgação científica da tese de doutorado *Semiótica dos jornais: análise do Jornal Nacional, Folha de São Paulo, Jornal da CBN, portal UOL, revista Veja* do mesmo autor, defendida na USP. As propostas apresentadas – feitas em linguagem acessível, que não exigem nenhum conhecimento prévio do leitor – tiveram como ponto de apoio principal os estudos dos semioticistas Diana Luz Pessoa de Barros, Luiz Tatit e José Luiz Fiorin, todos da USP. As reflexões de jornalistas e teóricos da comunicação também apontaram caminhos importantes.

Finalmente, queremos justificar este livro e a necessidade de estudos dos objetos de comunicação a partir de algumas reflexões importantes. Armand e Michèle Mattelart asseveram que "a era da chamada sociedade da informação é também a da produção de estados mentais". Afirmam os dois autores que "a liberdade política não pode se resumir no direito de exercer a própria vontade. Ela reside igualmente no direito de dominar o processo de formação dessa vontade" (2002: 187). Fiorin, em fórum na USP, em 2004, lembrou que "a compreensão crítica do discurso veiculado pelos meios de comunicação de massa é garantia de exercício pleno da cidadania [...]. Para isso, é preciso compreender os mecanismos de que se vale o discurso para conseguir eficácia".

QUESTÕES GERAIS

VERDADE, OBJETIVIDADE, REALIDADE... REVENDO CONCEITOS

No jornalismo, a relação entre autor e leitor, ouvinte, telespectador ou internauta não é de mera transmissão de informações. Comunicar, em todas as suas formas, não é apenas um meio inocente de transmissão de saberes, mas, como afirma José Luiz Fiorin (2004: 14), é principalmente a ação do homem sobre outros homens, criadora de relações intersubjetivas que geram e mantêm crenças que se revertem ou não em determinados atos. Para analisar os jornais e o jornalismo como forma de comunicação utilizada por certos grupos sociais para exercer essa manipulação de maneira mais efetiva, é preciso apresentar o que se entende por fato, notícia, ideologia, realidade, verdade, questões sempre cercadas de grande controvérsia. A objetividade merece grande destaque.

> Citaremos bastante a palavra "texto" em sentido amplo, como sinônimo de jornal. A palavra "texto", neste trabalho, não deve ser confundida com a parte verbal de alguns objetos. Texto, na acepção da Semiótica Discursiva, é um "todo de sentido" que pode ser objeto de análise: jornais, esculturas, prédios, roupas, cidades, músicas, romances, filmes e segue a lista. Por questões didáticas, utilizaremos em alguns momentos a palavra "discurso" também como sinônimo de texto.

No jornalismo, a divulgação de notícias está intimamente relacionada a mudança ou reforço de crenças que redundem em atitudes que podem ou não se converter em ações de diversas amplitudes, de comprar um jornal a apoiar determinado candidato a presidente, de ver a peça de teatro comentada ou até mesmo de não fazer nada diante de alguma forma de injustiça. Para a manipulação dos jornais funcionar, é necessário, entre outros aspectos, que o público partilhe do mesmo sistema de valores do jornal. Na comunicação, os participantes se constroem e constroem, juntos, o objeto jornal. O público é, portanto, coautor. Um autor leva em consideração as expectativas e as prováveis reações de quem vai receber o texto para construir um discurso com a eficiência desejada. Nesse sentido, o "receptor" também participa da comunicação.

AS PRINCIPAIS CLÁUSULAS DO CONTRATO JORNAL-PÚBLICO

A relação de um jornal com o público-alvo pressupõe um "contrato" com um grande número de "cláusulas". Deve ser ressaltado que esse contrato, contudo, não é fundado em um acordo explícito. As cláusulas revelam uma série de expectativas mutuamente partilhadas que influenciam a produção e o consumo do discurso jornalístico dos grandes noticiários. Neste espaço do trabalho, queremos abordar o que estamos chamando de *cláusulas principais*. Em outras partes do livro, mostraremos mais cláusulas também importantes, porém de abrangência um pouco mais limitada ou menos proeminente. "Dizer a verdade", "separar fatos de opiniões e interpretações", "ser objetivo e imparcial nos relatos", "mostrar a realidade" são cláusulas centrais no contrato do jornal com seu público.

A VERDADE COMO UM EFEITO DO DISCURSO

Talvez um dos maiores problemas na análise do jornalismo seja a confusão, a mistificação e até mesmo a ingenuidade que cercam a discussão sobre a "verdade". O senso comum vê a realidade como definitiva, pensa a existência de um mundo único e de uma verdade inquestionável. No entanto, qualquer aspecto da realidade é muito mais complexo do que podemos dar conta. Estamos condenados a dar sentido a certas experiências. Nossa visão de mundo, os próprios discursos sobre certos assuntos e a nossa língua, porém, nos empurram em determinada direção. Vamos pinçando e construindo significações a partir desses limites. O desemprego para um homem religioso pode ser um castigo de Deus. Para outro, pode ser consequência de uma sociedade na qual os trabalhadores são explorados de modo desumano pelos empresários. Para um terceiro, pode ser falta de competência. Entender e aceitar essa complexidade é muito difícil e um tremendo exercício de imparcialidade que se impõe a qualquer analista.

O problema maior é que cada pessoa acha que seu direcionamento, que sua limitação na maneira de interpretar a realidade, é a própria realidade. Que a parte é o todo. Que o mundo é o mesmo para todos. Ou seja, o que ela vê, sente e interpreta é o que todo mundo também vê, sente e interpreta. E que qualquer jornal também pode ser "julgado" por essa mesma lógica. O que se vê com o nome de "análise dos jornais e do jornalismo", até mesmo entre teóricos famosos, não passa de um confronto de visões de mundo: a do analista (que se acha detentor da "verdade") e a do jornal. Quando concorda com o analista, o jornal fala a "verdade". E quando não tem o mesmo ponto de vista do estudioso, "mente", é "manipulador", é "errado", diz coisas "sem sentido", "injustas", "sem lógica" e até mesmo "estúpidas". Esse tipo de análise é uma consequência de quem assume que o mundo é o mesmo para todos, de quem admite a existência de uma realidade fixa, imutável, e, portanto, de uma única verdade.

Os jornais são sempre objetos de muita crítica. E não é difícil criticar um programa de TV, uma reportagem em um diário, os comentários do âncora em um noticiário radiofônico. Frequentemente, esse atrito é consequência de choques ideológicos. O crítico julga ter acesso à verdade sobre determinado assunto e recrimina o jornal por não tê-la apresentado "fielmente". Parte dessa mesma concepção de mundo que o crítico jura ser produto de sua mais profunda reflexão pessoal é, entretanto, também uma construção midiática! Os jornais, portanto, são instrumentos complexos de poder. A crítica tem de ser construída em outro nível, lançando-se mão de instrumentos de análise que tentem dar conta das dimensões sensíveis, racionais e passionais mobilizadas pelos jornais no seu processo de persuasão.

Na nossa proposta de análise, a atividade humana é pensada em termos de jogos de persuasão para que certos significados sejam aceitos e outros rejeitados. As interpretações não são estanques, mas consequência de uma verdadeira batalha diária que envolve os meios de comunicação. Isso significa que os jornais apresentam o que deve ser entendido como "realidade", os valores em jogo, ou seja, o que deve ser valorizado ou desvalorizado, e a própria forma de interpretar esses mesmos "fatos".

Nosso estudo de reportagens sobre desemprego feitas pela revista *Veja* mostraram, por exemplo, que a publicação constrói uma realidade específica para justificar o problema. A revista quer sempre que o trabalhador interprete o próprio desemprego não como um problema inerente ao capitalismo, à falta de planejamento, à corrupção – o que o levaria a se revoltar contra a ordem estabelecida, contra o governo, contra os empresários e os políticos. *Veja* quer que o leitor entenda a questão como de ordem pessoal: ele deve ver a situação como produto de sua própria falta de qualificação para o mercado de trabalho, enxergar-se como incompetente. Um problema social se torna assim como um problema individual. Ao invés da revolta, o sentimento que é manipulado é o de vergonha, que imobiliza socialmente o leitor. E a revista ainda apresenta-se como "salvadora": basta sua leitura para se descobrirem saídas.

> Um analista deve se interessar por desvendar como cada jornal constrói um efeito de que diz a verdade, de que mostra a realidade. Esse deve ser o objeto de investigação. Discutir se um jornal falou ou não a "verdade" acaba expondo mais os valores do analista do que os do jornal. A crítica dos meios de comunicação é sempre necessária, mas deve acontecer DEPOIS da análise e ser uma consequência do processo de investigação.

A verdade é aqui investigada como um "efeito" do discurso jornalístico. Em outras palavras, não interessa apontar ou discutir se *Veja* mente. O foco do trabalho é estudar o mecanismo que faz o discurso da revista ser compreendido como "verdadeiro" por mais de cinco milhões de leitores. Um dos recursos de qualquer jornal – entendido como enunciador/destinador – para persuadir o público – o enunciatário/destinatário – a crer na verdade que enuncia é elaborar uma *encenação*, uma representação da realidade que deve ser aceita pelo público. Vamos insistir: ambos devem partilhar de uma mesma visão de mundo, de uma ideologia que os torna de certo modo "cúmplices" na maneira de recortar e de dar sentido aos acontecimentos, à realidade. O leitor da *Veja* não pensa de modo "errado", mas é alguém que foi persuadido pela revista a acreditar que tal versão da realidade é a própria realidade e só pode ser verdade.

> O rótulo de verdade ou de mentira colocado nos produtos dos jornais por determinados grupos sociais tem quase sempre motivação política. Indicam, na forma de sanção pública, que determinado recorte da realidade feito pelos jornais reforça ou nega suas visões de mundo e estratégias de manutenção ou busca de poder. Não raras vezes, o debate sobre a "veracidade" de um texto é muito mais a exposição de uma crítica de motivação ideológica do que o resultado de um exercício analítico.

Verdade, realidade e ideologia são, portanto, assuntos profundamente relacionados. No estudo do jornalismo, abrem caminho para uma série de outras reflexões importantes que envolvem, por exemplo, o famoso exercício da objetividade do jornalista, a proclamada habilidade do profissional de ter acesso aos acontecimentos e reportar tudo de maneira fiel.

VERDADE E IDEOLOGIA:
UMA DISCUSSÃO A PARTIR DAS REFLEXÕES DE CLÓVIS ROSSI

Há uma notável discussão sobre a questão da verdade no jornalismo, feita por Clóvis Rossi em sua coluna da página 2, "Opinião", na *Folha de S.Paulo* de domingo, 21 de abril de 2002, a seguir.

Rossi afirma que um dos deveres maiores do repórter é "buscar a melhor versão da verdade possível de obter" (frase de Carl Bernstein, que explicita uma cláusula do contrato com o público consumidor de notícias). Notemos como cada um dos grupos beligerantes estrutura seu discurso com base em ideologias opostas. Palestinos dizem que, sim, houve massacre, e israelenses negam as mortes de civis. É a ideologia que faz com que cada um tenha uma apreensão da realidade bastante distinta. Essa é uma questão central do nosso estudo sobre o jornalismo. Para seguir em frente, é necessário definir o conceito de *ideologia* adotado neste livro. Ideologia é entendida como "visão de

CLÓVIS ROSSI

A pergunta que não cala

SÃO PAULO - *Nunca, em quase 40 anos de profissão, voltei de uma missão com um travo tão amargo de frustração como no caso da cobertura do conflito israelo-palestino. Um travo amargo que tem nome e sobrenome: campo de refugiados de Jenin, no qual houve um "massacre", segundo os palestinos, e apenas "um combate feroz", de acordo com Israel.*

Frustrou-se nesse episódio a que me parece ser a melhor definição de reportagem —de autoria de Carl Bernstein, um dos dois repórteres do caso Watergate, aquele que levou o presidente Nixon à renúncia.

"Reportagem é a melhor versão da verdade possível de obter", dizia Bernstein. Parece perfeito. É muito raro o caso de interesse público de que o jornalista é testemunha ocular. Exemplo prosaico: milhares de repórteres testemunharam, sim, a derrota do Brasil para a França na final da Copa de 1998.

Mas não havia nem era permitido haver um único deles na concentração da seleção para testemunhar o colapso de Ronaldo, de decisiva influência no resultado do jogo.

O trabalho só poderia ser o de reconstituir depois o que não se viu.

Mas a definição é perfeita, acima de tudo, por aceitar que talvez não exista A VERDADE, embora certos jornalistas (e leitores também) acreditem tê-la descoberto.

A frustração no caso de Jenin se dá porque as versões de um lado e de outro são absolutamente incompatíveis, e não havia um só jornalista presente na hora dos fatos para ter a sua própria versão.

O que todos fizemos foi ouvir os dois lados e publicar ambas as versões. É recomendação básica de qualquer manual de jornalismo, mas não basta para acalmar consciências mais inquietas. Ficou estabelecido, sim, que houve maciça destruição, o que já é um massacre.

Mas a pergunta-chave é a que a revista britânica "The Economist" puxou para a capa, no número que começou a circular sexta-feira, mais de duas semanas após os fatos: "Jenin foi um crime de guerra?".

mundo". Essa categorização da realidade renova-se a partir dos conflitos de poder entre segmentos sociais – motivados principalmente por fatores econômicos.

Cada grupo social tem um conjunto de valores, uma maneira de ver e julgar o mundo. Quando esse grupo ou classe social tenta legitimar seus valores para outros sujeitos, entramos no fenômeno da ideologia. Diversos fenômenos sociais atualmente são produtos de conflitos de grupos específicos. O entendimento da ideologia não envolve apenas uma concepção de classe. É flagrante, nesse começo do milênio, o esvaziamento da luta política a partir de conflitos de classe. Percebe-se a fragmentação das disputas sociais e o surgimento de demandas corporativas (dos negros, dos sem-terra, dos gays, do setor exportador, dos bancários). Há uma produção cada vez maior e mais fragmentada de "versões" da realidade a partir de finalidades estratégicas desses grupos, geralmente, de curto prazo, sem um horizonte de transformação social fora de limites estreitos.

> Que lições iniciais podemos tirar dessas discussões?
> • **O conceito de ideologia neste trabalho não é apresentado apenas como uma arma da classe dominante.** Outros grupos sociais também produzem suas versões da realidade. A noção de ideologia, portanto, aparece "ampliada" para todos os grupos sociais. Ao mesmo tempo, é apontada a existência de uma "verdade" dominante.
> • **Não é possível o acesso ao real sem um recorte ideológico**, sem atribuir valores aos acontecimentos. Portanto, quando um jornal constrói um discurso em que afirma mostrar a realidade, já está utilizando um recurso de persuasão.

O RECORTE ESPECÍFICO DA REALIDADE PRATICADO PELO JORNALISMO: A NOTÍCIA

No caso de Jenin, como em tantos outros abordados pelos noticiários, é possível perceber que o jornalismo tem uma relação com a realidade bastante específica, que exibe mais uma vez certas cláusulas de seu contrato com o público. Cabe aos jornais fazerem uma triagem dos acontecimentos, enfim, contar as grandes histórias que podem repercutir na vida dos leitores. Um jornalista, portanto, é sempre um mediador. Ele reporta o que acontece no mundo para o seu público, ou, para ser mais preciso, transforma fragmentos de realidade em notícia. Para seguir adiante, é importante diferenciar o *acontecimento* do *fato* e da *notícia*.

É muito comum, entre teóricos da comunicação, colocar fato como sinônimo de acontecimento, de realidade. Essa relação "fato = realidade" também aparece no *Dicionário Aurélio*. Não se deve, porém, confundir fato com realidade, muito menos com acontecimento. Vejamos as diferenças:

- **Acontecimento –** É a manifestação de qualquer fenômeno que passou a ter significado para um ser humano.
- **Fato –** Trata-se da primeira eleição e da apropriação que um determinado jornal faz de certos acontecimentos, selecionados por ter determinado valor argumentativo. Selecionar um fato aponta a existência de uma visão de mundo. Tornar algo visível, presente, é, antes de tudo, determinar-lhe valor. Significa, simultaneamente, omitir ou esquecer outros aspectos envolvidos.

24 A MÍDIA E SEUS TRUQUES

- **Notícia** – É, por sua vez, uma hierarquização de fatos, também fruto de uma visão de mundo, dentro de um objetivo de despertar curiosidade, crenças, sensações e ações de consumo do próprio meio de comunicação, questão que será depois estudada. O *Manual de Redação da Folha de S.Paulo* (2001: 43) expõe todos os critérios para se "definir a importância de uma notícia", que serão mais bem discutidos ao longo do livro:
  1. "Ineditismo (a notícia inédita é mais importante do que a já publicada).
  2. Improbabilidade (a notícia menos provável é mais importante do que a esperada).
  3. Interesse (quanto mais pessoas puderem ter suas vidas afetadas pela notícia, mais importante ela é).
  4. Empatia (quanto mais pessoas puderem identificar-se com o personagem e a situação da notícia, mais importante ela é).
  5. Proximidade (quanto maior a proximidade geográfica entre o fato gerador da notícia e o leitor, mais importante ela é)".

É notável como a *Folha*, nessa definição, não expõe com clareza o caráter mais óbvio de uma notícia, que é o de fazer crer na sua atualidade, questão que abordaremos mais adiante. Observe-se, dentro do próprio ponto de vista da *Folha de S.Paulo*, a incoerência em determinar tantas restrições para fazer a notícia e afirmar que a aplicação desses critérios deve redundar em "informação objetiva".

A morte de um político, por exemplo, é um acontecimento. Entretanto, se não é citada nos jornais, não se constitui em fato, é julgada como desimportante pelos meios de comunicação, pois não atende aos critérios expostos. Caso os jornais se interessem pelo assunto, transformam o acontecimento em fato. Só que esse fato, por sua vez, necessita ser contextualizado, virar notícia, ou seja, fazer parte de uma determinada narrativa que o hierarquize em relação a outros fatos (o impacto da morte na classe política, para o povo, o significado histórico).

É a notícia que gera todos os outros tipos de abordagens jornalísticas aqui analisadas (editoriais, comentários, charges e segue a lista). Para reforçar essa vinculação, falaremos bastante em *unidades noticiosas*. Utilizaremos essa expressão para marcar os elementos de significação de qualquer jornal analisado. É o caso de uma reportagem na TV, um módulo de um diário com título, matéria, foto, legenda. Pode ser ainda um editorial, uma crônica, uma nota, uma crítica. Essa ampliação se justifica: quase tudo o que aparece no jornal, direta ou indiretamente, se vincula a uma notícia. Uma reportagem a apresenta, um editorial opina sobre ela, uma charge a ridiculariza.

A ISENÇÃO IMPOSSÍVEL: UM MESMO ACONTECIMENTO E TRÊS NOTÍCIAS DISTINTAS

Utilizaremos outro exemplo para discutir como certas noções de realidade são concebidas no jornalismo e para iniciar as primeiras reflexões sobre a objetividade.

> Este trabalho não nega a existência da realidade. Só existe acesso ao "real", porém, por via dos discursos, da linguagem, de uma visão de mundo. Qualquer jornalista, por mais cuidadoso que seja, submetido ou não aos valores da empresa onde trabalha, não consegue deixar de eleger um acontecimento a partir de uma ideologia, de inseri-lo numa escala de valores para transformá-lo em fato e em unidade noticiosa.

Em 26 de abril de 2004, o presidente Lula foi até a cidade de São Bernardo do Campo e discursou para milhares de metalúrgicos. No dia seguinte, a *Folha de S.Paulo* estampou a visita na primeira página (com um realce somente menor do que o do título da manchete principal): "No ABC, Lula ouve vaias e queixas de metalúrgicos". Em uma foto de quatro colunas, destacou-se um operário que erguia um cartaz com os seguintes dizeres: "Basta de promessas – Queremos realizações – Chega de sermos enganados". Na parte interna do jornal, a notícia recebeu grande relevância espacial (dois terços da área total da página interna). O título principal foi: "Metalúrgicos hostilizam Lula em visita a seu berço político". Exibiu-se outra foto com uma legenda que era quase redundante em relação ao conteúdo da imagem: "Faixa de protesto, exibida ontem no ABC, pedindo a correção da tabela do Imposto de Renda".

O jornal *O Estado de S. Paulo*, em nota mais discreta de duas colunas na primeira página, trouxe o seguinte título: "Lula acena com correção da tabela do Imposto de Renda". E chamou a atenção para o fato de o presidente "incluir a correção da tabela do Imposto de Renda no pacote preparado pelo governo para ser anunciado antes do Dia do Trabalho". Na página A5, também com grande destaque espacial, o jornal imprimiu como título principal a questão do IR. Por meio dessa matéria, o leitor soube que Lula foi para a porta da Mercedes-Benz participar de um ato para entrega de ambulâncias. O jornal mostrou foto muito semelhante à imagem interna da *Folha*, na qual se vê o mesmo cartaz que afirma que o salário não é renda. Abaixo da foto, outra matéria (em nosso trabalho, "matéria" designa a parte verbal mais desenvolvida nas unidades noticiosas) com o título: "Lula encara protesto e vaia em seu berço político". Com destaque maior, havia mais um texto sobre a entrega de ambulâncias, parte do projeto Samu 192.

Ainda no dia 27, o jornal do Sindicato, o *Tribuna Metalúrgica*, edição 1.813, colocou como título principal "Lula promete solução sobre tabela do IR até sexta-feira". Via-se uma foto do presidente com dirigentes do Sindicato em reunião numa sala. Em duas matérias, o leitor da *Tribuna* ficava sabendo que o presidente prometera uma resposta para a reivindicação da categoria de pagamento de menos Imposto de Renda. E também, em outro texto, o que era o projeto Samu. Não foi escrita uma linha sobre as vaias nem sobre as cobranças feitas pelo próprio presidente do Sindicato, José Lopez Feijó. A matéria da *Folha* garantiu que Feijó, no palanque, "pediu mais empregos, mais contratações, uma política de salário mínimo e a correção da tabela do IR". A mesma *Folha*, entretanto, ignorou o projeto Samu. Seu leitor ficou apenas sabendo que Lula esteve na porta da fábrica, "onde oficializou o programa de atendimento móvel de urgência no país". E nem mais uma palavra de explicação sobre o assunto.

Podemos observar "ganchos" noticiosos distintos. Gancho é uma gíria jornalística que indica diferentes abordagens que hierarquizam as informações – assunto de que trataremos melhor em outra parte do livro. Cada reportagem elegeu e organizou, a partir de um mesmo acontecimento central (a visita do presidente a São Bernardo do Campo), diferentes fatos, o que gerou notícias que apresentaram realidades distintas. Isso é ainda mais notável quando se constata que o Sindicato mais combativo do país na década de 1980, cujas greves apressaram a democratização e o fim da ditadura militar, diante de Lula, seu ex-presidente, utilizou seu jornal para fazer um relato sóbrio e destituído de qualquer polêmica. Ninguém vaiou nem mesmo se indispôs com Lula na *Tribuna Metalúrgica*. O presidente surge como um político que não esqueceu sua antiga base, que ainda se submete a uma assembleia, ouve seus "companheiros" e mostra que tem ação social. Temos a gratidão, a humildade e a coerência como tema desse discurso.

A *Folha*, jornal da chamada grande imprensa, instaura um presidente acuado por sua ex-base sindical, em um texto que tematiza a traição, a quebra de expectativas. Para que essa construção ficasse ainda mais eloquente, a publicação praticamente sonega a seu leitor a informação de que Lula esteve na Mercedes-Benz para dar sequência a um projeto social, a entrega de ambulâncias. *O Estado de S. Paulo* lembra que não se tratou de uma ação qualquer, mas de "uma das principais bandeiras do Ministério da Saúde". Também faz um recorte específico e se concentra na questão econômica relacionada à correção da tabela do IR, teoricamente de maior interesse de seus leitores de alto poder aquisitivo.

> Os exemplos citados não podem ser analisados a partir de noções como "realidade real" e "realidade artificialmente criada". **Os jornais sempre reportam realidades filtradas, resultado de um processo com três fases: 1) "pinçagem" ou escolha do que é considerado "relevante"; 2) remontagem dos pontos que interessam para criar uma sensação de realidade e verdade; e 3) esquecimento ou negação do que é notado como inoportuno ou desimportante na situação retratada (ou de tudo o que poderia contradizer a tese resultante dos itens 1 e 2).** Não existe nenhuma forma de falar de uma ocorrência qualquer de maneira "isenta". E isso não é um "problema" dos jornais. A construção de uma determinada realidade, deve-se reforçar, dá-se a partir de uma visão de mundo, uma ideologia. Não interessa para um analista estudar se essa apreensão foi ou não consciente. O importante é verificar, na materialidade do texto, como se tenta persuadir o público. Sempre há um ato de pinçagem/remontagem/esquecimento para gerar um texto. Esse procedimento é inerente a qualquer construção discursiva e ao próprio ato de apreensão do real a partir de uma ideologia.

Quem era contra Lula e estava presente no ato da Mercedes-Benz "viu" com mais nitidez a manifestação. Quem era a favor, "notou" o significado da volta do ex-metalúrgico à porta de fábrica e a entrega das ambulâncias. A ideologia se torna assim um "filtro" da realidade. Cada jornal, no entanto, tentou impor uma interpretação como a "verdade" do que aconteceu.

Uma das mais premiadas e criativas publicidades brasileiras aborda os limites do processo de pinçagem/remontagem/esquecimento. Trata-se de "Hitler", uma propaganda de TV criada pela W/Brasil para a *Folha de S.Paulo* em 1987. Inicialmente o telespectador vê somente os pontos

28 A MÍDIA E SEUS TRUQUES

de *off-set* de uma imagem tão ampliada que não permite identificação. Há uma narração e a câmera vai então se afastando, permitindo, aos poucos, o reconhecimento do que se percebe ser uma fotografia. Conta-se a seguinte história:

> Este homem pegou uma nação destruída, recuperou sua economia e devolveu o orgulho a seu povo. Em seus quatro primeiros anos de governo, o número de desempregados caiu de seis milhões para novecentas mil pessoas. Este homem fez o produto interno bruto crescer 102% e a renda *per capita* dobrar. Aumentou os lucros das empresas de 175 milhões para cinco bilhões de marcos. E reduziu uma hiperinflação a no máximo 25% ao ano. Este homem adorava música e pintura e quando jovem imaginava seguir a carreira artística.

No final da narração, o telespectador se defronta com a imagem de Hitler. O comercial termina com a logomarca da *Folha de S.Paulo* e a seguinte mensagem: "É possível contar um monte de mentiras, dizendo só a verdade."

Do ponto de vista analítico, mais relevante do que discutir se um texto disse ou não a verdade é notar que cada elemento do jornal foi pensado com uma missão: a de fazer o *parecer real* ser *sentido como real*. O leitor, o ouvinte, o telespectador ou o internauta não devem desconfiar de que certos aspectos da realidade são silenciados na triagem ideológica para que a "densidade de outros" seja ressaltada. O resultado final apresentado pelos jornais deve ser sentido pelo público-alvo como a própria realidade, e não como uma versão dela. Isso acontece geralmente – vamos reforçar mais uma vez – quando jornalista e público, por exemplo, partilham dos mesmos valores. E também, obviamente, quando o texto foi bem sucedido na maneira de apresentar argumentos que sustentam determinada tese. O leitor que a *Folha de S.Paulo* constrói, por exemplo, partilha da ideia de que a entrega de ambulâncias é um "jogo de cena". Esse fato nem merece ser citado. Portanto, a omissão não pode ser julgada como "mentirosa". Um discurso que se contrapõe a qualquer ação do governo não pode ver a maioria das atuações de Lula como relevantes. Para a *Folha*, notícia é também – e, muitas vezes, *principalmente* – o que o presidente *não faz* e as promessas que não cumpre. Reafirma-se o tema da traição. Esses exemplos atestam a razão de a semiótica ser uma teoria que se volta para refletir sobre o "parecer do ser" que os textos manifestam.

> Não há acesso aos acontecimentos "concretos" nem compreensão das experiências, portanto, fora dos quadros de uma linguagem e de uma categorização que acontece com base em um sistema de valores. Além de determinar o que é importante saber e de dar presença a certos aspectos da realidade e não a outros, a função do jornalismo também é a de apresentar conceitos sobre situações, atos e seus personagens, no sentido de tentar impor uma versão sobre certos acontecimentos. **Um jornal pode ser entendido como um texto que materializa e congela, numa coordenada espaço-temporal específica, o recorte da realidade que um grupo social faz e julga mais conveniente legitimar para uma camada social mais ampla.**

OS EFEITOS DE OBJETIVIDADE

Deve-se ressaltar ainda que todos os três conjuntos de textos citados – inclusive o do jornal do Sindicato – estão rigorosamente dentro das regras da chamada construção de um material jornalístico "objetivo". Não aparecem opiniões. Os depoimentos estão entre aspas. Há a utilização da terceira pessoa. Os fatos surgem como se o próprio leitor tomasse contato com eles. As fotos harmonizam-se com o que é descrito, servindo como mais uma "prova" da veracidade do relato. A *Folha* leva o efeito de realidade ao extremo, com uma descrição minuciosa: "Logo que colocou o pé no palanque montado no pátio da fábrica, Lula teve que encarar as faixas de protesto. Na primeira fila, os metalúrgicos ostentavam a mensagem: 'Tabela sem correção, leva o meu salário, leão'. Em outra, mais atrás, estava escrito: 'Xô, leão, salário não é renda'."

Nota-se ainda no texto da *Folha* e do *Estado* um fazer crer nas regras de respeito à imparcialidade: todos os lados foram ouvidos. Mesmo vozes criticadas aparecem também enunciando suas justificativas, o que serve para reforçar a ideia de "independência" dos dois grandes jornais brasileiros.

Cada um dos três recortes da realidade, no entanto, induz seus leitores a uma determinada reação. E é por isso que só podemos falar da realidade, da verdade, da objetividade e também da imparcialidade como *efeito de sentido*. A visão de mundo do jornal paira sobre seu produto e é indissociável de qualquer um dos seus recursos expressivos e de seus conteúdos.

> A primeira ingenuidade que a análise dos noticiários elimina é a de que a ideologia se encontra apenas na parte dos editoriais. A segunda é a possibilidade de um jornalismo "isento". Um analista deve se interessar pela seguinte questão: como se produz esse efeito de objetividade?

A objetividade, no entanto, precisa ser claramente exposta em um trabalho de análise jornalística. Há uma tendência na área de comunicação de se pensar o "autor real", "as reais intenções", a "produção real" do discurso jornalístico. Nossa proposta é diferente: devemos buscar no próprio jornal as marcas que constroem uma imagem de autor, sua intencionalidade. O que interessa é o autor e a intencionalidade que são apreensíveis por meio do texto. Valorizamos o objeto jornalístico como meio de conhecer e apontar as estratégias de manipulação. Sabemos que o *Jornal Nacional*, para citar um exemplo, foi feito por alguém, em um determinado tempo, em um determinado espaço. Não temos acesso, porém, a esse ato produtor do texto. Pode-se argumentar que o JN é realizado no Rio de Janeiro, por determinados profissionais, todas as noites. O problema, porém, não é esse. O programa elabora um outro tempo, um outro espaço e outras personagens para a persuasão do público. Por exemplo: o telespectador do *Jornal Nacional* tem a impressão de que o programa sempre acontece "ao vivo", no mesmo momento em que é visto. É evidente também que a apresentadora Fátima Bernardes não é uma criação de computação gráfica. O que está em discussão, porém, é que o objeto jornalístico "JN" nos impõe modos de relacionamento com a apresentadora. Fátima Bernardes, um ser humano, torna-se então uma personagem, quase alguém "da família".

Retomemos a questão da objetividade discutida como uma maneira de relatar um fato com "distanciamento e frieza", como afirma o *Manual de Redação da Folha de S.Paulo* (2001: 45) e pensada, neste trabalho, como efeito de sentido construído pelo texto jornalístico exatamente para fazer crer que os relatos são a própria expressão da realidade, do que acontece ou aconteceu.

> A objetividade é um dos recursos jornalísticos para se tentar "apagar" o modo pelo qual a realidade foi filtrada a partir do sistema de valores do jornal que, como empresa ou parte de um conglomerado de informação, não quer se revelar como um ator social atuante interessado nos aspectos sociopolíticos e nas consequências do que noticia.

A objetividade descrita pela *Folha*, e comum a todos os noticiários aqui analisados, é uma *estratégia de construção do discurso que instaura um efeito de sentido de adequação ao real*. Essa estratégia argumentativo-persuasiva para a criação de importantes crenças no destinatário acontece em dois patamares complementares:

No primeiro, de caráter geral, é possível observar textos que têm um viés ideológico muito evidente. Só que o jornal sabe que seu público, diante de um acontecimento, faria o mesmo recorte da realidade. Desse modo, essa apreensão do real não é sentida como "parcial", tendenciosa e enviesada por leitores, telespectadores, internautas ou ouvintes, mas como a própria realidade, produto de um olhar "objetivo".

A avaliação precisa das bases ideológicas do público-alvo na argumentação garante ao jornal estruturar esse discurso que se quer fazer crer como "analítico-objetivo" e armar uma ponte entre a objetividade e a verdade a partir de uma interpretação. Reforcemos que o parecer verdadeiro é sentido como verdade quando grupos ou pessoas que se comunicam compartilham de uma mesma maneira de categorizar os acontecimentos, de lhes dar "significado". O leitor construído pela *Folha de S. Paulo*, por exemplo, partilha da ideia de que Lula é um traidor. Não se trata de julgamento, de opinião – subjetividade do destinador – mas de uma premissa que tem valor quase de "fato", portanto, de um dado "real", "objetivo", que serve de base de construção da argumentação. Um jornal palestino muito provavelmente apresentou as mortes de Jenin como resultado de um massacre, entendido com um dado "objetivo" para a maioria dos árabes que vivem em Israel. Houve patriotismo exacerbado e apelos belicistas dos meios de comunicação dos Estados Unidos após o ataque de 11 de setembro. Só que, para a maioria dos norte-americanos, essa apreensão da realidade foi sentida como "objetiva", sem exageros. Jornais e público se entendiam sobre o que estava ocorrendo e o que deveria ser feito.

No segundo nível de construção de adequação ao real, de caráter mais delimitado, podem ser verificados nos textos certos efeitos de sentido de distanciamento que dizem respeito a estratégias discursivas específicas.

Em jornalismo, a técnica mais comum é fazer com que a notícia seja manifestada, no nível discursivo, sem a explicitação de um "eu". O uso da terceira pessoa numa reportagem dá a impressão de que o próprio assunto se apresenta para o público. Os jornais também procuram persuadir o público-alvo de que o recorte da realidade que efetuam ao noticiar é a própria realidade lançando mão de diálogos, fotografias, filmagens e outras possibilidades de concretude discursiva.

O "EFEITO DE NEUTRALIDADE"

Uma questão notável no jornalismo é que quase todos os textos são produzidos em terceira pessoa. Raramente alguém diz "eu", mesmo em editoriais, espaços consagrados às opiniões. É possível apontar estratégias de objetividade em partes do jornal assumidamente opinativas. Isso acontece porque os recursos de objetivação de um texto, muito estudados pela linguística e pela Semiótica, não se confundem com o que os próprios jornalistas chamam de texto "objetivo". Para os profissionais, "objetividade" é não se envolver com a notícia. Manuais de jornalismo, como o do jornal *O Estado de S. Paulo*, são taxativos. O jornalista deve evitar, no texto verbal, intrometer-se no assunto reportado: "Faça textos imparciais e objetivos. Não exponha opiniões, mas fatos, para que o próprio leitor tire deles as próprias conclusões" (1990: 18).

Só que o jornal não é feito apenas de textos "objetivos" nessa concepção dos jornalistas. Cláudio Abramo (1988: 117) explica as outras divisões:

No jornal, a notícia tem aquela objetividade que foi optada pela empresa e cooptada pelo jornalista. Ainda que às vezes, de acordo com o entendimento prévio, o repórter também possa interpretar a notícia. A interpretação não é opinião. Pode se interpretar o desencadeamento, a concatenação dos fatos e o significado de certas coisas. Pode-se dizer: tal fato ocorreu porque antes havia ocorrido isto e amanhã pode ocorrer aquilo. É uma interpretação. A opinião fica um passo além. É quando se diz: isso aconteceu e está errado.

Eduardo Martins, no *Manual de Redação e Estilo de O Estado de S. Paulo* (1990: 18), diz que

o jornal expõe diariamente suas opiniões nos editoriais, dispensando *comentários* no material noticioso. As únicas exceções possíveis: textos especiais assinados, em que se permitirá ao autor manifestar seus pontos de vista, e matérias interpretativas, em que o jornalista deverá registrar versões diferentes de um mesmo fato ou conduzir as notícias segundo linhas de raciocínio definidas a partir de dados fornecidos por fontes de informações não necessariamente expressas no texto.

Há, portanto, entre profissionais da área e alguns estudiosos, a seguinte classificação de textos jornalísticos:

- Objetivos/factuais
- Interpretativos
- Opinativos

As estratégias discutidas no item anterior se relacionam com todas essas três formas de apresentação dos textos jornalísticos. Textos classificados como objetivos, interpretativos e opinativos usam quase sempre as mesmas técnicas de criação de distanciamento, principalmente o recurso da terceira pessoa. Como os valores ideológicos são indissociáveis de qualquer um deles, é preciso explicar a diferença que apresentam. De nada valem certas obviedades, como a de dizer que um editorial emite uma opinião e um texto factual não a tem. Já discutimos que, do ponto de vista ideológico, é impossível ter acesso à realidade sem fazer escolhas, sem determinar valor para alguns aspectos em detrimento de outros. Podemos dizer que a própria ideia de significação é uma "opinião" sobre o mundo.

A divisão entre textos objetivos, interpretativos e opinativos – bastante aceita até por teóricos do jornalismo – é mais outra estratégia de criação de crenças, principalmente na pretensa possibilidade de controle do leitor, do ouvinte, do internauta ou do telespectador sobre a forma de abordagem de um acontecimento. A única exceção fica para as revistas semanais, com textos carregados de opinião e interpretação. Nos diários, por exemplo, esse procedimento é mais evidenciado. Tenta-se fazer crer que a parte de opinião está nos editoriais ou nos comentários dos colunistas. Há uma justificativa para o sucesso dessa classificação. Ninguém consegue contestar, por exemplo, que é possível narrar um acontecimento qualquer de forma "objetiva" ou "factual". E que os limites da interpretação e da opinião também são reconhecíveis.

O primeiro problema que surge para abalar essa divisão é que, quanto mais complexo for um assunto, mais escolhas deverão ser feitas pelos jornalistas para que seja apresentado na forma de notícia e possa se adequar às necessidades de um jornal, não importa o meio de comunicação e nem mesmo as coerções de expressão e textualização. Algo deve ficar de fora, outros encaixes precisam ser realizados. Estamos, portanto, não mais falando de uma mera montagem, e sim de um sujeito que é obrigado a fazer julgamentos e escolhas, a valorizar ou

34 A MÍDIA E SEUS TRUQUES

desvalorizar diferentes unidades. Pesar o que entra e o que sai é, antes de tudo, uma atividade que se desenvolve a partir de uma visão de mundo, e novamente se está diante de coerções ideológicas. Relembremos que todas as narrativas citadas que contam como foi a visita de Lula a São Bernardo do Campo são exemplos de "texto jornalístico objetivo".

Há ainda outros complicadores para abalar a crença na objetividade jornalística. Não é exagero afirmar que, cotidianamente, milhares de notícias chegam às redações. A seleção editorial, da pauta ao resultado das reuniões entre editores, é, em si mesma, um outro filtro. Mesmo que, teoricamente, existisse um jornal apenas com notícias "factuais", esse conjunto seria o produto de uma impressionante triagem.

> O que a classificação entre textos opinativos, interpretativos e objetivos mostra é que se tenta fazer crer na ideia de que existe uma maneira de expor a notícia de maneira "neutra". O fazer crer na neutralidade reforça – mas não se confunde com – o efeito de objetividade no jornalismo, que é produto de estratégias como a de diálogos entre aspas, fotos, filmagens.

Tentemos uma aproximação entre esses efeitos de neutralidade do discurso jornalístico e as estratégias discursivas já citadas. Podemos notar a existência de dois efeitos distintos, porém bastante relacionados. A classificação dos textos jornalísticos entre opinativos, interpretativos e factuais/objetivos inclui, quase sempre, discursos construídos em terceira pessoa, ou "objetivados". Há um distanciamento constante no modo de enunciar. Raramente há um "eu" assumindo a palavra. O que varia nos três tipos de textos é a tomada de posição em relação ao que se narra, ao "assunto". Expliquemos melhor. Em um relato que se quer fazer crer como objetivo, o jornalista deve convencer o público de que ele permaneceu neutro na coleta e na apresentação da história reportada, que não se envolveu com a notícia. Os adjetivos são evitados. Pessoas, tempo e espaço são bem demarcados. Cede-se a palavra a entrevistados, o que cria a ilusão de situações "reais" de diálogo. Um texto interpretativo também produz efeito de objetividade. Nesse caso, porém, o jornalista vai mostrar envolvimento com a história narrada por meio de certas marcas. Há o uso de adjetivos, advérbios. Ao mesmo tempo, a parte mais subjetiva do texto deve ser avaliada pelo público como resultado dos dados apresentados. Isso quer dizer que o público deve ser conduzido a acreditar que o julgamento realizado pelo jornal é "evidente", o único possível. É o caso da apresentação da queda de um avião que fez centenas de vítimas como um acidente "horrível", que gerou "grande comoção" e que vai "abalar as finanças da companhia aérea". O texto opinativo, por outro lado, é, antes de tudo, um texto de sanção. Não há preocupação em contar a história, tarefa já realizada em outras partes do jornal. São retomados apenas os detalhes mais contundentes para expor contradições e julgá-las. Há uma moralização da história.

Podemos pensar, portanto, que o texto objetivo concebido pelos jornalistas deve ter um "efeito de neutralidade", que radicaliza o distanciamento entre enunciação e enunciado. Há mecanismos de objetividade nos editoriais e nos outros tipos de textos de um jornal, já analisados. Se jornal e público partilham dos mesmos valores, até um julgamento pode ser interpretado como "objetivo". O efeito de neutralidade, contudo, é exclusivo das unidades noticiosas que se querem fazer crer como factuais. No texto interpretativo existe um rompimento da neutralidade em determinados momentos. E, no texto opinativo, o jornal não pretende e não quer ser neutro.

A OBJETIVIDADE COMO DEVER FAZER: A ÉTICA JORNALÍSTICA

Estudaremos agora a objetividade de um outro ponto de vista, como um dever fazer do jornalista, ou seja, regra que envolve os aspectos éticos da profissão e, como não pode deixar de ser, retoma, de outra perspectiva, a questão da verdade, da realidade, da imparcialidade, com a qual concluímos esta parte do livro.

> É preciso separar e não confundir o estudo dos jornais – frequentemente a análise do discurso das empresas de comunicação e seus efeitos – com as coerções do jornalismo como atividade profissional, vinculada ao direito social à informação.

Uma análise não deve confundir os efeitos persuasivos mobilizados pelos jornais, relacionados aos interesses das empresas de comunicação, e as coerções do jornalismo como atividade, parte integrante de uma sociedade que se quer democrática. A separação das reflexões leva em consideração um problema que pode surgir em sala de aula, nos cursos de jornalismo. Se tudo é manipulação, qual o argumento de um professor de jornalismo para convencer seus alunos de que, como profissionais, eles devem exercitar a objetividade, a mesma do pesquisador, do cientista?

Trata-se de uma falsa questão. O jornalismo como atividade não pode ser confundido com os produtos das empresas de comunicação.

Reforcemos que a busca de objetividade pelo jornalista – como dever e exercício que têm muitas características em comum com o trabalho realizado pelo cientista – não pode ser relacionado com a objetividade "efeito de sentido" dos produtos jornalísticos. No primeiro caso, temos um dever fazer, uma obrigação profissional; no outro, um fazer crer, a criação de crenças. As empresas de comunicação, no entanto, investem pesadamente na confusão desses conceitos.

Diversos teóricos e analistas discutem os valores dos jornais e de seus produtos, os limites profissionais e as estratégias das empresas de comunicação de um ponto de vista ético, que só ressalta a complexidade dos conflitos entre grupos e classes na sociedade contemporânea. É por isso que a objetividade e também a verdade, a realidade e a imparcialidade fazem parte de um debate inesgotável.

> O jornalista não tem como produzir textos sem que estejam inseridos em uma visão de mundo, uma ideologia. Um jornalista respeitado como Clóvis Rossi não escapa dessa coerção. O profissional, como testemunha ocular de um acontecimento, não garante a "verdade dos fatos". Não se pode, no entanto, desvalorizar a atividade jornalística, taxando-a, como fazem alguns teóricos, de um "mal" para a sociedade. Inicialmente porque a atividade jornalística não envolve apenas os grupos dominantes. Há jornais de ONGs, sindicatos, partidos políticos. Jornais garantem a circulação de pontos de vista diferentes sobre as ações humanas, e é esse conflito que é a base das sociedades que se querem democráticas.

O GERENCIAMENTO DO NÍVEL DE ATENÇÃO: A ESTRATÉGIA PRINCIPAL DE PERSUASÃO

No capítulo anterior, discutimos principalmente as grandes bases – ou "cláusulas" – do contrato entre jornais e público. Outras cláusulas, mais específicas, serão retomadas nesta parte do livro. O foco maior, no entanto, é o exame das estratégias de persuasão mobilizadas pelos jornais para fazer o público-alvo realizar principalmente a performance de consumir. Os noticiários perseguem maior audiência (no caso dos programas de rádio ou TV, além de sites na internet) ou maior tiragem (a exemplo das revistas e diários), base da lucratividade e do poder das empresas de comunicação. Para atingir o objetivo, constroem as unidades noticiosas e as organizam em edições também sedutoras.

> Os jornais precisam manipular a atenção de telespectadores, ouvintes, internautas ou leitores nos níveis sensorial, passional e inteligível, para que se instaurem e se perpetuem os tão necessários laços com o público-alvo e também para que o público assuma determinados valores. O exame desses procedimentos revela o que estamos chamando de **gerenciamento do nível de atenção,** que funda e sustenta a relação jornais-público.

O JORNAL: DUAS HISTÓRIAS QUE SE INTER-RELACIONAM

O exame de um objeto jornalístico mostra a existência de dois tipos de "histórias" que se inter-relacionam:

- A primeira história se manifesta na própria relação público-jornal;
- A segunda história aparece nas unidades noticiosas (reportagens, charges, editoriais, artigos, comentários).

Vamos expor de maneira mais didática essa questão central de nosso trabalho, a existência de uma história dentro de outra história, suas relações e possibilidades de análise. Queremos investigar como as notícias servem para infundir visões de mundo, motivar o consumo – e a sobrevivência – do próprio jornal. Uma situação entre mãe e filho serve de exemplo. A mãe chama o filho e diz que um amigo dele quebrou o dente e "levou vários pontos na boca" no hospital. O garotinho pede para que ela conte o que ocorreu. Ela concorda, mas com uma condição. O filho deve limpar o quarto. O garoto faz o acordo. A mulher narra então que o menino pulava sobre a cama, apesar de ordem contrária dos pais. Sua mãe pedia para que ele parasse, mas ele fingia não escutá-la. Só que, após brincar bastante, o menino perdeu o equilíbrio, caiu, bateu a arcada dentária numa cadeira e terminou o dia no pronto-socorro.

Essa história resume as principais questões que vamos aprofundar nas próximas páginas:

- Ao relatar essa história, a mãe (destinadora) espera um *efeito* no filho (destinatário). Devemos notar que ela não quer apenas "informá-lo", apesar de parecer que apenas conta mais uma história;
- A mãe realiza, com a narrativa, um *programa de manipulação*: tenta persuadir o filho a não fazer a mesma travessura e, principalmente, a não transgredir suas ordens. Temos um sujeito que utiliza uma história ou narrativa para manipular outro;
- Essa história contada pela mãe é uma *novidade*, uma "notícia".

- Há um sistema de valores subjacente à narrativa que a mãe quer passar ao filho: criança boa é criança comportada – criança má pode sofrer sérias consequências;
- Não há ameaças, não há imposição clara de deveres. Os valores aparecem quase que como uma "moral da história". A manipulação é sutil, parece um acordo;
- Há também uma manipulação afetiva. A mãe provoca no filho um sentimento de *empatia* com o menino da narrativa. O garoto da história podia ser o próprio filho. Se ela contasse a história com um personagem adolescente, ou do sexo feminino, o efeito não seria o mesmo;
- A mãe cria, com a história, *efeitos de realidade, verdade e objetividade*. Não sabemos se a narrativa aconteceu, e se aconteceu do jeito que ela conta, mas a história parece real, tem uma lógica. A mãe narra tudo como se fosse uma testemunha que apenas relata "fatos", sem se envolver com eles;
- A mãe só obtém o que quer, pois, com a história, provoca uma *curiosidade* no filho. A mãe, portanto, *manipula a atenção* da criança. Sem curiosidade talvez não houvesse interação;
- A mãe também "*comercializa*" a história. Faz com que o filho exerça a ação de limpar o quarto em troca da narração.

Os jornais realizam ações muito parecidas com essas da mãe. Um meio de comunicação obtém o que quer principalmente a partir da instauração de diferentes formas de curiosidade (querer saber) que só são satisfeitas com a realização de uma ação. Os jornais, por exemplo, satisfazem a curiosidade sobre as notícias que criaram desde que o sujeito "público" realize o ato de consumo. É por isso que insistimos em falar de duas histórias muito ligadas. O relacionamento entre jornais e leitores, internautas, ouvintes ou telespectadores é encarado aqui como um tipo especial de história que faz uso de uma outra, apresentada na forma de unidade noticiosa, com clara função ideológica e persuasiva.

FORMAS DE RELACIONAMENTO ENTRE JORNAIS E PÚBLICO-ALVO

Mostramos até agora o jornal no papel de destinador e o público no de destinatário. Há outra posição verificável nos textos jornalísticos. O público pode aparecer como destinador que determina as ações do destinatário jornal. Estudaremos agora todas essas duas posições para

40 A MÍDIA E SEUS TRUQUES

uma apreensão mais completa das formas de relação dos noticiários com ouvintes, telespectadores, internautas, leitores. Inicialmente, vamos pensar o produto jornalístico como destinador, ponto de vista mais comum em estudos do jornalismo, para depois verificar o que acontece quando se apresenta como destinatário. Em qualquer arranjo, no entanto, deve ser ressaltado que o relacionamento entre sujeitos é sempre fortemente marcado pelo modo de apresentação das unidades noticiosas.

O jornal como destinador – Sabemos que o público precisa ser persuadido – sempre no sentido semiótico – a manter contato com o jornal. Essa interação se dá a partir de uma performance ou ação que coloca o jornal no papel de *destinador* e o consumidor no papel de *destinatário*.

Para a Semiótica Discursiva, um sujeito, como destinatário, só inicia uma ação se o destinador, no papel de manipulador, conseguir persuadi-lo desencadeando uma vontade, um *querer* (um desejo qualquer, como uma curiosidade, por exemplo) ou impondo um *dever* (uma obrigação) de realizar a performance. Dever e querer, isolados ou em diferentes proporções, geram as quatro grandes classes de manipulação entre destinador e destinatário previstas pela Semiótica: *provocação, sedução, intimidação* e *tentação*. Expliquemos didaticamente esses tipos de manipulação do destinador, que podem ser ilustrados na relação mãe e filho:

1. Tentação: "Se você comer a carne, ganha o doce" – o sujeito é manipulado com o aceno de prêmios ao final da ação (por um querer);
2. Intimidação: "Se você não comer, não vai ganhar doce nunca mais" – a manipulação é por meio de ameaças de castigos (dever);
3. Sedução: "Só uma criança bonita como você é capaz de comer tudo" – o sujeito não pode recusar a manipulação sob pena de recusar uma imagem favorável (querer);
4. Provocação: "O seu prato está cheio, mas como eu sei que você ainda é pequeno, não consegue comer tudo" – o sujeito não pode recusar a manipulação, dessa vez para provar que a imagem desfavorável é injusta (dever).

Vamos ilustrar essas reflexões com análises de *slogans* de jornais de 2004. A intimidação – a imposição de um dever fazer – e a tentação – a construção de um querer fazer – são as manipulações mais comuns e evidentes entre destinador jornal e público destinatário. De um lado, existe um dever, uma obrigação de estar bem informado, base de um contrato social importante, principalmente entre profissionais que exercem funções criativas. Na sociedade capitalista, o conhecimento (o saber) é sempre vendido como instrumento de vantagem competitiva. É nesse sentido, por exemplo, que se baseia o *slogan* da *Folha*: "Não dá pra não ler" (semioticamente um não poder não fazer), e o da *Veja*, "indispensável"[1] (não poder não ser). Nos dois casos, pode ser observada uma estratégia de intimidação. Não se desconsidera, contudo, possibilidades de que a leitura seja motivada por algo que estimule a curiosidade, ou seja, também existe uma tentação. No *slogan* da *Folha*, esse aspecto é mais evidente: "Não dá pra não ler" é também algo que se apresenta como irresistível.

Cada produto jornalístico, de maneira geral, tem como característica mais evidente a tentativa de impor uma curiosidade, uma vontade, um *querer saber* o que está sendo apresentado como notícia no país, no planeta. O *slogan* da Globo, "a gente se vê por aqui", que aparece, por exemplo, na propaganda do *Jornal Nacional*, volta-se mais claramente para a tentação. Busca persuadir de que apresenta personagens e situações nos programas com os mesmos interesses do telespectador, irmanados por meio do principal sentido manejado pela TV, a visão (ver reprodução do anúncio a seguir – o *slogan* está no canto inferior, à esquerda). Para fazer o telespectador do *Jornal Nacional* sintonizar um programa e se manter

ligado à tela, promete-se a ele, entre outras recompensas, um saber sobre o mundo e sobre si mesmo. Entretanto, também existe uma manipulação por intimidação bastante sutil: se não for por meio da Globo, não há interação. É possível ainda pensar em uma manipulação por sedução, na qual se tenta afirmar uma imagem positiva do destinatário. A maior rede de TV do país cria assim um efeito de intimidade, de relação entre iguais, ao falar em "a gente", sujeito coletivo que inclui enunciador e enunciatário. Há também uso do registro informal.

Jornais para grupos mais homogêneos, em que o público-alvo como um todo tem maior nível de escolaridade, vão apelar para o lado mais pragmático do destinatário para conquistá-lo. O *Diário de S. Paulo* aposta na mobilização de uma racionalidade do leitor: "Informação que você usa". Temos um leitor manipulado por tentação: ele vai querer ler o jornal para obter a informação que tem uso prático. Os concorrentes aparecem como divulgadores de notícias sem utilidade. Outros *slogans* de jornais e programas ilustram bem as cláusulas desse contrato fiduciário que se funda na criação de desejos, ou obrigações, ou ainda em ambas as estratégias. No *Jornal da CBN*, há um equilíbrio entre intimidação e tentação, entre querer saber e dever saber: "As notícias que podem mudar o seu dia". Deve-se ouvir a rádio porque lá se encontram as notícias mais importantes. E quem não sintonizá-la pode ser surpreendido com alguma consequência dos acontecimentos. A revista *Época* enuncia no *slogan*: "O que realmente importa". Não só intimida e provoca como também seduz. Seu leitor é aquele que não perde tempo, que sabe onde estão as coisas importantes.

A publicidade e os *slogans* dos jornais tentam predispor o público a avaliar positivamente as unidades noticiosas, a organização delas nas edições e o tipo de triagem que cada noticiário realiza. Sabemos que essa forma de manipulação é apenas uma parte do percurso que estamos analisando. Trata-se, *grosso modo*, do momento em que o leitor, o ouvinte, o telespectador, o internauta interpretam se o jornal e as notícias são interessantes. Se a instauração do querer e do dever no público-alvo aconteceu de maneira eficaz (em outras palavras, se a manipulação for bem-sucedida) deve desencadear o consumo do jornal, programa de performance. O sujeito público, para realizar a ação, contudo, precisa ter um *saber* (no caso do jornalismo, conhecimentos, como nível cultural para entender as notícias) e um *poder* (como, por exemplo, recursos financeiros para fazer uma assinatura de um jornal). Vamos utilizar o *JN* como exemplo um pouco mais concreto. É preciso lembrar que essa questão, porém, envolve todos os jornais aqui analisados. Os profissionais da Globo querem que o telespectador sintonize o jornal e se mantenha concentrado enquanto o programa é exibido. Por outro lado, quem produz jornalismo sabe que o provável telespectador vai ligar a TV, ver as manchetes de um programa e julgar, nesse primeiro momento, se o que foi mostrado desperta sua atenção. Parte desse interesse vincula-se principalmente ao valor relacionado ao objeto *notícia*. O telespectador avalia se ficar diante da tela da TV vai lhe render algum benefício. Esse momento especial é a razão de ser das equipes de jornalismo.

Podemos verificar que o telespectador, na realidade, avalia principalmente o *valor do valor* da unidade noticiosa como objeto que funda a relação destinador/destinatário. Se a manipulação for bem-sucedida, ele passa a ser um sujeito que decidiu entrar em conjunção com o objeto "unidade noticiosa" para ter acesso aos valores prometidos pelo jornal. Obter informação que considere útil e/ou que lhe dê alguma satisfação é um dos "prêmios" – uma sanção – que espera do destinador por ter cumprido sua parte no acordo, a de consumir o programa. Essa forma de relacionamento acontece também nos diários, revistas, sites, e programas de rádio. A satisfação conclui esse percurso do sujeito público como destinatário.

O jornal como destinatário – Vamos apresentar um outro ponto de vista complementar dos papéis do jornal e do público para obter, assim, uma visão mais abrangente dessas relações. Para Luiz Tatit, o grande destinador dos meios de comunicação é o *mercado*. "Esse destinador é identificado numericamente – e não qualitativamente –, ou seja, o desejo do destinador (mercado) é conhecido por pesquisas numéricas. Dessa forma, temos um destinador extenso – e não intenso – que tenderia ao "um". Analisemos o (antigo) *slogan* da *Folha de S.Paulo*: "De rabo preso com o leitor" (em 2003, o *slogan* era *"Não dá para não ler"*). Na verdade, a empresa tem o rabo preso com o 'número' de leitores. Para ter acesso aos desejos dos destinadores, faz-se pesquisa. Quanto mais leitores, mais autorização para fazer determinados focos sobre assuntos. Com a consulta, a mídia se torna sujeito delegado pela maioria."[2]

Essa formulação de Tatit inverte um raciocínio comum de análise que foi apresentado anteriormente: o de que os meios de comunicação são *destinadores* do leitor, ouvinte, telespectador, internauta. A noção

A MÍDIA E SEUS TRUQUES

de jornais como destinadores é bastante utilizada em estudos mais ideológicos. Esses trabalhos destacam o compromisso dos meios de comunicação com um determinado sistema econômico, atualmente o capitalismo neoliberal. Nessa concepção, é o "mercado", significando os detentores do grande capital, que faz fazer (ou faz agir). O jornal pode ser entendido como sujeito delegado, uma espécie de intermediário desse destinador, ou como o próprio destinador, já que é, antes de tudo, empresa capitalista.

Acreditamos que as duas formulações (o público como destinador, na de Tatit, e como destinatário, nas análises mais comuns) devem ser entendidas como níveis complementares de uma mesma reflexão sobre o jornalismo dos principais meios de comunicação, desde que verificados certos limites. Nas duas concepções, a notícia é pensada, hierarquizada e apresentada a partir de seu impacto. Entretanto, se os consumidores quisessem uma sociedade de base socialista, que estatizasse as próprias empresas de comunicação, é pouco provável que Marinhos, Mesquitas e Civitas (respectivamente proprietários das organizações Globo, Grupo Estado e Editora Abril) passivamente cedessem espaço e foco para as discussões e os desejos desse "mercado". O número de leitores, telespectadores, internautas ou ouvintes só funciona como destinador quando deseja *aquilo que está autorizado a ser desejado*. As pesquisas feitas, encomendadas ou divulgadas pelos jornais, podem perfeitamente ser vistas sob esse aspecto. Os noticiários martelam certas ideias e criam padrões, inclusive de consumo do próprio material que produzem. Quando medem em pesquisa o que o público quer, recebem de volta muito do "desejo" que inspiraram. Há o componente "mercado-pesquisa-foco", mostrado por Tatit, como também existe o papel da mídia enquanto "aparelho ideológico do Estado", que tem sua razão de ser na manutenção dos valores, até porque é uma de suas mais poderosas criações.

SUJEITOS MARCADOS NOS JORNAIS E MODOS DE RELACIONAMENTO

Há quatro "sujeitos" que podem ser observados no discurso jornalístico:

- **Sujeito 1 – jornal –** Pensar em quem assume o discurso em um noticiário não é uma questão tão simples como parece. É importante perceber que o consumidor se relaciona com marcas de veículos jornalísticos e se refere a elas quase como pessoas, com um corpo, um jeito de se posicionar no mundo, um tom de voz, uma personalidade, enfim, um *ethos*. Essa definição tem diversos pontos em comum com estudos de produtos de comunicação e a ideia de "personalidade de marca" pensada pelos profissionais de marketing.

- **Sujeito 2 – profissionais** – São os jornalistas, analistas, colaboradores que se mostram claramente marcados nos textos. No rádio e na TV, essa presença dos profissionais é mais óbvia. Nos impressos e na internet, podemos verificar essa participação notadamente na forma de artigos assinados. O texto dos jornalistas que não aparece destacado – caso comum nos diários, revistas e nos sites – deve ser incluído no primeiro grupo: o efeito obtido é o de parecer que a própria marca se comunica. Cada apresentador, comentarista, repórter, é importante ressaltar, também constrói um *ethos* e, portanto, ajuda a compor o *ethos* do próprio jornal. Por exemplo: um jornal pode abrir espaço para a manifestação de diversas vozes, de diferentes posições ideológicas, na tentativa de marcar seu *ethos* como "democrático". Obviamente, estamos aqui falando outra vez em "efeito de sentido" do discurso.
- **Sujeito 3 – personagens das histórias que aparecem nas narrativas, reportagens, análises** – Podemos citar o presidente Lula, o palestino morto em um confronto com o exército de Israel, o atacante Rivaldo.
- **Sujeito 4 – público ou o consumidor do produto jornalístico** – Cada jornal se reporta a ele de maneira distinta: leitor, telespectador, internauta, ouvinte. A construção do público-alvo varia de noticiário para noticiário. Em função disso, retomaremos características do consumidor de notícias nas análises específicas. Nessa parte do livro, trabalharemos com noções mais genéricas.

O sujeito jornal inclui o proprietário ou proprietários, como as famílias Marinho, Mesquita ou Civita. Já afirmamos que a relação do consumidor de notícias – o enunciatário – com seu jornal ou programa jornalístico preferido acontece por meio das marcas. Os donos aparecem como outra "voz" do próprio noticiário. Uma marca, como *Folha de S.Paulo, Carta Capital, Jornal Nacional*, CBN Brasil, entre outras, por meio de um logo – sua representação visual –, reforçada verbalmente por um *slogan*, é uma espécie de "casca", ou corpo oco, que vai se "enchendo", tornando-se "carne" pelo que enuncia, pelo modo de enunciar, e pelo que a própria empresa que a detém enuncia sobre ela, notadamente por meio de publicidades. Jornais, como qualquer outro produto da sociedade moderna, são pensados como marcas para que possam assumir e ter identidades administradas.

A marca de um jornal pode até beneficiar-se dos sentidos agregados pela fama de seus proprietários (no caso de aparecerem claramente marcados nos jornais, revistas e nos programas jornalísticos de TV). É comum o *ethos* do dono relacionar-se com o *ethos* de seu veículo, como a figura de Roberto Marinho em relação ao *Jornal Nacional*. Saliente-se que os proprietários, não raras vezes, podem aparecer incluídos no item 2 – "profissionais" (Otávio Frias, por exemplo, manteve uma coluna na página 2 da *Folha de S.Paulo*), ou no item 3 – como "personagens" de seus próprios meios de comunicação (caso de alguém do clã Marinho surgir no *Jornal Nacional* recebendo prêmios por algum tipo de trabalho filantrópico). Nossa hipótese é que a marca de um grande produto jornalístico precisa se apartar de seus proprietários para criar a sensação de que é a *porta-voz da coletividade*, que fala em nome da "verdade", da "justiça". Na primeira página da *Folha de S.Paulo*, por exemplo, abaixo do logo se lê: "Um jornal a serviço do Brasil". Desse modo, a marca, que se vende como voz coletiva, é discursivizada de forma a estabelecer uma fronteira com o seu proprietário, um indivíduo. A figura do proprietário, talvez com exceção de produtos da TV, é raramente exposta. Nesse sentido, não é relevante pensá-la como um quinto tipo de sujeito marcado pelos textos jornalísticos.

Outro ponto a destacar das marcas, principalmente no jornalismo, é que nunca assumem a posição de um "eu" que enuncia. *Veja, Jornal Nacional, Jornal da* CBN, *Folha de S.Paulo* e *portal* UOL jamais aparecem em primeira pessoa. Cada jornal refere-se a si mesmo como "ele". Pode-se notar a troca de uma pessoa por outra (a primeira do singular pela terceira do singular) que neutraliza parte dos sentidos de proximidade e se apresentam como "vozes sociais".

O FENÔMENO DA ATENÇÃO

Os jornais buscam a atenção do público-alvo e, para isso, precisam desencadear desejos e curiosidades. Apresentaremos, cada vez com mais detalhes, essas estratégias de persuasão mobilizadas pelos noticiários para que a ligação com o público aconteça, se conserve e seja cada vez mais vigorosa.

A crescente oferta de informação e todos os contínuos avanços tecnológicos na área de comunicação têm tornado os consumidores mais e mais infiéis. E não só na rede mundial de computadores. Em termos semióticos, as estratégias persuasivas (principalmente relacionadas ao querer saber) devem ser cada vez mais sofisticadas. O público tem consciência das possibilidades crescentes de escolha. Manter-se fiel a um programa, por exemplo, pode significar a perda de uma oportunidade que geraria mais satisfação. Para se impor nesse cenário, qualquer objeto de comunicação é concebido para ser uma máquina eficiente de atração do público-alvo, é também o caso de um jornal. Sem obter e manter a atenção, não há consumo.

Uma boa definição de atenção está no *Dicionário Aurélio*: "Aplicação cuidadosa da mente a alguma coisa; cuidado, concentração, reflexão." Em sociedades com crescentes ofertas de produtos e serviços, saturadas de estímulos, a busca e a manutenção da atenção do consumidor se tornaram vitais para a sobrevivência de qualquer negócio. Nenhum grande jornal é exceção. Para atrair a atenção, o jornal apresenta unidades noticiosas para consumo.

> • É por meio da unidade noticiosa que circulam valores entre nossos dois sujeitos principais, jornal e público-alvo, em situação de comunicação. Relembremos que uma notícia deve reunir certas características.
> • É o caso de apresentar uma situação "inédita". Os fatos relatados devem afetar a vida do público de algum modo, criar empatia, ter atualidade. A importância de uma notícia – que se relaciona ao seu potencial de despertar e manter a atenção – é proporcional ao preenchimento desses requisitos e ao impacto que o jornal acredita gerar no público-alvo.
> • Gerenciar a atenção tem como base a construção da atração das unidades noticiosas e também a da edição e a do conjunto das edições que as inserem.

Em resumo, para serem consumidos, os jornais precisam principalmente reter a atenção por meio da apresentação das unidades noticiosas, pela distribuição delas na edição e no conjunto de edições. Para existir o relacionamento jornais-público deve-se obter a atenção em três níveis diferentes e complementares:

1. É preciso obter – "fisgar" – a curiosidade do sujeito.
2. O sujeito deve, em seguida, interessar-se pelas histórias das unidades noticiosas.
3. Finalmente, ele deve querer repetir a experiência nas edições seguintes (ou atualizações, no caso da internet), ou seja, o consumo deve desencadear um hábito.

A CURIOSIDADE E OS PERCURSOS DA ATENÇÃO

O ato de consumo do jornal, como já citado, só acontece se o sujeito público for convencido de que o noticiário lhe apresenta alguma informação que considere útil e lhe dê alguma satisfação. Examinaremos o fenômeno da atenção como um desdobramento do querer saber do público, manifestado na forma de curiosidades e desejos. Não devemos esquecer, porém, que há uma imposição social aos cidadãos, a obrigação de estar bem informado. Nossa hipótese é que, mesmo com a coerção social de informar-se, o público só realiza a ação de entrar em contato com um noticiário se tiver a atenção despertada e manipulada.

É importante insistir em um ponto. A atenção se relaciona ao desencadeamento de certas formas de curiosidade. Ao ter o interesse despertado, o sujeito passa a sentir uma falta, viver até mesmo uma insatisfação por não ter um saber. Obter o saber por meio da unidade noticiosa é o valor que passa a almejar. A passagem do não saber para o saber dá prazer ao sujeito, é uma de suas recompensas.

As estratégias para gerar um sujeito curioso não estão ligadas somente ao inteligível, ao racional. É preciso existir identificação entre público e personagens das histórias, entre outras maneiras de obter a atenção que detalharemos nas próximas páginas. São operações que envolvem a dimensão sensível e a passional. Os jornalistas sabem que o querer saber também se fundamenta na projeção do sujeito sobre uma notícia como se, de algum modo, a narrativa jornalística pudesse ser a sua narrativa vivida ou "vivenciável", como se a notícia fosse uma superfície refletora do próprio destinatário e de seus sentimentos, convicções, tempo, espaço, conflitos. O poder de atração desse espelho parece ser proporcional ao grau de nitidez com que permite ao sujeito se enxergar na sua extensão, o que gera efeitos afetivos, de proximidade, intimidade.

> O jornal, para atrair com mais eficiência leitores, ouvintes, telespectadores ou internautas, não quer apenas que eles busquem e tenham saberes ou informações mas também que, nessa atividade, vivam experiências, afetos, que também se revertem em outra forma de recompensa pelo consumo.

Um jornal, portanto, tem duas maneiras complementares de fisgar a atenção do ponto de vista das estratégias sensíveis e passionais:

A primeira é apresentar unidades para serem *sentidas*, como uma foto que atrai o olhar pelas cores, contrastes, simulação de movimentos. Os sentidos são arrebatados em função de uma descontinuidade do plano de expressão.

A segunda é a mobilização dos afetos por meio dos conteúdos. É o caso das histórias de notícias que são feitas para comover e contam com o engajamento empático do público.

A estratégia inicial para arrebatar a atenção de um sujeito é de ordem sensível, como é o caso da foto anormalmente grande na primeira página de um jornal. O entendimento dessa foto, por exemplo, deve mobilizar um outro patamar de curiosidade, o de querer saber tudo o que aconteceu. O enunciatário deve "ficar sabendo que não sabe" algo que lhe interessa e se sentir atraído para ler o texto inteiro. Se for "fisgado", o sujeito passa a viver uma forma de insatisfação, uma tensão, notadamente se houver engajamento empático com os personagens de uma notícia, assunto que abordaremos depois.

Obter a atenção de um leitor, telespectador, ouvinte ou internauta é transformá-lo em sujeito tenso, "afetivo", que quer passar de um estado de disforia – provocado pela falta de um saber, de uma curiosidade não solucionada – para uma situação de euforia e de relaxamento com o consumo do jornal ou, pelo menos, de um estado de insatisfação para o de alguma satisfação.

Os jornais atraem o sujeito inicialmente por meio de uma estratégia sensível, que produz o engajamento perceptivo para desencadear o processo cognitivo – a apreensão. A curiosidade gera uma tensão. A notícia nem precisa ser negativa (uma tragédia) para despertar a atenção e produzir curiosidade no público-alvo. O querer saber, no entanto, parece ser sempre disfórico, o que gera inquietação por se vincular a essa falta vivida pelo sujeito.

O consumo de um jornal pode ser pensado de dois modos complementares. Cada foco do sujeito em uma unidade noticiosa – ou outro elemento do jornal – é um momento de disforia que tende à euforia, a uma espécie de situação prazerosa nessa passagem de um não saber para um saber. O próprio jornal, porém, é um conjunto de unidades noticiosas. A edição inteira se apresenta como outro ponto de passagem de disforia-euforia a mobilizar o sujeito. Há a curiosidade despertada por uma unidade noticiosa e também pelo conjunto de unidades que compõem o jornal. É notável que a maioria dos objetos jornalísticos analisados neste livro simulam inicialmente, com suas manchetes principais, o momento de máxima tensão disfórica e vão "relaxando" no final, com matérias mais leves, entre outros recursos.

A atenção se relaciona, como já vimos, notadamente a uma disforia, uma curiosidade (uma paixão simples – um querer saber) do enunciatário, solicitado a se manter em contato com o jornal para obter o saber necessário e a consequente satisfação. Algumas notícias, como, por exemplo, a divulgação do índice de inflação do mês, teoricamente esgotam seu potencial de criação de um querer saber no próprio consumo. Vamos visualizar esses percursos a partir de propostas de Luiz Tatit:

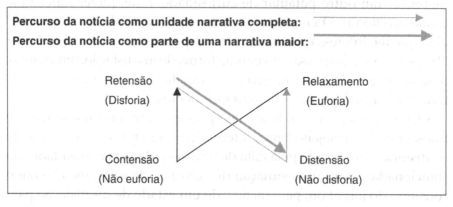

Um leitor, por exemplo, pode fazer o caminho da linha fina: passar da tensão disfórica (a retensão – querer saber o que aconteceu) para a distensão (momento de consumo da unidade noticiosa). Ao ter a curiosidade satisfeita, passa para o relaxamento. No entanto, as notícias, em sua maioria, são "pedaços" de narrativas maiores. Muitas não têm desfecho se pensadas de um ponto de vista histórico mais amplo. O leitor, nesses casos, transpõe a retensão para a distensão. Em outras palavras, ao consumir a notícia, ele passa a saber mais, porém fica sem saber tudo.

A própria notícia também cria as bases para que ele se mantenha curioso para o "próximo capítulo". Nesse sentido, o percurso do consumo da notícia pelo sujeito que parece ser mais comum e desejável pelo jornal é o da linha mais espessa.

Teoricamente, obter a informação desejada é passar da disforia para a euforia, da tensão para o relaxamento, da atenção para a distração. Entretanto, há vários fatores a serem considerados antes de se aceitar qualquer ideia de simplicidade nesse percurso do sujeito curioso e incitável. A unidade noticiosa, como um fragmento de narrativa, ao mesmo tempo em que satisfaz parte do desejo que incutiu no sujeito, gera mais curiosidade para a sua própria continuação. Parte das narrativas exploradas pelo jornalismo nunca se esgotam. A ação de terroristas islâmicos em Beslan – que durou três dias – será retomada nas próximas páginas para exemplificar questões relacionadas ao efeito de atualidade – tem começo, meio e fim. No entanto, pode ser englobada por outra narrativa maior, a do terrorismo, reunida por sua vez na narrativa política, submetida finalmente à própria história, o relato maior da vida, percurso que se constrói como extensão pontuada pelos conflitos humanos, pela impetuosidade notadamente das tragédias, momentos de máxima intensidade.

A partir das discussões teóricas feitas e da observação de que os jornais, para obter e manter relacionamentos com o público, desenvolvem procedimentos distintos, porém complementares, de criação de curiosidades e laços por meio de manipulações de ordem sensorial, passional e racional, é possível propor um resumo dessas estratégias de gerenciamento do nível de atenção e, depois, analisá-las em detalhes.

> **Estratégia de arrebatamento** – visa a instaurar o sujeito por meio de algum estímulo que motive ou reforce um engajamento perceptivo. É mais da ordem das sensações. O destinador "jornal" manipula o destinatário por tentação, por um querer saber.
>
> **Estratégia de sustentação** – objetiva transformar o sujeito atento em sujeito tenso que, interessado em decodificar um estímulo, se vê diante de detalhes de uma história e deve sentir vontade de conhecê-la por inteiro. É mais da ordem passional. Há também uma manipulação por tentação.

Estratégia de fidelização – busca transformar o sujeito curioso em sujeito fiel. O sucesso das estratégias anteriores – como a de obter saberes e experiências, entre outras – deve gerar expectativas positivas no sujeito para os próximos contatos e a vontade de repeti-los. Envolve sentimentos, porém a estratégia é mais da ordem racional. Há manipulação por intimidação (dever fazer), sedução (querer fazer) e tentação (querer fazer). Tenta desencadear um hábito, um querer ser e também querer sentir.

ESTRATÉGIAS DE ARREBATAMENTO E DE SUSTENTAÇÃO

A estratégia de arrebatamento, momento-chave que visa a *atrair* ou a *fisgar* a atenção de um sujeito e motivar o consumo, pressupõe a criação de descontinuidades que reclamam uma categorização. O sujeito deve ficar interessado em compreender um estímulo (o que gera um foco), cujo caráter descontínuo, de novidade, encoraja a decodificação (a apreensão). Mostrar uma paisagem em cores fortes, inusitadas, fotos enormes numa página são estratégias de arrebatamento. Podemos dar como exemplo ainda tipos gráficos mais espessos em manchetes, uma narração tensa após um momento de maior tranquilidade, um grande número de cortes em uma cena de pequena duração.

No primeiro contato, o jornal precisa produzir no sujeito uma curiosidade instantânea, não racionalizada. As reações que os noticiários querem desencadear nessa fase de busca de atenção têm muito em comum com certas situações cotidianas. Quando alguém anda na rua e ouve um barulho estranho, diferente, inusitado, quase sempre tem a mesma reação, a de procurar a fonte do som para tentar descobrir seu significado, quem ou o que o produziu. Toda essa operação não é pensada, estudada, fruto de um desejo consciente. Pelo contrário, é quase automática.

A base da estratégia de arrebatamento é a instauração, pelos noticiários, de uma novidade de ordem sensível, um estímulo, algo que deve ser sentido como instigante, que impõe ao sujeito um querer saber na forma de um querer entender (que liga a fase da emoção à da inclinação). Vale notar o caráter impactante e pontual desse tipo de curiosidade. Esse momento praticamente não tem duração. Só que o destinador jornal, além de atrair o sujeito, precisa "segurá-lo". O sujeito arrebatado, ao sentir-se compelido a buscar o significado do estímulo, deve ficar à mercê da segunda estratégia, a de sustentação. É preciso ressaltar essa passagem entre estratégias de gerenciamento do nível de atenção: a atração de base sensorial precisa imediatamente ceder lugar a outra, de base afetiva. Em outras palavras, no caso de um diário, por exemplo, as grandes letras de uma manchete devem atrair, ou arrebatar, o olhar do leitor. Só que ele, ao ler a manchete, ao tentar entender a razão da existência do destaque dado pelo jornal, deve ter outra curiosidade despertada, a de querer saber mais detalhes sobre a notícia. Isso faz com que o sujeito, surpreendido por não ter um saber, agora relacionado à história noticiada, sinta uma disforia, viva uma tensão e, em consequência disso, fique mais atento ao que o noticiário apresenta. A atenção é então mantida, sustentada. E surge um laço entre o jornal e o leitor.

Como citamos há pouco, existem diversas maneiras de se fisgar e manter a atenção do público. Devemos notar, porém, que a principal arma de captura da atenção para as notícias são as *manchetes* ou *chamadas*, que manipulam as duas formas de curiosidades: as provocadas pelas estratégias de arrebatamento, que envolvem questões de expressão, e as desencadeadas pela estratégia de sustentação, ligadas ao conteúdo. Toda manchete ou chamada é concebida para "sensibilizar", para atrair sensorialmente e passionalmente. Por meio desse recurso, cada jornal veicula uma grande carga afetiva e pede concentração para o que destaca como o mais importante, o mais fabuloso, o mais perigoso, o mais prazeroso, o mais... Para o mesmo tanto de informação, porém, deve corresponder outro tanto de mistério. O público deve perceber que não conhece (ou não sabe em profundidade) os grandes destaques da edição. E precisa também ser "chacoalhado". Uma boa manchete é um pedaço de uma narrativa que clama por completude. Como isso foi acontecer? O que acontecerá depois? Toda manchete implicitamente faz um convite: "Saiba agora!" Podemos dizer que a satisfação de conhecer a "história toda", ou, pelo menos os detalhes da narrativa no momento específico da edição, é uma das expectativas associadas à manchete.

A apresentação das manchetes mostra que, para prender a atenção, quase toda narrativa jornalística tem uma característica notável: a de começar literalmente pelo fim. Há duas razões para essa entrega do clímax da história. A primeira é que o enunciatário não precisa tomar contato com todo o relato para conhecer o aspecto mais relevante da unidade noticiosa. A segunda é que essa estrutura narrativa invertida deve incitar o leitor, o internauta, o telespectador ou o ouvinte a buscar mais detalhes, a tentar saber o que motivou semelhante desfecho ou momento narrativo.

54 A MÍDIA E SEUS TRUQUES

> Já foi citado que os jornais, para construir laços com o público-alvo, não querem apenas fazer saber, em outras palavras, expor histórias para que se conheça o que ocorre cotidianamente. Os noticiários também precisam **fazer sentir**, estruturar modos de o público se perceber nas notícias. Uma das chaves do sucesso da estratégia de sustentação é o estabelecimento de um sentido de identificação ou **empatia** entre sujeito da história, da notícia, e o público, além de uma sensação de **atualidade**.

A história de alguém apresentada nas notícias pode ser a do leitor, ouvinte, telespectador, internauta. Quanto maior for a identificação maior será a curiosidade e mais atenção o jornal irá obter. A empatia, que será analisada nas próximas páginas, é o resultado da operação de fazer o público sentir o que o personagem da notícia vivencia ou vivenciou.

É importante ressaltar que a eficácia da estratégia de sustentação do nível de atenção também envolve uma identificação entre tempo e espaço da notícia e essas mesmas coordenadas do público-alvo. O aspecto temporal é dos mais relevantes no estudo do jornalismo. O poder de mobilização afetiva das unidades noticiosas se vincula fortemente ao período da edição na qual estão inseridas, ao sentido de *atualidade*. Noticiário antigo não emociona. Ou, pelo menos, tem o impacto afetivo bastante alterado.

Os objetos jornalísticos têm características diferentes de outros textos (aqui no sentido amplo, semiótico, do termo). Cada edição de um jornal apresenta um momento de consumo bem demarcado. Fora desse período, um jornal é um arquivo histórico, tem outra utilidade. É preciso entender o objeto jornalístico na sua efemeridade, principalmente temporal. Assim ele é pensado e produzido pelos jornalistas. Portanto, as estratégias mobilizadas para obter e manter a atenção são profundamente relacionadas à ideia e à vibração de uma edição. Tempo e também atores e espaços citados devem ser compartilhados por leitores, internautas, telespectadores e ouvintes. A noção de que "jornal velho só serve para embrulhar peixe" traz, como a questão da empatia, enormes desafios teóricos para o bom entendimento da estratégia de sustentação.

Para não apelar para pessoas, tempo e espaço "reais", porém, a Semiótica Discursiva pensa a questão na forma de "contexto semiótico". Landowski (1992: 170) entende com isso "o conjunto dos traços (linguísticos ou não) pertinentes para a atribuição de uma significação [...] ao ato de enunciação considerado [...]." Essa formulação, como complementa Fontanille, "não é uma adição do contexto ao texto" (2003: 93). Expliquemos. Cada edição de um jornal tem seu "contexto semiótico" específico. Basta pensar no *Jornal Nacional*, que acontece à noite, entre duas novelas, e precisa, em função do horário, resumir o dia. Como o telespectador já está cansado depois de uma jornada de trabalho, tudo deve ser muito rápido e de grande potencial de interesse. Todas essas características não são "externas" à produção de significação do JN. O telespectador vai atribuir sentidos ao que vê e escuta justamente porque está inserido nesse espaço-tempo específico de cada edição.

Com o conceito de contexto semiótico, poderemos entender melhor algumas particularidades da estratégia de sustentação e das formas de fazer sentir do destinador jornal, importantes para a compreensão de certos efeitos, como o de atualidade (proximidade temporal) e o de empatia (proximidade actancial-espacial), que serão abordados a seguir.

A PROXIMIDADE TEMPORAL: O EFEITO DE ATUALIDADE

Para a estratégia de sustentação da atenção do público funcionar, é necessário existir principalmente uma sensação de proximidade temporal, um agora partilhado entre personagens das histórias (actantes da narrativa) e leitores, internautas, telespectadores e ouvintes (actantes da enunciação). Qualquer jornal precisa fazer seu consumidor acreditar que as notícias divulgadas são atuais.

No *Aurélio*, encontramos as seguintes acepções para "atualidade":

1. Qualidade ou estado de atual. 2. Interesse atual: obra sem atualidade. 3. A época presente. 4. Oportunidade, ensejo.

"Atual", por sua vez, tem quatro sentidos:

1. Que ocorre no momento em que se fala, no presente: acontecimento atual. 2. De sua época; que não é antiquado. 3. Imediato, efetivo, real. 4. Filos. Que está em ato.

> Os sentidos da palavra "atualidade" mostram a existência de uma sensação de presente que pode ser pontual ou alargada, como se fosse possível "esticar" e moldar o "agora". **O efeito de atualidade é essa instauração, pelos jornais, de um presente "elástico", com diferentes durações.** Só que esse alongamento do tempo tem uma missão clara: deve fazer uma unidade noticiosa parecer "presentificada", vibrante, pelo menos no período estipulado de consumo da edição do jornal. É o intervalo de tempo entre as edições, portanto, que comanda como se deve dar o efeito de atualidade.

O componente temporal é um dos determinantes para a escolha de um acontecimento e sua transformação em fato e em notícia. Uma história de interesse, contudo, pode durar de segundos a meses. É preciso adaptá-la aos rígidos intervalos das edições. Para mostrar esse ajuste, vamos examinar a cobertura da ação terrorista na escola de Beslan, na Rússia, que aparece na primeira página de quatro edições sequenciais do *Diário de S. Paulo*, de quinta-feira, 2 de setembro, até domingo, 4 de setembro de 2004.

O ataque durou cerca de três dias. No quarto, temos a repercussão da nova contagem de mortos, que quase dobra o total de vítimas inicialmente anunciado. A ação terrorista tem um começo, um meio e um fim. Para ser encaixada na edição do jornal, que é diário, a narrativa precisou ser dividida. Cada parte é tratada como uma pequena história. Comenta-se o que aconteceu e há especulações sobre o futuro. Dentro do intervalo de 24 horas não é apresentado um relato cronológico, hora após hora. O que ordena o relato é o ponto de maior tensão, de maior potencial de geração de atenção do leitor. Vejamos a primeira parte:

Quinta-feira, 2 de setembro de 2004:
Manchete: Terror faz 400 reféns em escola da Rússia

O GERENCIAMENTO DO NÍVEL DE ATENÇÃO   57

Nessa primeira apresentação do ataque, a notícia recebe certo destaque editorial. Podemos observar a técnica de colocação do verbo no presente ("faz") para dar sensação de máxima atualidade. A história ainda não tem desfecho. No dia seguinte, o assunto ainda está na primeira página, mas com uma grande diferença:

Sexta-feira:
Terror mantém reféns em escola da Rússia

Essa segunda manchete ("Terror mantém reféns em escola da Rússia"), bastante reduzida, só tem razão de ser porque pressupõe a possibilidade de desfecho iminente da história. O que justifica o destaque dessa notícia, nesses casos, é nada acontecer quando se espera uma conclusão. Note-se no exemplo, porém, como o jornal desvalorizou espacialmente a informação para marcar que o período de tensão narrativa permanecia sem desenlace. Vê-se somente o título no canto da página. Isso mostra que os jornalistas consideravam decrescente o potencial de atração dessa notícia se o desfecho demorasse a acontecer.

No dia seguinte, o assunto obtém máximo destaque editorial em razão do desfecho.

Sábado:
Massacre em escola da Rússia deixa 200 mortos

Há amplo uso de material fotográfico. A manchete maior, dedicada ao INSS, não tem a mesma valorização espacial. No dia seguinte, o assunto ainda ocuparia a primeira página:

Domingo:
Rússia chora 359 mortes

Podemos notar que o jornal dedica ainda espaço de primeira página para o assunto, pois há uma trágica novidade: o número de mortos aumentou muito, de 200 do dia anterior para 359. Na edição seguinte do jornal, a tragédia de Beslan não recebe mais manchetes de primeira página, o que mostra que os jornalistas acreditavam que o assunto não tinha mais força e potencial de gerar interesse.

De uma maneira geral, a cronologia do acontecimento se submete a uma ordem de relevância, de impacto sobre o enunciatário. Podemos verificar a já citada característica da narrativa jornalística começar pelo fim, pelo clímax. O momento de máxima tensão narrativa do período reportado determina toda a montagem da notícia. Escolhe-se, nesse intervalo de um dia, o fato mais importante para só então organizar a história temporalmente e construí-la como notícia. Esse fato hierarquizador é chamado "gancho", que impõe uma subordinação em relação a outros fatos de uma mesma história. Podemos comparar o gancho a uma locomotiva que tem como função puxar outros vagões e impor uma certa ordem. O gancho, além de se vincular totalmente ao período da edição na qual se insere e dar a sensação de que a notícia é atual, também motiva ainda a construção do chamado lide, o parágrafo introdutório de uma unidade noticiosa.

O lide deve responder às perguntas: o quê, quem, quando, onde, como e por quê. É regra nos grandes diários brasileiros, na internet. No jornalismo de rádio e TV é mais conhecido por "cabeça de matéria". Somente as revistas semanais não utilizam plenamente o lide para evitar que a notícia pareça velha. Isso acontece porque o lide, na resposta ao "quando", obriga a mostrar um marco temporal claro. E as revistas semanais necessitam apagar o grande intervalo de tempo entre a coleta, a preparação e a divulgação de suas notícias. O *Manual da Folha de S.Paulo* (2001: 28) afirma que:

> o lide tem por objetivo introduzir o leitor na reportagem e despertar seu interesse pelo texto já nas linhas iniciais. Pressupõe que qualquer texto publicado no jornal disponha de um núcleo de interesse, seja este o próprio fato, uma revelação, a ideia mais significativa de um debate, o aspecto mais curioso ou polêmico de um evento ou a declaração de maior impacto ou originalidade de um personagem.

> Os jornais contam certas histórias já ocorridas e, na maioria das vezes, não escondem que o fato principal da notícia é passado. Só que existe um outro "tempo", paralelo, que permite situar aquela ação. O enunciatário geralmente é tomado por uma sensação que o faz crer que até mesmo algo que ocorreu há muito tempo, por ser contado na edição, é atual, pertinente, importante. Trata-se do **efeito de atualidade**.

Deve-se notar, no exemplo do *Diário de S. Paulo*, o já citado recurso, muito comum, de apresentar os verbos das manchetes no presente. No caso da manchete "terror mantém reféns em escola russa", do ponto de vista estritamente linguístico, o fato está em pleno andamento, o momento de referência é o presente, um "agora" – o verbo *manter* está no presente do indicativo. Trata-se daquele "agora" fundamental para o efeito de atualidade, o que foi "esticado".

Além de utilizar manchetes com os verbos no presente, há outra estratégia também muito usada para "alongar o agora" de uma unidade noticiosa e já investigada no nosso trabalho sobre a *Veja* (Hernandes, 2004: 94-6). Esse truque é encontrado principalmente nos meios de comunicação mais "lentos", como as revistas e jornais, mas também está presente em todos os outros tipos de noticiários. Inicialmente, deve-se observar que a maioria dos grandes fatos é noticiada depois de acontecer, mesmo em mídias "rápidas" como a TV e o rádio. A tragédia de Beslan não foi exceção. Esses fatos principais são *elementos geradores* da unidade noticiosa, o núcleo principal de uma notícia. Geralmente, se vinculam a situações concretas. Há dois grandes tipos: os *imprevisíveis*, como um acidente aéreo ou os efeitos de uma tempestade; e os *previsíveis*: um jogo importante de futebol, a divulgação do índice de desemprego, a posse do novo presidente da Câmara. Quase sempre o fato principal ou gerador tem um período de consumo extremamente curto, ou seja, fica velho com rapidez e, se divulgado sem maior cuidado, não só não atrai o público como compromete a credibilidade do jornal. Na gíria jornalística, um fato gerador de vida curta, cujo "agora" não pode ser muito alongado, é "quente". E se opõe a outro "frio", que não perde a atualidade com facilidade.

> Há diversos modos de atualizar um fato principal e construir uma notícia com sabor de novidade e que será interpretada como "atual". Basta acrescentar um **elemento de atualização** ao fato gerador. O elemento de atualização é um assunto secundário, que não envelhece rapidamente. Ao ser relacionado ao fato gerador, tem a propriedade de atualizá-lo.

Um elemento de atualização muito comum é uma consequência do próprio fato, sua repercussão. Nos diários impressos, segunda-feira é dia de fazer o balanço da rodada de futebol do final de semana. Em 7 de março de 2005, a manchete de primeira página de esportes do *Jornal*

62 A MÍDIA E SEUS TRUQUES

do Brasil era: "Empate no clássico embola a Taça Rio." Se estampasse a notícia dos 2 a 2 entre Flamengo e Botafogo, deixaria mais claro como momento de referência o "ontem" do fato. Ao falar que o jogo "embola" o campeonato carioca, instaura como momento de referência um "nessa semana", que começa após a partida e vai durar até os próximos jogos. Note-se ainda o verbo no presente.

O elemento de atualização também pode ser uma análise ou uma interpretação do fato gerador que dá, ao que aconteceu, um gosto de novidade e atualidade. Vejamos o caso dessa manchete e linha explicativa de reportagem sobre tecnologia da *Veja*, número 1856, de 2 de junho de 2004, p. 112: "Quando as coisas dão errado – Desabamento em aeroporto francês surpreende o mundo. E lembra que as falhas são parte do progresso." O elemento de atualização, o comentário sobre as "falhas do progresso", expande a própria "vida" da notícia. Devemos observar que diários e revistas constroem unidades noticiosas cada vez mais analíticas porque não podem competir com as mídias mais rápidas e, desse modo, passam a sensação aos leitores de que estão mais preocupados com o futuro do que em reportar o que acontece no presente. A estratégia, no entanto, faz o noticiário impresso ficar cada vez mais especulativo e evidencia o ponto de vista do jornal.

Há uma outra questão importante para ser abordada que também envolve coerções e vantagens de cada jornal. Meios de comunicação "lentos", como diários e revistas, precisam de um tempo para a produção e distribuição de notícias. Meios "rápidos", como TV, rádios e, principalmente, portais e sites com conteúdo jornalístico, podem inclusive enunciar enquanto algo que consideram importante está em pleno andamento. O *Jornal Nacional* não raras vezes apresenta uma notícia e, dentro do próprio programa, a atualiza. Telejornais, radiojornais, portais e sites têm a possibilidade de enunciar em "tempo real", ou seja, apresentar uma produção simultânea à recepção. Discutiremos melhor o assunto na análise sobre o jornalismo de TV, na segunda parte do trabalho.

> De qualquer maneira, não se deve confundir o efeito de atualidade, construção que visa a alargar o "agora" de uma notícia, com o impacto da enunciação das mídias "rápidas", que enunciam na forma de um fluxo. O rádio, por exemplo, dá a sensação de que a produção acontece no mesmo momento em que se ouvem os programas, de que tudo é atualíssimo.

> Muitos trechos, no entanto, são gravados. Essas duas sensações temporais, por sua vez, não podem ser confundidas com o "ao vivo", ou seja, a promessa de um radiojornal, de um telejornal ou de um site de notícias de realizar o acompanhamento de um fato enquanto ele ocorre.

Os próprios jornais, no entanto, investem na confusão quando o assunto é atualidade. Nos noticiários da internet, por exemplo, a enunciação em "tempo real" é prometida com frequência. A expressão aparecia, por exemplo, na página do *Jornal do Brasil On Line* de 8 de março de 2005, às 12h53:

O *JB*, porém, faz apenas um simulacro. Notícias escritas, obviamente, ainda precisam de um tempo para edição e lançamento no site, mesmo que de poucos minutos. Nesse sentido, o verdadeiro tempo real da internet só pode se dar pelos mesmos tipos de transmissão por sons, como no rádio, ou por audiovisual, como na TV, um processo ainda incipiente no meio em 2006, porém em franca expansão.

A PROXIMIDADE COM ATORES E O ESPAÇO: A EMPATIA

Os jornais valorizam acontecimentos que mostram experiências "humanas", que podem emocionar. Os enterros de personalidades rendem espaço para "o lado frágil" dos poderosos. Catástrofes naturais e guerras sempre se apoiam nas vítimas "civis" e seus dramas. Problemas políticos e econômicos geram textos com saídas "criativas", tais como "você também pode fazer isso e solucionar seus problemas". A lista é enorme. Nesses exemplos, podemos notar dois apelos diferentes. Nos primeiros, busca-se arregimentar o público pelo que poderíamos chamar de vínculo social. No segundo caso, a mobilização apela para o indivíduo competitivo, que tem a oportunidade de se dar bem em relação a outros graças ao seu jornal. Podemos perceber a importância dos chamados textos de "serviço". O jornal torna-se uma espécie de amigo que tudo sabe e procura cumplicidade com o leitor, espectador, internauta ou ouvinte. Há mobilização de paixões ligadas à disforia no primeiro grupo, como a piedade e o terror, e eufóricas no segundo, como a da esperança.

Quando um jornal mobiliza afetos do público ao noticiar, tenta obter uma identificação entre leitor, internauta, ouvinte, telespectador (atores da enunciação) e os personagens das notícias (atores do enunciado), em outras palavras, gerar *empatia*. Busquemos como ponto de partida algumas considerações de um jornalista. Em 15 de março de 2004, Vinicius Torres Freire, na página 2 – de Opinião – da *Folha de S.Paulo*, fez um notável *mea culpa* da imprensa em relação à indiferença da mídia por massacres pelo mundo, em um texto chamado "Horror, horror, mídia e política". Para isso, criticou – sem apontar saída – a coerção que a empatia tem para os jornais, que abrem espaço somente para situações e problemas que permitem a identificação do público-alvo com as histórias noticiadas.

Ele escreveu:

> Quase nunca conhecemos nomes e rostos dos mortos em massacres, em campos de extermínio, dos assassinatos por terroristas, pelas turbas armadas de facões, das vítimas das limpezas étnicas, das prisões de ditaduras e democracias, das guerras sujas e das guerras limpas, as "cirúrgicas". [...] Aqui no Brasil, soubemos o nome de um patrício ferido na carnificina de Madri. [...] Pouco sabemos dos 8.000 bósnios mortos em Srebrenica, dos tutsis de Ruanda e Burundi. Nada sabemos dos massacres africanos, asiáticos, latino-americanos.

No final do terceiro parágrafo, ele afirma que tipo de empatia é importante para o jornalismo: "É para quem se parece conosco, vive como a gente, ou quase sempre quem vive em lugares que têm poderes e haveres bastantes para fazerem suas histórias terríveis serem midiáticas." Para Freire, a empatia depende de o leitor reconhecer também como seu o espaço do personagem da notícia construída pelo jornal. Em outras palavras, lugares em que ele também poderia, em tese, viver. Um shopping center dos Estados Unidos, para o público-padrão da *Folha de S.Paulo*, nessa reflexão, pode dar mais sentido de proximidade espacial do que o Jardim Ângela, parte violenta da miserável periferia da Zona Sul paulistana.

Dito isso, podemos perceber que o potencial de atração da notícia, cuja isca é a manchete, é proporcional à projeção do público nos dramas mostrados. O sujeito é manipulado, por sua vez, pelos efeitos de realidade que "humanizam" o texto. É importante que ele, além de obter saberes, tenha a sensação de "estar no mundo" e possa "viver" dores, alegrias e outros afetos mostrados nas histórias.

Vejamos como essa mobilização afetiva acontece. Ensinam Perelman e Olbrechts-Tyteca (1996: 166-7), no *Tratado da argumentação*, original de 1959, que:

> para criar a emoção, é indispensável a especificação. As noções gerais, os esquemas abstratos não atuam muito sobre a imaginação. [...] Quanto mais especiais os termos, mais viva a imagem que evocam, quanto mais gerais eles são, mais fraca ela é. [...] O termo concreto aumenta a presença.

Lembram ainda os autores que:

> o fato de selecionar certos elementos e de apresentá-los ao auditório já implica a importância e a pertinência deles no debate. Isso porque semelhante escolha confere a esses elementos uma *presença*, que é um fator essencial nas argumentações, por demais menosprezado, aliás, nas concepções racionalistas do raciocínio. (1996: 132)

Perelman e Olbrechts-Tyteca descrevem o processo:

> A presença atua de um modo direto sobre nossa sensibilidade. É um dado que, como mostra Piaget, exerce uma ação já no nível da percepção: por ocasião do confronto de dois elementos, por exemplo, um padrão

fixo e grandezas variáveis com as quais ele é comparado, aquilo em que o olhar está centrado, o que é visto de um modo melhor ou com mais frequência é, apenas por isso, supervalorizado. (1996: 132)

O que um jornal faz é eleger e oferecer elementos concretos à consciência do enunciatário, como o "patrício" ferido em um trem atacado por terroristas em Madri e citado por Vinícius Freire.

Devemos trabalhar essas ideias como um modo de *figurativização* ou de representação, que tem dois extremos: em um deles, existe a representação icônica, em outras palavras, elementos ou partes do texto que um leitor identifica como existentes no mundo natural. No extremo oposto, há a representação abstrata. Os textos jornalísticos, não importa se a unidade é majoritariamente visual ou verbal, trafegam entre esses dois extremos, dependendo dos efeitos que querem infundir. A iconicidade é uma de suas principais estratégias de elaboração de efeitos de realidade. O que podemos chamar de projeção empática do enunciatário está diretamente relacionada à manipulação de elementos que tenham concretude discursiva. A abstração, por outro lado, busca o genérico, nega o particular e caracteriza os textos temáticos, analíticos. A abstração é uma racionalização por excelência, ou seja, uma visão ampla, inteligível da realidade.

Nem sempre o efeito de realidade dá lugar à empatia. Ver alguém ser citado com nome, endereço, com uma foto ou em uma cena pode não mobilizar nossa afetividade, mas funcionar apenas como "ilusão referencial", na proposta de R. Barthes. Bernardo Ajzenberg, ombudsman da *Folha de S.Paulo* leva-nos a perceber esse processo de criação de ilusão referencial em um texto jornalístico (2001: A6):

> Todo bom repórter domina a técnica de extrair de seus entrevistados frases contundentes, expressivas, inusitadas. Citações são a alma da boa reportagem. Ensejam uma ponte entre o personagem e o leitor. Humanizam o texto. Conferem-lhe autenticidade. [...] Além das declarações, o repórter confere vida aos relatos com detalhes significativos, dados precisos, que particularizem cenários, contextos. Quanto mais êxito obtiver aí, mais completo e atraente estará o texto. Essas regras, básicas, se tornam ainda mais importantes em textos produzidos em momentos ou locais de tensão e crise, em situações desfavoráveis.

> Se o efeito de realidade não pressupõe identificação entre público e personagens das notícias, toda empatia, porém, tem como base o efeito de realidade. A projeção do público na história contada é produto de **um tipo de ação narrativa que vai expondo determinados estados afetivos**. Para haver empatia, a complexidade figurativa deve estar a serviço da maior concretude possível de uma narrativa em pleno desenrolar, na qual apareçam certas paixões, sentimentos.

Vamos tentar aprofundar o entendimento da empatia por meio das reflexões do teatrólogo Augusto Boal, contidas no livro *Teatro do oprimido e outras poéticas políticas* (1980: 6), que critica a tragédia grega:

> Aristóteles constrói o primeiro sistema poderosíssimo poético-político de intimidação do espectador, de eliminação das "más" tendências ou tendências "ilegais" do público espectador. Este sistema é amplamente utilizado até o dia de hoje, não somente no teatro convencional como também nos dramalhões em série da tv e nos filmes de *farwest* [faroeste]: cinema, teatro e tv [...].

As técnicas estão reunidas no que o teatrólogo chama de Sistema Trágico Coercitivo de Aristóteles. Se o jornalismo é um espetáculo, como tantas vezes é assinalado por seus críticos, é possível buscar semelhanças entre formas de arte, entretenimento e jornais.

Boal lembra que, na tragédia grega, quando o espetáculo começa, se se estabelece uma relação entre o espectador e o personagem (especialmente o protagonista ou herói trágico). O espectador assume uma atitude passiva e delega o poder de ação ao personagem. Devemos ressaltar essa característica: é importante notar a transformação de estados, o movimento, sem o qual não se pode falar em empatia:

> Como o personagem se parece a nós mesmos, como indica Aristóteles, nós vivemos, vicariamente, tudo o que vive o personagem. Sem agir, sentimos que estamos agindo; sem viver, sentimos que estamos vivendo. Amamos e odiamos quando odeia e ama o personagem. (1950: 37)

O teatrólogo explica a empatia como uma relação emocional entre o personagem e o espectador, que pode ser constituída, basicamente, de piedade e terror, como sugere Aristóteles, mas que pode igualmente incluir outras emoções, como [...] o amor, a ternura, o desejo sexual. [...] A empatia opera fundamentalmente em relação ao que o personagem faz, à sua *ação*, ao seu *ethos*. (1980: 36-7) A empatia, por sua vez, liga-se ao *ethos* em relação à ação do personagem e também em relação à dianoia, ou seja, o pensamento que determina o ato. (1980: 38)

Piedade e terror definem grande parte das paixões disfóricas mobilizadas diariamente pelos jornais na busca de projeção empática do público nos dramas dos personagens das notícias. As narrativas jornalísticas se impõem, do ponto de vista afetivo, porque ora tentam confundir-se com as narrativas da própria vida, mobilizando pelo *temor* – o medo da violência e a impotência diante da ação dos governos –, ora porque fazem aflorar sentimentos que irmanam leitores, internautas, telespectadores, ouvintes em relação aos dramas de famílias vítimas da guerra e do terrorismo, da fome, de tragédias naturais, de injustiças de todos os tipos. Nesse último caso, há uma mobilização pela *piedade*. Do ponto de vista analítico, em seu maior grau, a empatia é uma fusão afetiva sujeito-público e sujeito-personagem.

Outra questão importante, que não vamos desenvolver, mas merece citação, é o da catarse. Ao analisar a catarse como efeito perseguido pela tragédia grega, Boal, na obra citada, afirma que os espectadores se ligam a seus heróis basicamente através da piedade e do terror porque, como diz Aristóteles, algo imerecido acontece a um personagem que se parece a nós mesmos. Se na tragédia grega não havia *happy end*, na vida real a catarse não deixa de se constituir como a retomada do equilíbrio, da continuidade, mesmo que ilusória, ou seja, vivida por meio do personagem. Um estudo da empatia e da catarse seria muito útil, por exemplo, para explicar o papel dos meios de comunicação dos Estados Unidos durante e após os atentados de 11 de setembro, os quais exploraram sentimentos patrióticos e de vingança.

> Diante da coerção jornalística de produção de textos objetivos, aparentemente a emoção não seria e nem poderia ser intrínseca ao noticiário – que deve mostrar somente os "fatos" ou análises "racionais" desses mesmos fatos. **O efeito de objetividade, porém, não se choca com as possibilidades de manipulação afetiva.** Por que, então, essas questões são tão ignoradas?

> Diversos pesquisadores parecem acreditar que um leitor, por exemplo, ao se projetar no texto, ao se engajar empaticamente com a notícia, estaria vivendo relações afetivas como uma atividade além do texto. A empatia, no entanto, é manejada pelo texto e estruturalmente determinável.

Vale dizer que a empatia tem um importante papel no sucesso persuasivo de um texto:

> A verdade está na realidade do corpo virtual que eu vejo morrer na tela ou na materialidade das lágrimas que esta visão suscita em mim? A ambiguidade é, de qualquer forma, bem real: pensa-se agora facilmente que pelo fato de as lágrimas serem verdadeiras, o acontecimento na sua origem também o é. (Ramonet, 1999: 63, *apud* Marcondes Filho, 1989: 18)

Outro ponto importante sobre a questão é o uso ideológico da "humanização". Como lembra Costa:

> uma reportagem ilustrada sobre o assassinato de uma criança é suscetível de levantar a opinião pública pequeno-burguesa num momento de condenação ao ato brutal, mas um estudo que demonstre, com dados estatísticos, que no Nordeste do Brasil morrem anualmente dezenas de milhares de crianças em consequência da subnutrição seria incapaz de suscitar maiores comoções. (Costa, 1967: 1, *apud* Marcondes Filho, 1989: 18)

Marcondes Filho (1989: 19) completa que "não há ação ou envolvimento possível do receptor das notícias se estas não forem associadas à sua realidade específica; sem a vinculação ao contexto de vida, à experiência imediata, pessoal, não há politização possível".

A PROXIMIDADE IMPOSTA: O SENSACIONALISMO

O *Dicionário Aurélio* define "sensacionalismo" com três entradas:

1. Divulgação e exploração, em tom espalhafatoso, de matéria capaz de emocionar ou escandalizar
2. Uso de escândalos, atitudes chocantes, hábitos exóticos etc., com o mesmo fim
3. Exploração do que é sensacional (3), na literatura, na arte etc.

Norma Discini, em trabalho sobre o estilo nos jornais (2003: 124), compara a *Folha de S.Paulo, O Estado de S. Paulo* e o extinto *Notícias Populares* e faz uma análise da imprensa dita séria em relação à imprensa dita sensacionalista. Nos primeiros dois jornais, encontra um

> ator sutil, de gestos calculados, [...] que se constitui por oposição ao ator estouvado, de gestos atabalhoados, da imprensa dita sensacionalista. [...] O ator mais sutil e "fino" figurativiza-se apoiado numa enunciação que, sintaticamente, não instala as pessoas eu/tu no enunciado das primeiras páginas, safando-se do efeito de intimidade, enquanto permanece cravado nas distâncias, ou no efeito de distância da enunciação em relação ao enunciado. Individualiza-se, assim, esse ator, se comparado àquele que se apoia num enunciador, que simula estar presente no enunciado, por meio do narrador explícito, a dizer tu na manchete principal de primeira página. Nesse último caso, [...] o ator da enunciação referencializa-se como o *menos sutil*, ou *mais íntimo e cúmplice* dos três jornais; o menos austero de todos [...].

No estudo do *ethos* desses três jornais, se opôs o estilo sóbrio da *Folha* e do *Estado* em comparação ao estilo que tem "uma voz que grita" (2003: 129) do *Notícias Populares*.

Neste livro apresento uma visão que julgo complementar aos estudos de Discini. O sensacionalismo pode aparecer como uma quebra de uma cláusula do contrato público-jornais em um momento muito específico. Em outras palavras, o jornal apresenta uma notícia que gera um sentimento de proximidade no público com uma situação ou com alguém que ele não desejava manter contato.

Na quarta-feira, 10 de novembro de 2004, a *Folha de S.Paulo* estampou uma foto do *The New York Times* nada sóbria para ilustrar um momento da guerra do Iraque. Há grande destaque visual. A foto, cujo trecho mais chocante é a cabeça esfacelada de um "suposto insurgente", ocupa três das seis colunas, ou quase um quarto de página.

Essa foto, por sua vez, motivou reclamações ao jornal e comentário do ombudsman da *Folha*, Marcelo Beraba, na coluna do domingo, 14 de novembro: "Leitores que escreveram ou telefonaram chocados consideraram que a *Folha* foi 'sensacionalista' ao publicar a foto". Ele levou a questão ao editor de fotografia, Toni Pires, que respondeu:

Realmente a foto é chocante e não é sempre que publicamos esse tipo de imagem. Chegam até nós, diariamente, muitas imagens clichês da guerra. Essas, os leitores já decodificaram e não mais se chocam. Em alguns momentos, vejo a necessidade de mostrar os fatos 'mais de dentro'. Os últimos acontecimentos no Iraque são a demonstração de atos bárbaros praticados por ambos os lados envolvidos. As poucas imagens diferentes que recebemos nos mostram um cenário de horror. Acredito que, por mais inquietante e doloroso que seja para o leitor, é nosso papel mostrar algo mais. Não com o objetivo simplista de uma certa estética do horror. Mas com o compromisso de levar até o leitor um pouco mais do que o simples comentário ilustrativo. São fotografias que devem ser lidas e entendidas como a memória visual de nossa época. Não acho que devamos sair publicando esse tipo de imagem todos os dias, mas vejo a importância de, em determinados momentos, enfrentar o desagrado e o incômodo [...].

Marcelo Beraba, por sua vez, discute a questão e concorda com o editor: "O jornal poderia ter escolhido uma foto menos explícita? Poderia ter dado sem tanto destaque? Poderia. Mas, ao publicar, avalio, erra menos pelo excesso do que erraria pela omissão".

> O sensacionalismo pode ser motivado e gerar um tipo de conflito calculado entre os jornais e o público. Os limites são distintos de publicação para publicação. **O que é excessivo ou "sensacionalista" para uns pode ser perfeitamente aceitável, "não sensacionalista", para outros.** No caso de um mesmo jornal, no entanto, os limites são mais regulados. Há uma linha divisória marcada por uma visão de mundo (valores familiares, políticos, religiosos). A percepção de que houve sensacionalismo aparece na forma de quebra de uma cláusula do contrato sobre a dose de afetividade – notadamente negativa, disfórica – que o público vivencia.

O caso da *Folha* é exemplar por vários aspectos. Mostra, inicialmente, que não há um único tom na maneira de enunciar, mas um jogo entre efeitos de proximidade e afastamento da enunciação. De um ponto de vista mais generalizante, porém, a *Folha* e o *Estado* são jornais que têm estratégias em que esses "choques" não são comuns. Outro ponto notável é que os jornalistas acreditam que a construção de um "real" que consideram mais fiel aos horrores da guerra deve se sobrepor em alguns momentos às cláusulas do contrato estipulado entre jornal e público, que preza um determinado "equilíbrio". A "realidade da guerra" aparece na forma de uma figuratividade icônica, com ampla valorização espacial, o que força o leitor a se aproximar da foto, inclusive corporalmente. Ao utilizar esse recurso, no entanto, os jornalistas e suas escolhas se apresentam muito fortemente, o que compromete a estratégia de "objetividade". No caso, a foto que choca não deixa de ser um discurso forte contra a própria guerra. O jornal, portanto, aparece ao leitor "opinando" sobre o conflito.

A ESTRATÉGIA DE FIDELIZAÇÃO

É momento de analisar a última estratégia do gerenciamento do nível de atenção: a de fidelização. "Fidelizar" é uma palavra muito usada no marketing. Mostra a existência de procedimentos para cativar consumidores com o objetivo de que mantenham uma relação contínua com um produto ou empresa. Qualquer veículo de comunicação almeja obter um público fiel, que garanta uma atenção incessante, de longo prazo. Como decorrência, a persuasão dos jornais deve ser vista de maneira mais complexa. Uma edição específica precisa gerar consumo não só para as próprias notícias. Deve também fazer crer na necessidade ou conveniência de o público repetir a ação com as outras edições, o que recomeça o ciclo.

Como discutimos antes, a edição não é pensada apenas para manter um sujeito bem informado. Precisa ser também chamativa, vibrante, agradável, bonita, eficiente. É como se o jornal, a cada edição, prometesse ser uma resposta definitiva a essa busca de saberes sobre o mundo e por meio de uma solução muito especial: se consumido continuamente, tem o poder de transformar a obrigação cotidiana de informação em mais uma fonte contínua de prazer para o sujeito.

> Se as estratégias de arrebatamento e sustentação vinculam-se ao poder das unidades noticiosas, a estratégia de fidelização resulta do contato com a edição inteira. O jornal deve convencer de que é "completo", realiza uma eficaz triagem e organização da realidade na qual o enunciatário se insere e se apresenta de maneira clara, possibilitando prazeres e um consumo fácil e eficiente. A satisfação deve motivar o desejo de tomar contato com a edição seguinte.

O jornal cumpre sua parte no contrato. O público realiza a *ação* de consumo e é recompensado. Ele encontra o que procura quando resolve ler determinado jornal, ver um certo programa de TV, ouvir a rádio habitual ou consultar o site com notícias de sua preferência. Essa relação satisfatória gera, com o tempo e com repetidas ações de consumo, o sentido de familiaridade que resulta em confiança. A convivência vai dissipando receios, mostra que o jornal é confiável, que tem "credibilidade".

É possível notar que a estratégia de fidelização se apoia mais em uma dimensão do inteligível. Há um destinatário que, a cada edição, questiona a competência do destinador e se o relacionamento é satisfatório. No entanto, não se deve esquecer das outras dimensões, mais afetivas. A fidelização só tem razão de ser a partir do sucesso das estratégias já citadas de arrebatamento e sustentação, das quais é totalmente dependente.

Há outros aspectos para analisar. A fidelização, para ser bem-sucedida, implica identificação ideológica do público com o jornal e também uma satisfação contínua que gera um *hábito*. Identificação é também

74 A MÍDIA E SEUS TRUQUES

palavra-chave no vínculo de longo prazo entre jornais e público-alvo. A questão da marca, do *ethos* e dos sentidos a ela associados, explorada anteriormente, aparece com força. Quando alguém diz que gosta de determinado jornal, por exemplo, geralmente quer comunicar que se reconhece no padrão de consumidor construído pelo seu veículo de comunicação predileto e partilha do tipo de recorte da "realidade" manifestado. Leitores de *O Estado de S. Paulo* gostam de se ver como mais "maduros", "sérios". Já os da *Folha de S.Paulo*, como mais "jovens", "críticos" e "modernos". O leitor de *O Estado de S. Paulo*, por exemplo, vai consumir o jornal para que ele próprio seja visto como alguém que partilha dos mesmos valores do seu veículo de comunicação preferido. Ao consumir o *"Estadão"*, ele também se sente parte de um grupo social que admira.

O hábito aparece como o aspecto derradeiro da estratégia de fidelização. Apontamos que o objetivo de qualquer veículo de comunicação é obter um público fiel. A atenção incessante, de longo prazo, reverte-se em sustentação financeira das empresas. Em função disso, o *ethos* de um produto jornalístico deve sempre ser identificado pelo público como competente para realizar sua função. A competência que justifica a existência de sua relação com o público é a de noticiar, apresentar e discutir as novidades do mundo. Ler, ver ou ouvir um jornal pressupõe tomar contato com "as novas" do mundo. Só que essa novidade deve se encaixar em uma edição que pouco se altera no dia a dia. A ideia de hábito remete a uma espécie de comportamento constante, repetitivo, sem modificação, e parece estranha, ao primeiro contato, com um produto como o jornal, que se baseia na produção e apresentação incessante de novidade. Não há, contudo, qualquer paradoxo.

Algumas considerações de Landowski sobre jornais franceses podem ser perfeitamente generalizadas para qualquer mídia e expõem melhor a questão. Afirma o autor que os jornais respondem, dia após dia, à questão: "O que há de novo hoje no mundo?" E completa:

> A narrativa jornalística valoriza por princípio a irrupção do inesperado, do singular, do anormal para, depois, tornar a situar o sensacional no fio de uma História que lhe dá sentido e o traz de volta à norma, à ordem das coisas previsíveis – ou seja, ao "cotidiano", que, no entanto, lhe é, a priori, como que a antítese. (1989: 120)

Devemos lembrar que o jornal busca, com suas edições contínuas, mostrar-se como enunciador que maneja o que pode ser pensado como uma "justa medida" entre o novo e o velho na conquista do enunciatário. Novidade demais (tanto de expressão como de conteúdo) pode deixar o enunciatário sem referências, causar estranhamento. Pouca novidade pode desinteressá-lo.

Fechine (2003: 94), com base em trabalhos de Landowski (1998), faz uma diferenciação entre rotina, entendida como dessemantizadora das ações do sujeito e, portanto, disfórica, e o hábito, que ressemantiza relações contínuas entre sujeito e objeto e, portanto, tem características eufóricas. Ela pergunta o que faz uma mesma repetição ser percebida ora disforicamente, ora euforicamente. "Nesta última situação (a rotina), a repetição é resultado de um dever querer no qual o sujeito cumpre um programa determinado por destinador social, cultural, biológico quaisquer [...]." No hábito, "ao contrário, a repetição é voluntária e fruto, antes de qualquer coisa, de um querer querer de um sujeito liberado de imposições exteriores ou anteriores. [...] Nesse caso, o imperativo da repetição é, sobretudo, o próprio prazer do sujeito [...], um gosto de fruição". Só um reparo: de um ponto de vista psicanalítico, sociológico e biológico – que não iremos explorar, obviamente – não existe um sujeito tão livre assim.

O discurso ocidental marca a rotina com valores negativos, disfóricos, ligados à acomodação, à falta de ambição material e espiritual, entre tantos outros. Se pudermos afirmar que o ser humano precisa se libertar da rotina para se sentir mais "vivo", parte integrante do mundo e da humanidade, o jornal, na tentativa de satisfazer essa necessidade, promete continuamente chacoalhar o cotidiano, fazer o sujeito viver emoções e paixões com seu recorte, ordenamento e apresentação dos acontecimentos do mundo.

É produtivo pensar o cotidiano como categoria complexa, formada pela "rotina" e por suas "interrupções", cujos momentos de controle permitidos aos sujeitos se tornam um hábito. O cotidiano "pulsa" ao sabor de quebras e retomadas. A rotina – como um fenômeno de continuidade – vai produzindo a dessemantização, a perda de sentido, ou o afrouxamento da relação de um sujeito com um objeto qualquer. O hábito é uma possibilidade ofertada ao sujeito de criar ou manejar as próprias descontinuidades, de retomar o tempo, ressemantizando assim a própria vida por meio do que Landowski

(1998: 161-2) chama de aprendizagem de busca de um valor estético, que é um trabalho progressivo de ajustamento entre sujeito e objeto que faz com que a novidade nunca se esgote. Podemos entender ainda o hábito como o gerenciamento possível dos sentidos pelo sujeito. Em outras palavras, um sujeito que organiza o seu dia para ressemantizar, na repetição de atos que lhe dão prazer, seu cotidiano. A estratégia de fidelização maneja essa possibilidade de o sujeito, ao ter contato com um jornal, viver um hábito, uma forma de fruição que ele pode administrar para criar essas ressemantizações cotidianas. O jornal, entretanto, cativa o sujeito de várias formas. Há sempre "novidades" para consumo. O noticiário reforça a própria identidade do sujeito. E também lhe dá, cotidianamente, meios de transcender a sua história pessoal vivendo, através da projeção empática, os conflitos de quem foi retratado nas reportagens.

EXEMPLO: *JORNAL DA TARDE VERSUS DIÁRIO DE S. PAULO*

Para concluir esse item e ilustrar algumas das reflexões sobre o gerenciamento do nível de atenção, comparamos as primeiras páginas de dois jornais de público-alvo semelhante, na maior parte habitantes de classe média da Grande São Paulo: o *Jornal da Tarde* e seu concorrente, o *Diário de S. Paulo*. Ambos são do mesmo dia, quarta-feira, 29 de janeiro de 2003, e trazem o mesmo assunto na manchete: mortes como consequência de fortes chuvas que desabaram na região metropolitana. Vejamos:

Do ponto de vista da primeira estratégia de atração, a sensorial, deve-se notar que o título principal e a foto dos dois jornais tomam grande parte da primeira página, o que não acontece todo dia. A estratégia de arrebatamento é clara: há uma tentativa de atrair o olhar em função do espaço ocupado pelos títulos e pelas fotos. As duas manchetes utilizam uma fotografia muito semelhante, de grande contraste cromático em relação ao branco da página. Há praticamente o mesmo ângulo: um ponto de vista de cima para baixo, de alguém que vê tudo de um local alto e a certa distância. É possível perceber, inclusive, as mesmas personagens, como o rapaz de camisa verde-amarela. A foto do *JT* apresenta somente um corte de cena um pouco mais "fechado". O que as duas manchetes têm de mais notável, contudo, são as diferentes estratégias dos editores para a apresentação de cada notícia, cujo fato gerador é o mesmo: as vítimas da chuva em Taboão da Serra. O *JT*, ao

DIÁRIO DE S.PAULO

ANO 119 • N° 39.426 • SÃO PAULO • QUARTA-FEIRA, 29 DE JANEIRO DE 2003 • R$ 1,30

Chuva mata 8 na Grande SP

▶ Desde dezembro já são 17 mortos no estado e mais de 120 no Brasil

▶ A moda dos seios fartos está mudando o padrão das brasileiras, que passaram do sutiã 42 para o 46 nos últimos cinco anos. A atriz Daniele Winits (foto) é uma das musas da era do silicone.

ECONOMIA DESTAQUES

Juro de cheque especial bate em 163,9%

Celular pode ter aumento de até 26%

SÃO PAULO
Previsão é de tempo ruim até sexta-feira

Lula compara guerra a um ato de loucura
▶ Presidente brasileiro critica um possível conflito entre Estados Unidos e o Iraque

SÃO PAULO TRAGÉDIA EM TAIUVA
Rapaz baleou colegas para vingar gozações

Para assinar ligue:
(11) 3658-8040
Para anunciar nos classificados ligue:
(11) 3658-8000

ESPORTES SELEÇÃO
Parreira chama 12 pentas para jogo de estréia

ESPORTES PAULISTÃO
Corinthians faz o clássico da rodada

Médico diz que matou amante para se defender

DESTAQUES
Miss Brasil é eliminada do Big Brother

Eletropaulo adia pagamento ao BNDES

Seleção sub-20 garante vaga no Mundial

Iraque ameaça reagir a ataque dos EUA

▶ Conheça os novos minicarros nacionais. O primeiro chega já em março.

6.657 OFERTAS DE VEÍCULOS EM 32 PÁGINAS

OS MORTOS DA CHUVA

Um ano e quatro meses, Juninho (foto) só conseguia dormir abraçado ao pai, Márcio, de 20 anos. Os dois foram os últimos 7 mortos da mesma família, entre eles mais 3 crianças, retirados dos escombros da casa em que moravam, em Taboão da Serra. A casa com 10 pessoas desabou ao ser atingida por uma enxurrada de entulho, sob a chuva da madrugada, que provocou 8 mortes. Pág. 8A

3 mulheres acusam o cirurgião que cortou a amante em pedaços

QUAL MODELO GANHA MAIS?

Os juros e impostos comem 60% da renda familiar

Ladrões de prédio 'ouviram' a PM. Na freqüência errada

A inflação não pára de subir. Será o pior janeiro do Real?

A taxa de desemprego em SP é a 2ª pior em 17 anos

Mais comércio nos Jardins: nas mãos da prefeita

Apesar de tudo isso, Lula bate recorde de aprovação

Via rápida da polícia: nenhum punido em 191 dias

contrário do concorrente, vai buscar impacto, o que quer dizer, maior carga afetiva na cobertura. Mostra a foto de um bebê de um ano e quatro meses, Juninho, que aparece morto nos braços de um homem que ajudava na escavação.

Pode-se observar a técnica da apresentação do clímax de uma narrativa na manchete. O leitor, que teve o olhar arrebatado pelo título e pela foto, obtém os primeiros dados da história e deve ficar curioso para saber como se chegou àquela situação. É a estratégia de sustentação em funcionamento. Lembramos a necessidade de os textos apresentarem "gente de carne e osso", ou seja, discursos com grande carga figurativa icônica para provocar a empatia, a identificação do leitor com a história contada. Nos casos analisados, o exemplo mais claro é o da própria fotografia, que permite reconhecer os voluntários, a terra, as vítimas. Mas também percebemos que títulos e legendas trabalham com elementos que, por meio de uma "ancoragem", atam o discurso a pessoas, espaços e datas que o leitor reconhece como "reais" ou "existentes", como Juninho, seu pai, Márcio, os mortos pela chuva em Taboão da Serra.

Mas retornemos a discussão sobre a manipulação afetiva. O *JT* utilizou a foto de um bebê morto. Há uma aproximação entre os corpos do leitor e da vítima que o jornal torna possível notadamente por meio da fotografia que representa a ação frustrada de salvamento. Uma observação mais cuidadosa mostra que, desde o título, se constrói um centro de máxima tensão. O jornal enuncia "os mortos da chuva" para levar o olhar para o bebê. Ou, no caso de um olhar inicial na foto, para ancorá-la e evitar qualquer outra leitura.

O leitor pode armar-se de argumentos contra uma vítima que invadiu um terreno público em uma encosta perigosa. Ela se arriscou e morreu. Tinha alguma escolha, por mínima que fosse, e pagou por sua irresponsabilidade. O mesmo leitor, porém, não pode deixar de se envolver por inteiro no drama da morte de um bebê de pouco mais de um ano. O jornal fez uma escolha cuidadosa para obter a máxima carga de afetividade. Não é a apresentação de qualquer vítima ou de mais uma vítima das chuvas, mas de uma criança, a mais frágil e inocente de todas. Ela não pode ser julgada de outra forma. Essa estratégia é comum nos discursos que denunciam absurdos de guerra, pois impedem racionalizações frias e distantes e forçam o destinatário a uma atividade de reflexão sobre o contexto que gerou a tragédia. Durante a guerra entre EUA e Iraque, pôde-se observar a mesma estratégia. A mídia norte-americana, pró-guerra, evitava ao máximo mostrar e fazer comentários sobre as vítimas. Já o discurso das emissoras árabes, contra a guerra, concentrava-se no oposto: exibiam a brutalidade contra a população civil, principalmente imagens de mulheres e crianças mortas, feridas ou mutiladas, gente que tinha nome, idade, endereço, história.

Voltemos aos jornais analisados. A manchete do JT trabalha com um choque emocional de uma voltagem muito maior do que a do *Diário de S. Paulo*. O concorrente do *Jornal da Tarde*, porém, também estampa a foto de uma vítima, só que enrolada em um cobertor. É preciso ressaltar a diferença de limites nos usos de materiais jornalísticos muito semelhantes. Há moderação no *Diário de S. Paulo* e pleno uso de estratégias afetivas no *Jornal da Tarde*, que se empenha em criar impacto por meio da apresentação do cadáver de uma criança.

Cada jornal satisfaz curiosidades e necessidades (dá saberes) e também coloca o sujeito diante de possibilidades de viver experiências afetivas que contrabalançam o aspecto trágico, disfórico da notícia. Relembremos que o leitor não é um sofredor compulsivo, mas alguém que, mesmo diante de uma narrativa de morte e fracasso, procura conhecimento e afetividade.

Os dois diários buscam a *empatia* do público, principalmente por meio da paixão da piedade. Do ponto de vista passional, o leitor do JT é conduzido para viver mais fortemente a *compaixão*, segundo o *Aurélio*, "o pesar que em nós desperta a infelicidade, a dor, o mal de outrem". A compaixão é um dos afetos mais mobilizados pelos jornais e um importante componente da projeção empática, como discutida anteriormente por Augusto Boal. Trata-se ainda de uma paixão conformista, ou seja, ao apenas lamentar a morte (a maior das disjunções sujeito/objeto), o leitor aceita a narrativa como um fato trágico, porém em grande parte inevitável. As duas manchetes colocam como vilã a chuva, ou seja, a própria natureza. A piedade, como paixão, só pode gerar mais piedade ou desaparecer.

O uso da afetividade como estratégia maior da manchete do JT causa alguns estilhaços na possível busca de certa objetividade jornalística. A escolha da foto de um bebê morto para a primeira página torna muito mais perceptível, para o leitor, a presença de alguém que está fazendo a mediação entre ele e o mundo. Revela, portanto, um ponto de vista sobre uma ação e impede qualquer neutralidade do discurso. Quanto maior a percepção de um desejo de emocionar, mais clara fica a presença do jornal – e das escolhas feitas – para o leitor.

Na época, o JT estava construindo uma identidade mais presente, mais próxima e opinativa diante de seus leitores. Investir na maior carga de afetividade foi uma estratégia de diferenciação em relação ao seu concorrente, o *Diário de S. Paulo*. Estamos, portanto, diante de uma tática de longo prazo do jornal, dentro da estratégia de fidelização. O JT procurava convencer seus prováveis leitores de que valia a pena ler o jornal todos os dias para ter acesso a notícias com um enfoque mais "humano", "próximo", "afetivo".

NOTAS

[1] O *slogan* como recurso do discurso publicitário tem um sentido vago justamente para que sua significação adquira um certo dinamismo e possa se adequar a um contexto específico. Em outras palavras, o sentido de um *slogan* também se constrói em função das relações estabelecidas com um texto – por exemplo, uma publicidade do próprio jornal – no qual se insere. Em nosso trabalho sobre a *Veja* (Hernandes, 2004), mostramos que o *slogan* aparecia em um anúncio que falava sobre emprego. E nesse texto também servia para manipular por provocação, pois comunicava ainda a um provável leitor: "Só quem não quer ter acesso a possibilidades profissionais interessantes não lê a *Veja*." O destinatário era levado à ação para evitar que o destinador tivesse uma imagem negativa dele.

[2] Essa reflexão foi anotada a partir da conferência de Luiz Tatit (USP) intitulada *A deusa mídia*, na III Jornada Internacional do Centro de Pesquisas Sociossemióticas sobre Semiótica e a crítica das práticas mediáticas, em agosto de 2001, na PUC/SP.

maior a percepção de um desejo de emocionar, mais clara fica a presença do jornal – e das escolhas feitas – para o leitor.

Na época, o JT estava construindo uma identidade mais presente, mais próxima e opinativa diante de seus leitores. Investir na maior carga de afetividade foi uma estratégia de diferenciação em relação ao seu concorrente, o Diário de S. Paulo. Estamos, portanto, diante de uma tática de longo prazo do jornal, dentro da estratégia de fidelização. O JT procurava convencer seus prováveis leitores de que valia a pena ler o jornal todos os dias para ter acesso a notícias com um enfoque mais "humano", "próximo", "afetivo".

A ATENÇÃO MANIPULADA NO TEMPO E NO ESPAÇO

Nossa investigação continua agora com o estudo das características da organização textual dos jornais, dos efeitos de edição (aqui como ato de editar ou relacionar expressão e conteúdo), do ritmo. Na segunda parte do livro, há uma análise mais detalhada da organização textual de cada um dos quatro grandes grupos de jornais.

DOIS MODOS DE CONSTRUÇÃO DO OBJETO: NO TEMPO OU NO ESPAÇO

Sabemos que, em um jornal, algumas unidades noticiosas são consideradas de maior interesse do que outras sem que os jornalistas tenham de fazer uma comparação explícita. Cada jornal aperfeiçoou mecanismos que "comunicam" o que é mais ou menos importante, o que merece mais ou menos atenção, fazendo uma verdadeira regência de uma enorme massa de estímulos – visuais, verbais, sonoros, conforme o meio de comunicação – no processo de organização textual. O jornal maneja a curiosidade, guia a percepção do público no sentido do que deve ou não ser valorizado, direciona as expectativas, mostra pontos de maior ou menor interesse nos níveis sensível, inteligível e passional. Como temos contato com os jornais desde a infância, principalmente com a TV e o rádio, assimilamos essas regras de textualização.

Todo objeto dos quatro grupos de meios de comunicação estudados pressupõe a *edição* (na acepção de ato ou efeito de editar), ou seja, a seleção, organização e montagem de todos os elementos que devem formar um programa, uma revista, as páginas de um site. A textualização, como estratégia global de enunciação, pode ser considerada como o "ato de editar" dos jornalistas:

- No rádio e na TV, a ação de editar estabelece principalmente intervalos de *tempo* e posições no fluxo temporal para a construção de sentidos. O manejo acontece em função de recursos de montagem.
- Na revistas, diários e sites, a organização textual ocorre por meio da administração do *espaço*, manejada pela diagramação nos impressos e pelo *webdesign* nas páginas da internet.

Os recursos de montagem (rádio e TV), diagramação (diários e revistas) e *webdesign* (sites/portais) serão apresentados em detalhes e estudados depois, nas análises específicas.

> O fluxo do tempo, no rádio e na TV, e a trama do espaço, nos jornais impressos, revistas e sites, criam a base para as regras de organização textual desses objetos e controlam a disposição das unidades noticiosas. Em função dessas coerções, os jornais estudados neste trabalho dividem-se em dois grandes grupos, os de **hierarquia temporal** e os de **hierarquia espacial**. Porém, é importante ressaltar uma questão: existem relações de espaço no rádio e na TV e de tempo nos jornais, revistas e sites. Queremos mostrar agora o que é **mais relevante** na organização textual desses meios de comunicação.

Vale ressaltar uma questão teórico-metodológica importantíssima para a Semiótica Discursiva: um texto – sempre no sentido amplo – nunca é compreendido "aos pedaços", um elemento depois do outro, uma linguagem por vez. Ninguém assiste ao *Jornal Nacional* prestando atenção, separadamente, nas tomadas de câmera, na edição, no que é mostrado, depois no que é dito. Há uma sensação de contato com uma "totalidade". Um texto é um "todo de sentido" e, no jornalismo, uma verdadeira "encenação". Analisar uma foto fora de sua integração em uma reportagem que lhe atribui sentido, e para a qual foi cuidadosamente escolhida, é uma tarefa que só se justifica se o pesquisador tiver interesses muito específicos. Para a Semiótica Discursiva, um elemento de uma estrutura só adquire valor na medida em que se relaciona com as outras unidades e com o todo de que faz parte. *Relação* é palavra-chave em qualquer estudo semiótico. Um som só pode ser "alto" em comparação a outro "baixo". Um amarelo só pode ser escuro se vinculado a outro, mais claro.

Nos jornais, é o tempo ou o espaço que permite uma organização de diferentes elementos e de linguagens. O resultado é o jornal como um único texto, um único "todo de sentido", cuja missão maior é gerar laços com o público e consumo.

Em um jornal impresso, por exemplo, podemos observar conjuntos significantes, como o verbal e os quadrinhos, as fotografias, as charges. O verbal, por sua vez, é manifestado visualmente por meio de tipos gráficos, em matérias, títulos, legendas. O traço de expressão comum de todos esses elementos verbais e não verbais é a espacialidade, a adequação a um espaço determinado. Hierarquizá-los e organizá-los é, portanto, administrar o espaço que podem ocupar no papel. O mesmo acontece no rádio e na TV, só que envolvendo o tempo.

A capacidade de o público entender rapidamente os sentidos da organização de cada jornal é resultado de uma característica importante dessa forma de comunicação. Diários, revistas semanais, programas de rádio e de TV, sites têm uma construção que apresenta certa rigidez. Isso acontece por que a produção jornalística é uma verdadeira linha de montagem. Cada jornal é obrigado a testar e a eleger formatos para dar conta de duas necessidades principais: é preciso não só motivar o consumo como também facilitar o "fechamento" das edições. A organização rígida permite ajustar com rapidez os processos criativos – realizados pela redação – às imposições da operação industrial jornalística, de produção e reprodução dos noticiários.

> Há dois procedimentos de organização textual que serão estudados a seguir e relacionados às estratégias de gerenciamento do nível de atenção:
> • O primeiro diz respeito à maneira de **valorizar ou desvalorizar uma notícia em relação à outra a partir do manejo do tempo, no rádio e na TV, e do espaço, nos jornais, revistas e sites**. Uma notícia que ocupa metade da página de um diário, por exemplo, é considerada mais importante, merece mais atenção do que outra que toma um quarto do mesmo espaço do papel.

86 A MÍDIA E SEUS TRUQUES

> • O segundo procedimento refere-se ao estabelecimento de um **ritmo textual**, que dá a sensação ao público de entrar em contato com um jornal que apresenta as notícias de maneira vibrante, eficiente, rápida, fácil de entender.

VALORIZAÇÃO OU DESVALORIZAÇÃO DA NOTÍCIA

Um texto, para a Semiótica Discursiva, tem um *plano da expressão* – em que as qualidades sensíveis que exploram uma ou mais linguagens para se manifestar são selecionadas e articuladas entre elas em relações – e um *plano de conteúdo*, o lugar dos conceitos. O plano de expressão também pode ser entendido, *grosso modo*, como o "suporte" ou parte material de um conteúdo. Para exemplificar: podemos imaginar uma negação como plano de conteúdo. O plano de expressão desse conceito pode ser veiculado pela reunião das letras "n", "ã" e "o" em português, um gesto de cabeça ou do indicador. No primeiro caso, o plano de expressão é a linguagem verbal escrita. Nos dois outros, linguagem gestual.

Há um teórico francês, Jacques Fontanille, que tem uma formulação interessante para explicar os planos. Fontanille chama tudo o que é da ordem da expressão de "mundo exterior", e o que é da ordem do conteúdo de "mundo interior" (2003: 20). Graças ao nosso corpo e à nossa percepção é que reunimos esses dois planos na nossa consciência.

Os objetos jornalísticos estudados neste trabalho têm o plano de expressão manifestado por diversas linguagens. *Todas essas linguagens, no entanto, se relacionam para apresentar sempre **um único conteúdo***. Esse tipo de texto, em Semiótica Discursiva, é chamado de "sincrético".

Tomar contato com um texto é, portanto, sempre fazer essa operação de atribuir sentido. Nós, como seres humanos, não conseguimos deixar de realizar essas operações de dar sentido ao que o nosso corpo nos informa. O consumo de um jornal é, como outras experiências, uma operação de passagem do plano de expressão (do que excita nossos sentidos) para o plano de conteúdo, para o entendimento. Só que há uma questão importante para ser observada. Cada texto relaciona suas unidades noticiosas de modo a fazer com que o leitor, o internauta, o telespectador ou o ouvinte possa entender seu valor, sua importância jornalística. Nos jornais, revistas e sites, a importância de uma notícia pode ser medida principalmente em função do tamanho e da posição ocupada na página e em determinadas páginas. O grande espaço tomado na página por uma notícia (plano de expressão) nos comunica que se trata de algo "importante" (plano de conteúdo). Detalhemos melhor como funciona a leitura nos impressos: o consumidor deve ter o olhar manejado em função das diferentes ocupações espaciais das unidades noticiosas. Uma notícia que toma grande parte da página, por exemplo, gera sentido de máximo valor e potencial de atenção, cria no consumidor uma falta – um querer saber. Discursivamente, a notícia deve provocar a paixão da curiosidade e, com a leitura, a passagem de um não saber para um saber. E uma "grande notícia", ao ser assimilada pelo sujeito-enunciatário, deve lhe dar também maior satisfação.

Vejamos essas reflexões na forma de um esquema:

Jornais, revistas e sites – mídias organizadas por meio do espaço. Relação entre ocupação espacial e valor da unidade noticiosa.	
Plano de expressão	Maior espaço ocupado x menor espaço ocupado
Plano de conteúdo	Maior valor e potencial de atenção x menor valor e potencial de atenção

Nas TVs e nos rádios, o valor da notícia relaciona-se à sua duração no fluxo temporal. Os objetos são organizados a partir de relações temporais no plano de expressão: quanto maior a duração no plano de expressão, maior o valor e o potencial de atenção no plano de conteúdo. Uma notícia mais duradoura instaura maior falta de saber, maior curiosidade, tem maior valor em relação à outra que é veiculada em menos tempo. O consumo dessa notícia, por sua vez, deve gerar no enunciatário uma satisfação também proporcional ao seu tempo de apresentação. Apresentamos a seguir um esquema dessas relações:

TVs e rádios – mídias organizadas por meio do tempo. Relação entre ocupação temporal e valor da unidade noticiosa.	
Plano de expressão	Mais tempo ocupado x menor tempo ocupado
Plano de conteúdo	Maior valor e potencial de atenção x menor valor e potencial de atenção

Na fase atual da internet, ainda travada pelas limitações das bandas de transmissão e pelas linguagens de programação utilizadas nos navegadores, tem-se uma relação entre espaço de jornais impressos que, timidamente, já convive com algumas relações de tempo de meios de comunicação como TV e rádio. Com o desenvolvimento tecnológico,

A MÍDIA E SEUS TRUQUES

a internet tende a incorporar cada vez mais relações de "tempo", sem perder a característica de hierarquizar suas unidades por meio do espaço.

Existe, evidentemente, maior complexidade dessas relações, que serão mostradas e analisadas depois, no estudo específico de cada grupo de jornais.

O RITMO TEXTUAL

Manejar o espaço ou o tempo mostra um outro ponto de interesse do estudo da organização textual jornalística, o ritmo, que produz, entre outros efeitos, a sensação de aceleração ou a desaceleração do texto que é importante para obter e manter o público atento. Alguém que está acostumado ao tipo de edição (na acepção de ato) do *Jornal Nacional*, ao entrar em contato com jornais do mesmo nível de outras redes, geralmente sente que os programas são mais "lentos". A sensação de lentidão interfere na atenção do telespectador. Isso mostra a importância do papel desempenhado pelo ritmo.

E não é difícil perceber que, no jornalismo de rádio e TV, em função da coerção máxima de manter a atenção do público, a criação de trechos mais longos ou mais curtos tem enorme impacto na manutenção da audiência. Nas reportagens de TV, por exemplo, quando um entrevistado tem uma fala longa, pode se inserir o chamado contraplano. O público vê o entrevistado de frente, depois de lado e de frente novamente. Não houve mudança no tempo cronológico, mas alterou-se, via ato de edição, o sentido de tempo de percepção dessa entrevista: o efeito obtido pela inserção do contraplano é de uma fragmentação do plano de expressão, o que dá uma sensação de aceleração, de que a cena está passando mais rapidamente em relação a uma outra sem o recurso. Esse efeito de expressão resulta no que é mais conhecido como "tempo psicológico".

Mesmo jornais e revistas utilizam essa possibilidade de criação de segmentações das reportagens para dar a sensação de um material que pode ser lido com mais rapidez. Trata-se de procedimento notável nos impressos e na internet: a construção de um ritmo espacial – uma operação sobre o espaço da página – que simula uma sensação ligada ao tempo. Uma reportagem com diversas divisões dá a impressão ao leitor de que pode ser consumida mais rapidamente. O mesmíssimo texto sem segmentações parece demandar mais tempo de leitura, o que o torna menos atrativo. Por causa disso, é comum um mesmo assunto ser dividido em conjuntos menores, isso sem contar uma série de outros recursos para romper a continuidade, como o uso de cores de fundo, "caixas". Colocar a foto de alguém muito conhecido, como o presidente da república, não raras vezes só se justifica como meio de "arejar" a página.

Nas mídias de hierarquia temporal, como a TV e o rádio, administrar os cortes tem outras consequências. A duração mais curta ou mais longa de um fragmento determina a possibilidade de uma unidade noticiosa ser entendida mais sensorialmente do que racionalmente. Um ritmo de cortes intenso no jornalismo, por exemplo, impõe uma dimensão sensível, ou seja, mobiliza o sujeito muito mais sensorialmente. Faz emergir uma curiosidade ligada à estratégia de arrebatamento. Sem tempo para pensar, contudo, o enunciatário pode ter seu senso crítico manipulado e ser impedido de remeter as experiências sensíveis a seu código de valores. Nesse sentido, o ritmo é também uma das estratégias de manipulação ideológica. Ao editar, o jornalista pode imprimir um ritmo que administre a própria inteligibilidade da notícia. Essa estratégia, no entanto, pode entediar o sujeito se for descuidada. Ninguém consegue se manter atento a uma notícia que só estimula os sentidos. Por outro lado, uma sequência longa, que "dura", sem cortes, pode permitir que o público tenha tempo para atribuir valores ao que está sendo apresentado e armar toda uma complexa rede de causas e consequências. Há também, nesse caso, uma operação ligada à estratégia de sustentação. No limite, porém, um telespectador ou ouvinte também pode se cansar, perder a atenção e se desvincular do objeto "notícia", o que o jornal deve evitar.

Em todos os casos, os recursos de expressão, utilizados na estratégia de arrebatamento, mantêm relações de união ou de compensação com a estratégia de sustentação, vinculando-se aos conteúdos das histórias mostradas nas unidades noticiosas. Existe uma relação entre ritmo, tensão e o potencial de curiosidade da notícia. A maior ou menor aceleração do jornal ou de um fragmento tem razão de ser como parte da estratégia de se obter e manter a atenção do público. O que se procura é uma espécie de justa medida entre as curiosidades e as possibilidades de sensações obtidas pela expressão e as curiosidades despertadas por meio do conteúdo. Devemos ressaltar a existência dessa complementaridade entre diferentes procedimentos de organização dos jornais, que deve resultar em um certo "ritmo". Nos jornais analisados (com exceção dos da internet), esse ritmo é bem demarcado, quase uma fórmula fixa. Isso significa um objeto que principia com máxima aceleração de expressão, máxima tensão e finaliza mais relaxado, jamais concebendo, porém, um sujeito que atinge a completa tranquilidade. Se fosse uma música, o jornal iniciaria *heavy metal* e terminaria bossa nova.

Os noticiários estudados neste livro, por exemplo, utilizam todas as estratégias de conteúdo e expressão no primeiro contato, na hora da apresentação das manchetes. Pode ser observada uma enorme quantidade de estímulos, que dá a sensação de grande aceleração para se obter o primeiro contato com o destinatário. Na apresentação das manchetes no *Jornal da* CBN, por exemplo, há mudanças de vozes dos jornalistas, entrada de músicas, trechos de entrevistas. O conteúdo também tem grande variação, aqui no sentido de apresentar fragmentos de narrativas curtas, no ponto de maior tensão, ou seja, resumos dos fatos mais importantes. Com o seu começo excitante, o *Jornal da* CBN quer desencadear a máxima curiosidade do ouvinte. O destinatário deve ser tomado por uma tal carga disfórica, uma tal vontade de conhecer o que está ocorrendo no Brasil e no mundo, que só irá solucionar essa falta de saber se permanecer atento ao programa inteiro.

Qualquer jornal quer sempre um destinatário curioso e atento, mesmo que o grau da tensão varie do começo ao fim de um noticiário ou entre o jornal de hoje e o de amanhã. Um ritmo adequado, no entanto, prevê momentos mais acelerados em relação a outros. Se o *Jornal Nacional* mantivesse o tempo todo a segmentação de expressão que caracteriza seus trinta segundos iniciais, o telespectador iria se cansar por não conseguir acompanhar as histórias. Se o mais importante jornal da Rede Globo começasse com uma reportagem longa, como a que fecha geralmente o programa – não sem razão apelidada de "boa noite" pelos profissionais do JN – possivelmente não obteria a mesma audiência.

Todos os jornais examinados aqui, cada um a seu modo, também investem nessa organização vibrante no início para obter e manter os laços com o público-alvo. Obtida a atenção, podem desacelerar. Os sites jornalísticos são as únicas exceções, como mostraremos na análise dos portais. *Essa desaceleração, no entanto, precisa ser compensada por outras estratégias.* A tomada de consciência da desaceleração pelo público deve ser entendida como um problema a ser evitado nos noticiários. É por isso que se tenta fazer uma passagem bem-sucedida entre a estratégia de arrebatamento e a de sustentação, ou seja, a troca de uma curiosidade do nível sensível para outra, relacionada ao querer saber o conteúdo de uma história. Alguém que vive a disforia de uma curiosidade não sente um texto desacelerado ou "desacelerando", no sentido de "vagaroso".

> Podemos notar a organização de cada jornal e das notícias como um verdadeiro **sistema de compensação** entre as possibilidades ofertadas tanto pelas estratégias sensíveis, quanto pelas inteligíveis (e passionais) para se obter a atenção. O que importa – sempre – é o sujeito manter-se atento, tenso. Tanto um momento acelerado quanto outro desacelerado deve ser tenso. A menor segmentação do plano de expressão – segmentos que duram mais tempo – deve ser compensada por estratégias de conteúdo para manter o sujeito em contato com o jornal.

É possível que quanto maior a curiosidade despertada pelo conteúdo de uma notícia maiores segmentos o texto poderá ter, já que a tensão do enunciatário é mais manejável.

> Podemos verificar o seguinte esquema de ritmo dos jornais (a partir de Tatit, 1998):
> **Unidades curtas** – Avivam uma curiosidade sensorial, relacionada com a variação de planos, sons, elementos. Geram uma sensação de aceleração. No limite, impedem a inteligibilidade do texto. Risco: perda da atenção em função da impossibilidade de o público acompanhar a evolução narrativa. Mostram a valorização da estratégia de arrebatamento em relação às de sustentação e fidelização.
> **Unidades longas** – Geram mais contato sujeito/unidade noticiosa. Possibilitam maior reflexão. Trata-se de uma valorização das estratégias de sustentação e de fidelização em relação à de arrebatamento. Risco: perda de atenção por falta de novidade ou por impaciência.

saber o conteúdo de uma história. Alguém que vive a distância de uma curiosidade não surte um texto desacelerado ou "desacelerando", no sentido de "vagaroso".

ANÁLISES ESPECÍFICAS

Nesta segunda parte do livro, realizamos o estudo de cada um dos quatro grupos de jornais: rádio, TV, impressos e portal (internet). Essa ordem não é aleatória. Rádio e TV se incluem em um mesmo segmento, o dos jornais cuja organização se dá temporalmente, na forma de fluxo. Depois, é a vez dos objetos jornalísticos de organização marcadamente espacial. Começamos com os impressos – as revistas e os diários. Finalmente, concluímos esta segunda parte com o estudo do portal. O jornalismo na internet, apesar de ter como base uma textualização de relações espaciais – como os impressos –, também trabalha com unidades textuais de fluxo, como vídeos, desenhos animados. Por causa dessa característica, diversas reflexões dos outros noticiários serão, então, reutilizadas e, em alguns casos, adaptadas para a análise do portal.

O RADIOJORNALISMO

A análise específica dos quatro grupos de noticiários começa com o radiojornalismo, com destaque para o *Jornal da* CBN. Consideramos o jornal de rádio o objeto mais desafiador deste trabalho. E por vários motivos. Existem poucos estudos sobre o assunto para servir de apoio. Há várias hipóteses para esse cenário. A mais evidente é o desprestígio do rádio e do radiojornalismo, o que comentaremos depois. Não se pode negar também a dificuldade de os pesquisadores teorizarem sobre o objeto radiofônico de um ponto de vista mais integral, notadamente com a inclusão das estratégias afetivas e dos efeitos da modulação de voz de apresentadores, dos âncoras, dos repórteres, de participantes do programa. O radiojornalismo tem ainda uma textualização complexa. O ato de editar relaciona, por meio de posições no fluxo temporal, falas, músicas, silêncios, ruídos, efeitos sonoros. Para analisar mais de perto o noticiário do rádio, testar hipóteses e ilustrar algumas considerações – principalmente sobre o gerenciamento do nível de atenção –, estudamos o *Jornal da* CBN de segunda-feira, 15 de dezembro de 2003. O assunto de maior destaque foi a repercussão, no Brasil e no mundo, da captura de Saddam Hussein no Iraque.

CONSIDERAÇÕES GERAIS SOBRE O RADIOJORNALISMO E O *JORNAL DA CBN*

Barbeiro e Lima lembram que "existem basicamente dois modelos de redes de radiojornalismo. Um é a emissão de alguns programas diários, geralmente jornais nas pontas do dia; o outro é o modelo *all news*, ou seja, jornalismo 24 horas" (2003: 48). Em 2006, a CBN caracterizava-se como a maior rede brasileira de emissoras *all news*, com transmissão via satélite ininterrupta de programas de jornalismo. Parte do sistema Globo foi criada em 1º de outubro de 1991 e estava presente nas principais cidades e capitais como Rio de Janeiro, São Paulo, Belo Horizonte e Brasília.

O *Jornal da* CBN, em função da necessidade de ser local, nacional e internacional ao mesmo tempo, é composto de vários pedaços "encaixáveis" que geram programas adaptados a áreas específicas. Há uma parte nacional, feita na capital paulista para todas as afiliadas, na qual se destaca o trabalho do âncora Heródoto Barbeiro. (Âncora, segundo o *Dicionário Houaiss*, é "o profissional de jornalismo televisivo que centraliza a emissão nos noticiários, cuidando pessoalmente ou participando da elaboração do texto das informações e apresentando-as, frequentemente, com comentários opinativos". O termo, com o mesmo sentido, é utilizado na rádio CBN.) Existem também, no entanto, pedaços "locais". O programa examinado neste trabalho é uma "soma" da parte nacional com a que se refere aos acontecimentos da Grande São Paulo. Quando entra a programação local paulista, as afiliadas têm duas alternativas. Podem escolher um outro sinal, gerado simultaneamente do mesmo estúdio em São Paulo, mas com notícias de interesse geral, ou inserir notícias de produção própria, regionais. Há, portanto, em um mesmo horário, vários *Jornais da* CBN, cada um adequado a um público específico. O ouvinte desconhece essa segmentação. Nas áreas em que há geração de programação local – como em certas capitais – o *Jornal da* CBN cria um grande efeito de proximidade, de intimidade, pois parece valorizar tudo o que acontece onde a vida dos ouvintes se desenrola. O âncora Heródoto Barbeiro comandava o *Jornal da* CBN no "horário nobre" da rádio, de segunda a sexta, das seis às nove e meia da manhã. Há programa também aos sábados e domingos, das seis às nove horas, mas a estrutura do final de semana é diferente, com um rodízio de âncoras. Somente um terço da equipe trabalha nesses dias. Uma das consequências é o menor número de entrevistas ao vivo. Durante a semana, os jornalistas da rádio calculam que 150 mil ouvintes estão sintonizados de minuto a minuto. Vale lembrar que a audiência tem enorme rotatividade.

No site da rádio, afirmava-se que a CBN era direcionada para ouvintes das classes AB, acima de 30 anos e economicamente ativos. Os jornalistas da emissora apelidaram esse público indistintamente de "gerente". A tabela 1, no final desta parte do livro, mostra todos os segmentos do programa, inclusive os publicitários. Por meio da tabela, é possível observar e confirmar as características desses ouvintes também pelos anúncios. Há publicidade de carros blindados, de companhias aéreas, de oportunidades empresariais. O objeto de estudo não é, portanto, um programa "popular".

Essa característica de o *Jornal da* CBN ser um noticiário para os chamados formadores de opinião deve ser ressaltada. Meditsch (2001) lembra, em sua obra dedicada ao rádio, que esse meio de comunicação é geralmente relacionado a uma forma de cultura "inferior", marcada pela oralidade – que remete ao analfabetismo – em oposição à escrita. E numa sociedade que valoriza também a "visualidade", o rádio só poderia acabar mesmo na situação de o menos estudado dos meios de comunicação de massa. Esse é outro motivo da existência de um pequeno número de análises disponíveis sobre o assunto.

Para fazer o exame do programa, acreditamos, como Meditsch, que é preciso dar conta da emissão viva e vibrante do radiojornalismo:

> A linguagem auditiva do rádio pode ser delimitada, teoricamente, como um sistema semiótico complexo, composto por subsistemas tais como a palavra, a música e os efeitos sonoros ou ruídos. O funcionamento do sistema como um todo, assim como a definição e o papel da cada um dos subsistemas dentro dele, obedece a uma série de convenções que o tornam manejável, socialmente compartilhável, e desta forma eficaz e inteligível [...]. (2001: 149)

A SENSAÇÃO DE "TEMPO REAL"

A sensação que o *Jornal da* CBN passa para o seu ouvinte é a de que é produzido no mesmo momento em que é apresentado. Trata-se de característica marcante do texto jornalístico de meios de comunicação de fluxo, como o rádio e a TV. Meditsch acredita que o radiojornalismo só tem sentido se analisado como "dando-se no discurso" (2001: 212). Caso contrário, se retirado do seu contexto, produzirá um texto fonográfico:

> Seja transmitindo em direto, seja transmitindo em diferido um produto fonográfico que assim atualiza, ou ainda combinando estes dois elementos, como normalmente o faz, o rádio transmite sempre no presente individual do seu ouvinte e no presente social em que está inserido, ou seja, num contexto intersubjetivo compartilhado entre emissor e receptor: num tempo real. Ao contrário, na fonografia, como no cinema, emissor e receptor estão separados pelo tempo e o contexto não é compartilhado por eles. (Meditsch, 2001: 212-13)

Do nosso ponto de vista teórico, qualquer sensação de "tempo real" no radiojornalismo é tratada como efeito do discurso. No *Jornal da* CBN, por exemplo, há um "programete" chamado "Liberdade de Expressão", no qual os escritores Artur Xexéu e Carlos Heitor Cony comentam notícias. Programetes, na CBN, designam certos quadros que têm "vida própria", com começo, meio e fim bem determinados, inclusive por meio de vinhetas. Há desde programetes realizados durante o próprio programa, como o "Linha Aberta" (de análise econômica) e o "Liberdade de Expressão", como outros que parecem ser produzidos em outros locais, como o "Notícias da BBC Brasil". Uma característica do programete é poder ser reprisado em diversos momentos da programação da rádio.

No "Liberdade de Expressão", Conny e Xexéu trocam um "olá" no primeiro contato com o âncora Heródoto Barbeiro. A razão é simples: o mesmo fragmento é exibido durante a tarde. Se falassem "bom-dia", explicitariam o momento de produção do discurso e a segunda edição ficaria "velha". O jogo de mostra-esconde desses marcos temporais é uma característica importante não só da linguagem radiofônica como de qualquer jornal. O próprio Heródoto Barbeiro, que também é teórico do assunto, no prefácio do livro de Medistch (2001), esclarece algumas possibilidades, efeitos e consequências dessas estratégias:

> Na CBN, optou-se por não simular o ao vivo, quando a reportagem está gravada, e banir o bom-dia, ou boa-tarde, nas reportagens gravadas para dar a impressão ao

ouvinte de que a matéria é ao vivo, mesmo sabendo-se que essa expressão confere aos veículos de comunicação credibilidade, ao ponto dela ser repetida sistematicamente no rádio e ganhar caracteres na TV.

A OSCILAÇÃO ENTRE O OUVIR E O ESCUTAR

O rádio (e também a TV) caracteriza-se por apresentar uma construção discursiva manifestada a partir da ordenação e da hierarquização de elementos no fluxo temporal. Os recursos de expressão são pensados para se obter sempre mais audiência. O público, porém, está mais esquivo segundo Meditsch, que cita trabalhos de diversos autores para mostrar como o limite de conservação do tempo de atenção do ouvinte do rádio é cada vez menor. Na década de 1950, a RAI fez uma pesquisa na Itália e constatou que esse tempo era de 15 minutos. Pesquisas posteriores observaram que o tempo tinha caído para oito minutos na década de 1960 e para quatro minutos na de 1970. Nos anos 90, muitas emissoras trabalhavam "com a hipótese de que a atenção média pode se manter por três minutos, e algumas reduziram essa estimativa para 90 segundos" (2001: 183).

O mesmo autor lembra que há uma oscilação permanente de recepção entre o *ouvir* (nível pré-consciente) e o *escutar* (intencionado) do público. O rádio, ressalte-se, não é uma mídia absorvente e excludente no sentido de mobilizar uma atenção absoluta do enunciatário como os impressos:

> A recepção desse discurso é, caracterizadamente, uma atividade secundária do ouvinte, realizada simultaneamente a outras atividades com que divide a atenção. Assim, além do *zoom* auditivo entre o ouvir e o escutar, a recepção do rádio é caracterizada por um *zapping* perceptivo entre essa atividade e a principal. (Meditsch, 2001: 161)

Os profissionais devem colocar no ar um programa com enorme número de apelos para competir com outras atividades realizadas pelo enunciatário e ganhar a sua atenção. E isso a partir das estratégias de arrebatamento, sustentação e fidelização que são possíveis no rádio.

Foi apontado que a primeira imposição da curiosidade (querer saber) ao público-alvo se vincula fortemente ao manejo dos aspectos sensíveis do texto por meio do gerenciamento do ritmo. É a estratégia de arrebatamento. No rádio, a atenção é arrebatada, "fisgada", principalmente a partir da quebra de continuidade entre unidades (como a passagem de uma voz do âncora para a do repórter em segmentos muito curtos) e, no nível da unidade, por alterações bruscas (como um entrevistado que, em determinado momento, mostra irritação e abandona um tom mais ameno). Do ponto de vista sonoro, uma descontinuidade é tanto uma baixa estimulação sonora após muito barulho como o inverso. O que é mais perceptível para o ouvido é a passagem entre dois tipos de sons distintos.

Na edição do *Jornal da* CBN analisada, alternância de vozes, entrada de vinhetas ("chamada de curta duração utilizada em abertura, encerramento ou reinício de programa de rádio ou TV, com o objetivo de identificar o programa, a estação ou o patrocinador", segundo o *Aurélio*), de publicidades, de recursos sonoros impuseram mais de seiscentas segmentações no espaço de menos de três horas e meia do programa ou a quebra de continuidade entre unidades em média a cada vinte segundos. Isso sem contar a própria locução dos profissionais da rádio que, em cada segmento, criaram ao microfone grandes variações no modo de falar para não perder a atenção do ouvinte. No rádio, os profissionais se aproveitam ao máximo da impossibilidade de o público prever as sequências, o que vai acontecer no instante seguinte, mesmo com a existência de partes fixas. Portanto, cada mudança, cada imposição de uma descontinuidade tira partido dessa renovação que é sentida pelo ouvinte como uma pequena surpresa. Para o destinatário, o que surge pode ser sempre algo do maior interesse.

Os jornalistas sabem, no entanto, que não podem valorizar da mesma maneira todas as notícias. O simulacro de enunciatário pensado pelo enunciador é de alguém que não escuta o programa com a cabeça vazia. O público julga e interpreta o que os profissionais do rádio lhe propõem em uma velocidade que só rivaliza com a de um site de notícias na internet. A segmentação, ao impor uma dimensão mais sensível em diversos momentos, contudo, tem outras funções além da de arrebatar a atenção. Relembremos que manipular o ritmo de um texto é também um meio de impedir ou permitir o exercício da reflexão, inclusive sobre a própria notícia e as escolhas do enunciador. Fracionar um texto é administrar sua inteligibilidade. O excesso de descontinuidades de expressão, entretanto, não é uma fórmula mágica. Como lembra Tatit (1997: 22), ele gera dispersão e aceleração do discurso. Há sempre o risco de perda da evolução narrativa, principalmente da história da notícia.

O excesso de continuidade, por outro lado, permite mais contato entre o sujeito e a notícia. Possibilita maior reflexão. Não sem razão, a entrevista, principalmente a divulgada como acontecendo "ao vivo", foi um dos momentos do programa com os maiores segmentos, ou seja, com unidades mais duradouras. Percebe-se, porém, a astúcia do âncora: ele só não faz interrupções quando um entrevistado desenvolve uma fala de grande interesse em função da apresentação de novidades, da perspicácia da análise, da utilização do humor. Outros segmentos que chegam a mais de um minuto dizem respeito a histórias enviadas por ouvintes e comentadas pelo âncora, relatos, análises. São momentos em que prevalecem as vozes institucionais conhecidas dos jornalistas, dos analistas, dos comentaristas. Há um fragmento sobre a captura de Saddam que dura 45 segundos na parte inicial do programa, de apresentação das principais chamadas. *A curiosidade, nesse ponto, ressalte-se, é manejada via plano de conteúdo (estratégias de sustentação e fidelização), e não pelo plano de expressão (estratégia de arrebatamento).* Fica evidente que, obtido o querer saber por via do conteúdo, não é necessária grande variação de expressão por um certo período.

A atenção obtida via curiosidade para o conteúdo da notícia – estratégia de sustentação – mobiliza ainda outros recursos no rádio. Um dos mais poderosos, se bem utilizado, é a pausa na locução, o silêncio, que possibilita a concentração da atenção no que será dito a seguir. O *Manual da Jovem Pan* (1986: 79), de Maria Elisa Porchat, detalha esse efeito – ao relacionar a curiosidade do ouvinte, a tensão e a atenção – por meio de depoimento da professora de dicção e oratória Maria José de Carvalho, ex-docente da ECA/USP:

> Para enfatizar as palavras importantes, não devemos aumentar o volume da voz. É o que chamamos de pausa de tensão que prepara uma palavra importante. O locutor deve sempre imaginar um ouvinte ativo, interlocutor. Este ouvinte a todo o momento o interrompe para fazer perguntas. Ao imaginar interrupções com perguntas do gênero "o quê?", "onde?", "por quê?", etc. o locutor faz uma pausa de tensão, importante para a expressão.

O silêncio, a partir das relações que estabelece com outras unidades do texto radiofônico, tem duas funções. A primeira é a de valorizar conteúdos, informando a importância do que se apresenta no fluxo sonoro. Nota-se, na orientação de Maria José de Carvalho aos jornalistas, que os profissionais devem tirar proveito da curiosidade do ouvinte quando sentem que ele já está passionalmente envolvido com uma unidade noticiosa. Mas há também situações nas quais nada acontecer tem sentido. Um entrevistado pode demorar um tempo para responder a uma pergunta que o embaraça. Nesse caso, esse silêncio, como um segmento que dura, pode ser interpretado pelo ouvinte como um momento de elaboração de uma desculpa.

Descontinuidades, como o silêncio retórico, são importantes no rádio. Ouvir alguém falando continuamente cria problemas. Pode trazer monotonia e perda de atenção por falta de novidade. Como afirma Tatit, o excesso de continuidade pode desacelerar demais o discurso, que pode ficar "sem metas, sem direção e, portanto, sem sentido" (1997: 22).

> O jogo que se estabelece na organização textual do *Jornal da* CBN é o seguinte: o grande número de segmentações, de variações e combinações entre elementos – estratégia de arrebatamento – tem a função de despertar a atenção do ouvinte durante o fluxo noticioso. Obtida a curiosidade para a história da notícia – estratégia de sustentação – o texto pode ter uma segmentação menor. Essa é a principal característica de ritmo textual do programa.

Relembremos que a estratégia de sustentação se vale principalmente da capacidade de certos aspectos da notícia provocarem uma disforia no ouvinte, um querer saber que, para ser satisfeito, monopoliza a atenção. Se a alta estimulação de alguns momentos do programa, por exemplo, deixa o enunciatário tenso, em outros esse mesmo estado ocorre por meio da pausa de tensão, do silêncio retórico, do suspense (vale dizer que a tomada de consciência da desaceleração textual pelo público, vamos insistir, é um problema no jornalismo. Por isso é que se tenta fazer uma passagem bem-sucedida entre a estratégia de arrebatamento e a de sustentação, ou seja, a troca de uma curiosidade do nível sensível para outra, relacionada ao querer saber o conteúdo de uma história. Alguém que vive a disforia de uma curiosidade não sente um texto desacelerando em função dos segmentos mais longos). O que se observa é que o jornal, uma vez tendo despertado seu ouvinte, pode diminuir a estimulação e, mesmo assim, manter determinado laço. Quando essa ligação tende a se afrouxar, o público é "chacoalhado" novamente.

Esse jogo rítmico, entre continuidades e descontinuidades, entre segmentos que duram e outros mais pontuais, faz com que cada programa crie seu próprio ritmo a partir do que os jornalistas avaliam como mais eficaz na maneira de obter audiência.

A relação do ritmo musical com a edição radiofônica não é apenas retórica. A edição de fato determina o ritmo do programa. Ainda que a maior parte dos programas tenha o seu ritmo determinado de maneira mais instintiva do que consciente, este é ainda um aspecto musical da linguagem radiofônica mais presente para os seus profissionais.[4]

O texto radiofônico se constrói tal qual uma música, mas com certos andamentos. De um ponto de vista geral, assim como os jornais de outros veículos que estudamos neste trabalho, o *Jornal da* CBN começa com a apresentação das principais chamadas na busca de tensão e termina quase sempre com humor, relaxando um pouco nos instantes finais, geralmente com uma canção que ironiza uma notícia e seus personagens. Entre esses dois extremos existe até um "refrão": a reapresentação das "notícias mais importantes" a cada meia hora. Trata-se do *Repórter* CBN. Há leitura de textos curtos numa locução tensa, rápida, sob um fundo musical que também acelera o discurso.

A LOCUÇÃO COMO ELEMENTO ORGANIZADOR

Vamos analisar agora como o *Jornal da* CBN estrutura-se de um ponto de vista mais específico, relacionando seus sistemas significantes verbal e musical com elementos importantes dessa forma de comunicação, como os ruídos e os efeitos sonoros.

> Um programa de rádio é uma sucessão de elementos (vozes, músicas, outros sons que tanto podem ser efeitos de sonoplastia como a consequência involuntária da própria produção do texto, como barulhos de carro captados numa reportagem de rua). Essas unidades são hierarquizadas e manejadas dentro de um fluxo por meio da montagem. Consideramos a locução – notadamente a fala do âncora – como a base desse complexo discurso marcado, como já vimos, pela organização temporal da expressão. O jornal de rádio, entre os objetos aqui estudados, é o único que poderia, em tese, ser apresentado somente por meio de **uma** linguagem, o verbal oral.

No trecho anterior, pensamos a estrutura do noticiário do ponto de vista de um ouvinte que acompanha o programa do começo ao fim. No entanto, podemos observar como o *Jornal da* CBN é pensado muito mais para um sujeito que ouve apenas algumas partes, que manipula o dial e chega em pleno andamento do programa. Inicialmente, mais do que em função das vinhetas, ele se integra ao noticiário graças ao reconhecimento da voz do âncora, dos redatores, dos repórteres, dos comentaristas. Uma voz conhecida no rádio gera um sentido de "familiaridade", de um tempo reconhecível como o do cotidiano. O modo de falar também é parte importante da estratégia de fidelização.

No *Jornal da* CBN, a fala do âncora administra outras falas. Ele não apenas apresenta e discute as principais notícias como também cede e controla a voz de outros sujeitos, tanto profissionais como entrevistados. O estudo dos efeitos da fala dos âncoras, apresentadores e repórteres é um grande desafio a ser vencido no entendimento do radiojornalismo.

Carmo Júnior (2005: 141), em análise da locução do futebol, chama o locutor esportivo de "encenador vocal", termo que é possível ampliar para descrever o trabalho principalmente dos âncoras do radiojornalismo. Antes de seguir em frente, é preciso apresentar algumas dessas possibilidades de efeitos da fala, que envolvem o *timbre*, a *altura*, a *intensidade* e a *duração*, "componentes em geral reconhecidos nos estudos dos sons da linguagem", como lembram Ducrot e Todorov (1972: 172).

O timbre é efeito ou qualidade acústica que se obtém a partir dos diversos graus de abertura da cavidade bucal, isto é, da distância entre a língua e o céu da boca. Essa distância é a máxima possível para o "a", a vogal mais aberta, e a mínima para o "i" e para o "u", as mais fechadas. É pelo timbre que se distingue a voz de uma pessoa da voz de outra.

A altura de um som é, em fonética e fonologia, a qualidade do som da fala relacionada com a frequência das vibrações que têm como resultado o agudo e o grave ou o agudo, o médio e o grave. A intensidade de um som vincula-se ao grau de força com que o som da fala é proferido. A duração de um som, ensinam Ducrot e Todorov, "é a percepção que se tem de seu tempo de emissão. No que se refere aos sons da fala, dificilmente obtém-se uma tensão constante dos órgãos da fonação, e geralmente se assiste a uma modificação da qualidade de um som prolongado" (1972: 172).

> O estudo da modulação de voz é fundamental para entender como um fragmento de notícia pode ser desvalorizado ou valorizado pela maneira de o apresentador, por exemplo, utilizar os recursos prosódicos. A oralidade acresce efeitos de expressão ao verbal escrito, ao roteiro que é lido pelos jornalistas.

Armand Balsere (*apud* Meditsch, 2001: 191) diz que esse segundo significado é próximo da ideia de "subtexto" do teatro. Muitos candidatos aos palcos fazem exercícios nos quais aprendem a dizer "algo a mais", com significados distintos, a partir das mesmíssimas palavras. Pode-se notar, por exemplo, como os clientes pedem um café em uma padaria lotada, onde o serviço se mostra lento. A mesma frase: "Por favor, um café" pode ser dita por alguém que queira sobrepor ao seu pedido o seguinte significado: "Eu não aguento mais esperar". Ou ainda por outro cliente que, ao utilizar as mesmas palavras, capricha no sentido de súplica, como se o modo humilde do pedido fosse uma maneira de ele comunicar que compreende que o atendente está com serviços demais. Percebe-se diferentes "subtextos" nesses dois casos.

O subtexto é resultado de uma complexa relação entre expressão e conteúdo. Um tom irritado (que enfatiza, por exemplo, a duração das sílabas e da frase, em uma altura e intensidade pouco usual para uma situação) mostra estratégias discursivas que se valem da riqueza das possibilidades de entonação. Uma mesma frase – do ponto de vista do registro escrito – abre-se para estratégias de manipulação distintas na fala e, vale notar, efeitos de sentido afetivos que cumprem uma missão persuasivo-argumentativa. No primeiro exemplo, o cliente da padaria investe na intimidação (dever fazer); no segundo, na sedução (querer fazer) do balconista. O sentido primeiro, no entanto, não foi prejudicado. Nos dois casos, o que se deseja é a realização de um ato: que o café seja servido.

Podemos observar cotidianamente diversos exemplos de "acréscimos" de sentido por meio do uso dos recursos prosódicos. Um empregado pode prever como será sua jornada pela entonação do bom-dia do chefe. Alguém que dá uma ríspida saudação também mostra uma outra característica notável de jogo entre o dito e o efeito proporcionado via entonação: um desacordo entre esses dois níveis da fala. Notamos um caso mais comum no *Jornal da* CBN, que se apresenta como outra especificidade do programa. Há "acentos de expressividade" (Drucot e Todorov, 1972: 175) que incidem em certas partes da emissão da notícia (uma administração de recursos de intensidade, da altura e da duração da voz). Esse recurso euforiza ou disforiza o conteúdo das notícias em alguns momentos. Isso significa que a notícia vai sendo exposta como "julgada" pelo enunciador, encaixada em um universo de valores.

É o âncora que mais "sente" a notícia (modulando a voz) e tenta fazer com que o ouvinte partilhe desse tipo de sanção. Ao mesmo tempo, tudo é planejado de modo a parecer que não se subvertem certas coerções do jornalismo, como a de manter distanciamento em relação às notícias apresentadas. É comum ouvirmos o âncora e, em seguida, uma "sonora" – trecho gravado de entrevista – que faz parte da notícia. Barbeiro e Lima, no seu *Manual de Radiojornalismo* (2003: 79), ensinam:

> Os pontos ideais para os cortes e emendas são descobertos pelo editor com a prática e a sensibilidade. A regra básica é dar sentido à fala. A sonora deve terminar com a entonação "para baixo". O depoimento que termina com a entonação "para cima", além de desagradável, dá a impressão de que o entrevistado foi cortado antes de completar o pensamento ou que foi alvo de censura [...]. As sonoras devem ser o mais opinativas possíveis. O contexto e o enredo devem estar no texto redigido pelo editor. O editor não opina no texto. Quem opina é o entrevistado. Sonoras opinativas são sempre mais contundentes e chamam mais a atenção do ouvinte [...] Sonoras que contêm emoção também rendem boas edições. Um choro, uma gargalhada ou uma frase em tom de desabafo às vezes dizem mais do que uma declaração de 50 segundos.

Por essa afirmação, uma notícia é composta de uma parte feita na redação, de conteúdo imparcial, objetivo, lida pelo locutor ou apresentada e comentada pelos repórteres. Em seguida, a edição final adiciona os trechos gravados – as sonoras – que devem servir como contraponto, em que aparece a subjetividade do entrevistado, seu estado emocional. Do ponto de vista semiótico, essas sugestões referem-se muito mais aos "efeitos" que se quer obter. Lembremos, inicialmente, que a "pinçagem" e a montagem dos "fatos" para compor a notícia só têm sentido a partir de uma ideologia. Essas escolhas sempre expõem a visão de mundo do enunciador, como discutimos no início do trabalho ao mostrar três versões distintas de jornais impressos em relação à visita de Lula a São Bernardo do Campo.

É comum na CBN, por exemplo, a locução se fazer por meio de um conteúdo verbal mais "objetivado", com o uso da terceira pessoa nas frases, recurso comum no jornalismo. A notícia aparece na forma de sucessão de fatos. A encenação vocal é realizada a partir desse conteúdo editorial mais objetivado. A apresentação da unidade noticiosa pode ser feita numa intensidade e numa altura maiores e numa duração mais rápida, o que determina uma valorização em relação a outras, sem esses mesmos recursos de entonação. Uma tensão crescente ou decrescente da voz (fenômeno de intensidade de emissão, mas que também pode incluir variação de duração e altura da fala) sobre certos detalhes pode conferir mais proximidade ou distanciamento afetivo que o locutor encena e espera que seja compartilhado pelo público.

> A ideia de "dizer sem dizer", que está por trás do subtexto do programa e das possibilidades ofertadas pela riqueza prosódica pelos efeitos da fala, tem assim grande valor para um jornalismo que precisa se expor como objetivo e imparcial. **Os jornalistas levam o ouvinte a determinadas interpretações, mas podem eximir-se delas.** A justificativa é que apresentam um conteúdo aparentemente mais impessoal, sem certas marcas de subjetividade, estas mais evidenciadas nas sonoras. A interpretação sobre a enunciação – ou seja, sobre a forma de dizer do enunciador –, no final das contas, aparece como de responsabilidade exclusiva do enunciatário.

Outro ponto que ajuda nesse efeito é o próprio sentido de "concretude discursiva" que a sonora apresenta. O ouvinte parece ficar diante do "entrevistado", de sua voz, e não de um fragmento cuidadosamente editado para se adequar a uma lógica de busca de audiência e de reafirmação de valores do enunciador.

Por meio do movimento de entonação dos locutores, dos repórteres e até mesmo dos entrevistados, o ouvinte toma contato com unidades que já se apresentam "sensibilizadas", ou seja, contendo valores que trafegam entre a repulsa e a atração na visão de mundo do enunciador. No programa analisado, o âncora, Heródoto Barbeiro, apresenta a notícia da expulsão dos "radicais do PT". Há sonoras com os expulsos e também com os membros do partido que votaram pelo desligamento dos parlamentares. Pode-se observar o efeito pretendido de imparcialidade ou de citar as diferentes versões.

Heródoto: *"Grande articulador no Congresso durante as reformas, o líder do governo no Senado, Aloízio Mercadante, foi algoz dos radicais do PT durante a reunião do diretório. O senador afirmou que 'os infiéis tomaram outro caminho dentro do partido e irão se arrepender no futuro'."*

Mercadante: *"A divergência de fundo é um problema... é uma visão de partido. Um setor da esquerda sempre achou o PT como (sic) um partido tático, não estratégico. Sempre achou. E alguns, no passado, como o próprio PSTU, partiram para construir um outro partido, o que é legítimo."*

Heródoto, no entanto, trabalha cuidadosamente sua entonação. Ele ressalta determinados conteúdos, coloca acentos de expressividade em pontos bem determinados. Dá grande destaque, por exemplo, a "algoz", fazendo as vogais durarem, aumentando ainda a intensidade e a altura da fala nesse momento. Depois enfatiza, por meio da entonação, a frase *"os infiéis tomaram outro caminho dentro do partido e irão se arrepender no futuro"*. Nesse momento, imita o timbre de um ator canastrão de um filme de quinta categoria. O âncora ainda desacelera o final de sua fala. Todos esses recursos prosódicos ridicularizam a sonora que vem a seguir, a de Aloízio Mercadante. É notável ainda que a última afirmação de Heródoto não se confirma na fala do deputado petista. Mercadante, nessa sonora, não fez nenhuma ameaça. O ouvinte, entretanto, não tem tempo de realizar essa associação em função do ritmo da sucessão de falas.

Essa intencionalidade evidente do radialista faz pensar sobre a opção de uma fala neutra na apresentação de conteúdos jornalísticos, o que aumentaria o efeito de objetividade. Teoricamente, podemos verificar a existência de uma fala mais sóbria (menor modulação), padrão de algumas rádios informativas como a Eldorado. O próprio *Jornal da* CBN tem um locutor "à moda antiga", Laerte Vieira, de bela voz e que pouco modula a fala, nesse sentido "sancionador", na apresentação das notícias. No entanto, a busca de um jeito neutro para apresentar as notícias é sempre um risco considerável. Pode haver perda de atenção do ouvinte. Tudo indica que, no rádio brasileiro, a encenação vocal é uma coerção cada vez maior dessa forma de jornalismo.

Nessa discussão sobre os efeitos da fala, é preciso salientar ainda que a maior parte da informação do rádio é lida pelos seus profissionais. Como lembra Barros (2000:74), é comum haver no rádio um texto escrito realizado oralmente que, entre outras consequências, não apresenta uma série de características da fala cotidiana, como reformulações, hesitações, pausas. Entretanto, os profissionais do radiojornalismo têm de enfrentar outra coerção: criar a sensação de que estão em pleno diálogo com o ouvinte, e não lendo algum texto. Essa é a razão dos manuais de rádio, e também de TV, insistirem na construção da informação em frases curtas, por exemplo, para dar a impressão da fragmentação típica da fala. O *Manual de Radiojornalismo da Jovem Pan*, entre outras instruções para os locutores, ressalta: "Leia naturalmente, como se estivesse falando de improviso" (1986: 78).

Sabemos que a oralidade dos profissionais do rádio é uma "espontaneidade treinada" com o objetivo de persuadir o público da existência de um determinado nível de improvisação. Na análise do *Jornal da* CBN é possível notar que existem diferentes gradações na forma de modular a voz. Em alguns momentos, por exemplo, o âncora Heródoto Barbeiro comenta jornais ou e-mails de ouvintes e deixa claro que está lendo num tom que se contrapõe à apresentação de notícias. Ele cria assim um sentido de "aspas" sonoras. Em outras palavras, o jornalista separa sua enunciação de outra.

No entanto, se tivermos em conta que as falhas, frases incompletas, pausas, retomadas, redundâncias são marcas da fala menos premeditada, pode-se observar no *Jornal da* CBN um grande espaço para essa manifestação. Há brincadeiras, comentários a partir das discussões com entrevistados, troca de informações não planejadas entre os próprios jornalistas. É muito comum Heródoto fazer graça com a derrota do time de um repórter. E vice-versa. O programa cria assim um grande efeito de proximidade com o público. O enunciatário, portanto, é mostrado como um "igual", um amigo que partilha das gozações que quebram a "seriedade" das falas em alguns momentos.

MÚSICA, EFEITOS SONOROS, RUÍDOS E A RELAÇÃO COM A FALA

Mostramos alguns aspectos superficiais da locução, entendida como elemento que constrói a lógica do programa. É momento de investigar o papel da música, dos efeitos sonoros e dos ruídos. No *Jornal da* CBN, as composições musicais têm quatro grandes possibilidades de aplicação:

A música é parte essencial das vinhetas, uma unidade em si mesma sincrética, que relaciona o discurso oral, os ruídos e a música. Podemos observar dois tipos:

- As de prefixo, ligadas às segmentações do radiojornal;
- As que caracterizam o começo e o fim de programetes como o "Liberdade de Expressão".

As vinhetas impõem descontinuidades na programação dentro da estratégia de impedir qualquer possibilidade de monotonia discursiva. Têm, portanto, a missão de arrebatar ou manter a atenção dos ouvintes. Também criam um meio mais eficaz de reconhecimento. Por meio das vinhetas, o ouvinte pode localizar em que parte do fluxo radiofônico se encontra. Há, portanto, um apelo à memória, à evocação de experiências anteriores – o que remete à estratégia de fidelização.

A música modifica conteúdos projetando, via manipulação sensorial do ouvinte, a ideia de que certas notícias são mais importantes e merecem mais atenção. O *Jornal da* CBN tem uma trilha sonora (que não deve ser confundida com a vinheta) utilizada na apresentação e na valorização das chamadas em certos momentos da programação.

Fechamento do programa com bom humor. Trata-se de uma utilidade específica da música no *Jornal da* CBN. No caso do programa analisado, o âncora, Heródoto Barbeiro, diz em tom de galhofa que a prisão do ditador foi "anunciada com pompa e circunstância pelo administrador do Iraque, Paul Bremen". Entra sonora de Paul Bremen: "Ladies and gentlemen, we got him". Em seguida, ouve-se o refrão de uma canção infantil: "Sou invencível/ somos amigos/ unidos venceremos a semente do mal/ Eu tenho a força/ sou invencível". A notícia é ironizada.

Preenchimento do silêncio. A música dá a ideia de que o programa evolui mesmo quando não existe outro som, principalmente a fala do âncora, locutor ou repórter.

Estudemos agora os efeitos sonoros e os ruídos. Estamos chamando de efeitos sonoros certos tipos de sons que os ouvintes acreditam que são manipulados em um estúdio, previamente gravados. Já os ruídos são interpretados como incidentais, ou seja, uma reportagem foi produzida em algum local fora do estúdio e os barulhos acabaram fazendo parte da gravação. Nos dois casos, há importantes efeitos de realidade que analisaremos em seguida. Antes, vale a pena salientar o papel desses recursos na estratégia de arrebatamento. Em uma mídia de fluxo que não pode deixar de dar estímulos ao ouvinte sob pena de perdê-lo, ruído e efeitos sonoros cumprem bem a função de serem mais um meio de criar descontinuidades e de buscar a atenção do enunciatário.

> No *Jornal da* CBN, barulhos e interferências dão "concretude" ao discurso. É o caso do *Repórter Aéreo* CBN, em que se ouve o som do helicóptero no momento em que a jornalista comenta o trânsito. Os ruídos, principalmente de locais onde os repórteres afirmam narrar, instauram maior sentido de realidade por fazer com que os ouvintes reconheçam sons do cotidiano.

Outro aspecto sempre destacado por diversos autores é que a baixa qualidade de emissão do som, com interferências de todo o tipo, cria um sentido de menor controle dos conteúdos, o que se contrapõe à locução do estúdio, mais organizada. O som "sujo" – com muitos ruídos e baixa qualidade de emissão – sugere maior valor afetivo da notícia, imediatismo, proximidade. O repórter parece estar em uma situação sem grandes possibilidades de controle, o que soa para o ouvinte como algo menos mediado, editado e, por isso mesmo, mais verdadeiro.

Já os efeitos sonoros têm grande utilidade no programa. Aparecem em vinhetas, nas quais se ouvem sons de trânsito, buzinas de veículos. Além desse outro caso de concretude, de sentido de realidade, os efeitos sonoros também são importantes para criar descontinuidades, para "despertar" a atenção. Com os efeitos sonoros, o ouvinte também passa a saber o que será tratado no próximo segmento. Um dos mais ouvidos é um "tchom", utilizado antes da apresentação da hora certa.

Analisemos agora a relação entre a música, os ruídos, os efeitos sonoros e a fala no rádio. Deve-se observar que existem momentos de maior imposição da atenção, com apresentação de manchetes, quando se tenta despertar o ouvinte, para que ele passe do vínculo do "ouvir" para o do "escutar", da passividade para a atividade. Nota-se a estratégia de arrebatamento. O programa, nesses momentos, tem como principal característica discursiva apresentar uma reunião de todos os seus recursos expressivos. Isso quer dizer que o *Jornal da* CBN é manifestado por um grande número de estímulos por segundo, que o faz parecer acelerado, literalmente "vibrante". Nesse sentido, a música é uma aliada importante, já que tem uma força e uma abrangência acústica que superam a da fala em função das possibilidades de amplitude sonora (dito de outro modo, a voz humana não consegue chegar aos graves e agudos de diversos instrumentos musicais. Certos sons também podem adensar a emissão a ponto de impor uma modulação em relação à voz dos apresentadores, ou seja, uma alternância entre subposição, no fundo ou em *background* – BG –, e sobreposição, em primeiro plano). Durante a apresentação das manchetes, há intercalação de sonoras, mudanças de vozes entre jornalistas. A fala, principalmente a do âncora, aparece acelerada: maior altura e intensidade, menor duração na emissão das sílabas, que soa como um "ataque consonantal". O manejo de recursos do plano de expressão deve produzir um ouvinte tenso que, envolvido depois pelas manchetes, deve ficar com vontade de saber o que motivou os acontecimentos citados. É a passagem da estratégia de arrebatamento para a de sustentação.

Um aspecto importante da natureza do som, como lembra Meditsch (2001: 157), é o de sempre remeter a uma ação, nunca a um estado:

> A existência do som depende de um movimento e a sua simples presença indica que algo se move ou se modifica. Em consequência, a informação que a percepção sonora nos proporciona sobre o mundo refere-se, necessariamente, a alguma ação: o que permanece imóvel não soa. As presenças do mar e de um relógio podem ser facilmente captadas por meio auditivo, mas as de uma flor e de um vaso não podem ser adivinhadas, senão pelo olfato, a visão ou o tato – a não ser pelo auxílio da ação da palavra. [...] O imparável movimento dos sons estabelece, para as linguagens estritamente auditivas, uma forma de estruturação espaço-temporal que é única.

Os sons transmitem principalmente a ideia de ações em plena execução. No rádio, esse efeito se adiciona à locução jornalística – em maior altura e intensidade, com emissão rápida –, ação em si mesma que remete a uma outra ação, a exposta pela própria notícia. Essa inter-relação de diferentes unidades sonoras (fala, música, efeitos sonoros e ruídos), capitaneada pela locução, é manejada para que o ouvinte, nesse ataque sensorial, se posicione diante do que o enunciador valoriza e quer que também seja valorizado pelo enunciatário. Esse adensamento sonoro fisga a atenção do ouvinte para as "notícias importantes". Depois, durante a programação, serão essas notícias que irão receber mais tempo no fluxo do programa. E o que tem maior valor é o que ocupa o maior tempo. No programa analisado, a notícia sobre a detenção de Saddam Hussein no Iraque recebeu o maior tempo, caracterizando-se, assim, como a mais importante do programa.

A QUESTÃO DO TEMPO E DO VALOR DA NOTÍCIA: A PRISÃO DE SADDAM

O jornalismo de rádio é montado para criar determinados efeitos, que justamente "funcionam", ou fazem sentido na cabeça do ouvinte, porque ele já introjetou alguns códigos do veículo. No rádio, como lembra Meditsch (2001: 202):

> a hierarquização (dos conteúdos) deixa de ser feita pelo critério do que vem antes ou depois para assumir um critério compatível com a fluidez, baseado na frequência. Em função dela, a duração do enunciado e a repetição de sua enunciação passam a ser os recursos predominantemente utilizados para enfatizar a sua importância.

Para analisar melhor a questão e notadamente as relações entre valor da notícia a partir do tempo de apresentação no fluxo informativo, vamos retomar agora o programa em estudo, o *Jornal da* CBN de segunda-feira, 15 de dezembro de 2003. O principal assunto foi a captura de Saddam Hussein no Iraque. Podemos considerar que a edição do *Jornal da* CBN apresentou a captura de Saddam como a mais importante notícia em função do tempo cedido e da reiteração do assunto durante todo o programa.

A notícia se "espalhou" pela edição. A segmentação do programa e também as retomadas das notícias mais importantes, como a repercussão da prisão de Saddam, mostram um enunciatário entendido de maneira dinâmica e fragmentada. Em outras palavras, o radiojornalismo tem uma característica que o aproxima do jornalismo da internet. É concebido para atrair enunciatários distintos, com diferentes objetivos e ofertas de tempo. Vale lembrar que esses destinatários, no entanto, podem ser incluídos em um grupo mais amplo com certas características em comum, principalmente de classe social e nível cultural.

> O ouvinte não precisa participar do programa do começo ao fim. É possível conhecer os assuntos mais importantes, por exemplo, numa audição de meia hora. Em compensação, quem permanecer mais tempo terá a possibilidade de ouvir as informações principais serem aprofundadas, atualizadas e oferecidas em diferentes perspectivas.

Saliente-se que em nenhum momento foi observada uma repetição completa da notícia, ou seja, a utilização de um mesmo trecho. Foram buscados recursos diversos, geralmente leituras de roteiros com

116 A MÍDIA E SEUS TRUQUES

sutis diferenças para retomar a descrição da captura de Saddam e as consequências da prisão. O que é mais notável, entretanto, é a evolução da reportagem sobre o assunto durante o próprio jornal. Nos minutos finais, o ouvinte tem um verdadeiro resumo das posições obtidas em pouco mais de três horas de programa.

Uma questão importante: até onde pudemos observar cotidianamente, há pouquíssima redundância, no sentido de repetição de trechos idênticos das mesmas notícias, no *Jornal da* CBN. Se o conteúdo é o mesmo, há variação de frases, de maneira de apresentar a informação, entre outros recursos. Outro aspecto do jornal é o seu dinamismo. Vale salientar que as características que apontamos para a textualização jornalística do rádio, notadamente a questão da manipulação do tempo e sua relação com o nível de atenção e de tensão noticiosa, vinculam-se ao *Jornal da* CBN. Muitos programas de radiojornalismo no Brasil ocupam tempo com assuntos não jornalísticos. Não se pode negar ainda, inclusive em outros programas da própria CBN, que o único sentido investido em determinados momentos é o de proximidade, como se o ouvinte partilhasse de uma conversa entre amigos, muito mais interessados em manter e cultivar um laço do que em trocar novidades. Não consideramos, entretanto, esses programas como essencialmente jornalísticos. As infindáveis conversas entre locutores, os comentários de futebol que nada informam, a cessão de tempo para um artista falar de uma peça de teatro de pouco destaque só mostram os problemas do veículo, a falta de investimentos na área e a baixa e deficiente profissionalização, questões, aliás, sempre lembradas pelos próprios jornalistas e pelas entidades que os representam.

O jornal analisado é o da segunda-feira. A captura ocorreu quase dois dias antes, no sábado, e foi divulgada no domingo. A estratégia do programa foi a de "esquentar" a notícia, notadamente por meio de entrevistas com autoridades e até mesmo com jornalistas de diversos países que, assim, repercutiam a prisão do ditador – o fato gerador da notícia. O efeito de atualidade era buscado por meio de análises e repercussões econômicas, sociais e políticas – os elementos de atualização. Heródoto Barbeiro, por exemplo, entrevistou o embaixador do Brasil em Israel, Sérgio Moreira Lima, sobre a repercussão da prisão de Saddam entre israelenses e palestinos. E ressaltou que a entrevista era "ao vivo". O âncora da CBN fez do embaixador uma espécie de correspondente especial. Se a prisão aconteceu em um tempo anterior, a repercussão é um "agora", e o que estava acontecendo em Israel, por meio da fala de Moreira Lima, é um "aqui", mas uma espécie de "aqui-mundo". Tentou-se aproximar o ouvinte da notícia.

O efeito de proximidade temporal e espacial não é o bastante para motivar o consumo de uma notícia. É preciso instaurar uma curiosidade (querer saber), um desejo de conhecer toda a história. O que chama a atenção em uma narrativa são as alterações de continuidade. Falar em descontinuidade significa apontar uma quebra de rotina que tanto pode ser positiva (relação sujeito-objeto desejável) quanto negativa (relação indesejável). A prisão de Saddam, por exemplo, criou uma descontinuidade (ele estava desaparecido), mas era, do ponto de vista da imprensa ocidental, um acontecimento desejável. O potencial de atração das notícias, não está, portanto, na ideia de que as novidades têm de ser necessariamente ruins. A estratégia da CBN, que se seguiu a de outros jornais, no entanto, foi contextualizar a notícia e, a partir daí, buscar tensão a partir de novas perguntas que passaram a não ter resposta. Aliás, todo o trabalho jornalístico do programa pode ser resumido em uma única pergunta: "Como ficam o Brasil e o mundo após a prisão de Saddam?" Mais do que recuperar o que aconteceu, busca-se especular sobre o futuro. Desse modo, o programa evita que a notícia seja interpretada como "velha". Entrevistados e âncora, por exemplo, questionam-se se a paz seria conquistada. O jornalismo cria expectativas para se autoalimentar.

A análise do programa como um todo também dá uma boa indicação de como o radiojornalismo e a dinâmica das notícias funcionam. Fica evidente que a manchete inicialmente prevista era a da expulsão dos "radicais do PT", que tinha data para acontecer e, portanto, podia ser planejada. A maior parte das "sonoras" – trechos de entrevistas – é de políticos que estavam envolvidos com a questão. A prisão de Saddam jogou a notícia da expulsão para o segundo lugar na ordem de importância e fez com que toda a equipe corresse para os telefones em busca de autoridades para entrevistar.

No programa analisado, a estrutura de *happy end* é clara. O *Jornal da CBN*, como já foi dito, termina com uma música infantil que brinca com a posição de líderes dos Estados Unidos diante da prisão de Saddam. Essa utilização cria um novo sentido. Todas as notícias e os comentários sobre o assunto durante o programa ganham outra leitura. O que o *Jornal da CBN* faz, na conclusão da edição, é ridicularizar a posição estadunidense. Essa crítica final ressoa e traz novas significações a todos os conteúdos veiculados na edição. Do ponto de vista ideológico, o *Jornal da* CBN apresentou a versão dos Estados Unidos sobre a prisão de Saddam, buscou verificar o que aconteceria com a detenção do ex-ditador do Iraque, mas zombou dos norte-americanos, especialmente do administrador do Iraque, Paul Bremen.

O TELEJORNALISMO

Nosso estudo sobre os processos persuasivos do jornalismo de televisão se fundamenta no *Jornal Nacional*, o mais antigo, famoso e criticado noticiário brasileiro. O formato do JN merece atenção porque, há décadas, impõe-se como modelo de telejornalismo de sucesso a ser copiado e, ao mesmo tempo, como antimodelo constantemente desafiado por profissionais de outras redes. Inicialmente, apresentamos a estrutura geral do programa. Em seguida, a relação entre o JN e o público-alvo é examinada por meio de uma reflexão sobre o poder da marca e a organização de "vozes" autorizadas a enunciar. Apresentamos depois os recursos de organização textual mais importantes, que incluem o manejo dos planos de câmera e da montagem (ou edição). A complexidade dos procedimentos e efeitos de montagem é discutida a partir do detalhamento da estrutura da notícia da prisão de Saddam Hussein. A reportagem também permitiu uma série de outras reflexões sobre o funcionamento das estratégias utilizadas pelo JN para obter e manter a atenção do público-alvo. Questões sobre a temporalidade e o uso ideológico da montagem e dos planos de câmera concluem esta parte da obra.

CONSIDERAÇÕES GERAIS SOBRE O TELEJORNALISMO E O *JORNAL NACIONAL*

A leitura de textos de acadêmicos e profissionais sobre jornais de TV faz com que seja difícil discordar do professor de telejornalismo da

UERJ, Antonio Brasil. Ele afirma que "boa parte das pesquisas ainda é pouco científica, preconceituosa e ingenuamente ideológica".[1] A TV e o telejornalismo em especial podem dar margem a opiniões díspares. Pierre Bourdieu (1997: 9-10), por exemplo, acredita que o poder da televisão e de seus produtos é ameaçador:

> Penso que a televisão [...] expõe a um grande perigo as diferentes esferas da produção cultural, arte, literatura, ciência, filosofia, direito: creio mesmo que, ao contrário do que pensam e dizem, sem dúvida com toda a boa-fé, os jornalistas mais conscientes de suas responsabilidades, ela expõe a um perigo não menor a vida política e a democracia.

Entre seus exemplos, fala de um incidente em uma ilha grega que gerou mobilização da TV do país e quase terminou em uma guerra contra a Turquia.

Ciro Marcondes Filho (2000: 89), por outro lado, assevera que tudo o que o telejornalismo produz é rápido demais, emocional e superficial: "Tudo vai direto para o lixo, tudo é esquecido, tudo desaparece instantaneamente. Nenhuma notícia sobrevive, nenhum relato é suficientemente trabalhado para criar raiz, tudo evapora. [...] Uma máquina incessante de fazer o nada".

Arlindo Machado (2000: 111) afirma que o telejornalismo não tem ponto de vista:

> Ao embaralhar no fluxo televisual os materiais originários de fontes diversas, o telejornal coloca em choque os diferentes enunciados e os relativiza ou os anula no mesmo momento em que lhes dá publicidade. Quando a CNN lança ao ar sucessivamente um material publicitário do Pentágono e outro da TV do Iraque, a única "leitura" possível para o espectador é a de que se trata de diferentes "versões" da guerra. O fluxo telejornalístico inteiro não passa de outra coisa que uma sucessão de "versões" do mesmo acontecimento. A questão da verdade está, portanto, afastada do sistema significante do telejornal, pois, a rigor, não é com a verdade que ele trabalha, mas com a enunciação de cada porta-voz sobre os eventos.

Note-se que as três afirmações, juntas, acabam se anulando.

Para diversos teóricos e trabalhadores da comunicação, como Tony Schwartz, a "superficialidade" do telejornalismo em relação aos outros tipos de noticiários tem uma justificativa:

> As redes de transmissão organizam os noticiários de forma tal a garantir um maior público porque seu interesse principal é a grande audiência, que se satisfaz com apenas leves pinceladas sobre o título da notícia, e não com uma audiência mais restrita que exige um aprofundamento dos fatos. (Schwartz, 1985: 78)

Essa característica, por sua vez, seria uma coerção de qualquer programa de TV no país, marcado por profundas diferenças entre classes sociais. O apresentador Sérgio Groisman explica:

> Há uma questão delicada, que serve para algumas pessoas fazerem porcaria na TV: para nós da classe média, a televisão é uma opção no sábado à noite, mas para a maioria das pessoas é o único lazer. Há dois públicos no Brasil. Para quem não tem outra opção, ou tentamos fazer a cabeça com Caetano e Chico César ou damos prazer com KLB e umas bundas. É um dilema. Quero que as pessoas se transformem, mas não posso impor a transformação.[2]

Outra ideia muito ligada à televisão e ao telejornalismo é a da "espetacularização". Para Marcondes Filho (1989: 52), a ideia de espetáculo se liga mais fortemente à TV do que a qualquer outro veículo: "Telejornais, como 'shows da vida', extraem dos fatos toda a sua explosividade e os transformam em variedade e diversão."

Se todas essas afirmações sobre a televisão e o telejornalismo estiverem corretas, estamos diante de uma série de coerções de conteúdo e de expressão que, por sua vez, reduziriam drasticamente as possibilidades de abordagem noticiosa do mundo, dos seres humanos e de seus conflitos por esse veículo de comunicação. Quem quisesse ser mais "analítico" ou "sério", ou mesmo tivesse pretensões estéticas, deveria utilizar outras mídias. Cada vez que tentasse ser "profundo", teria como consequência a perda da atenção e, o que é pior, da audiência. Percebe-se, portanto, um julgamento negativo pesando na análise sobre a TV, que confunde modos de apresentação de conteúdos e certas escolhas do que divulgar com a própria maneira de "ser" do veículo. Esse estigma tem sérias consequências. Uma é particularmente

122 A MÍDIA E SEUS TRUQUES

funesta: o necessário debate entre todos os que assistem ou fazem televisão sobre formas de superação dos atuais modelos surge como uma grande perda de tempo. Avaliar o preconceito diante do telejornalismo parece ser uma primeira atitude necessária do analista de TV.

> O que parece ser indiscutível, de qualquer modo, tirando o peso das análises mais críticas e ideológicas, é a existência de um laço tênue entre público e noticiários de TV em comparação com os outros jornais. **No telejornalismo, as estratégias de gerenciamento de atenção devem ser muito sofisticadas e de efeito imediato.** O aspecto de *show*, a transformação da vida de artistas em notícia, o uso crescente de recursos visuais possibilitados pelas novas tecnologias de manipulação digital, por exemplo, podem ser entendidos como armas possíveis – e sempre discutíveis – para prender a atenção, e não como "características" inerentes – e imutáveis – do telejornalismo.

Nos estudos sobre o telejornalismo que encontramos, a dicotomia *verbal* x *visual* aparece com força. Há quem tente convencer de que essa forma de discurso é comandada exclusivamente pelo "poder da imagem". Outros buscam mostrar a primazia do "poder da palavra". É perceptível ainda que questões de organização textual bastante evidentes, como as possibilidades de manejo sensorial proporcionadas pelos planos de câmera e pela edição, apareçam mais, e sem maiores aprofundamentos, em obras do tipo "manual". O trabalho dos cinegrafistas como construtores do discurso do telejornalismo é esquecido até no livro que comemora e conta os 35 anos do mais importante telejornal do Brasil. Trata-se de *Jornal Nacional: a notícia faz história* (2004), uma das fontes de consulta desta parte do livro.

Em resumo, falta ao estudo do noticiário de TV uma visão não só mais abrangente como também mais distanciada. No Brasil, uma das razões para tanta passionalidade – inclusive acadêmica – é o sucesso e o poder de mobilização e de desmobilização do telejornalismo e, notadamente, do *Jornal Nacional*. Há exemplos marcantes dessa força. Em 1984, o *JN* foi acusado de esconder manifestações pela eleição direta para presidente da República. Em 1989, apresentou uma edição tendenciosa – ação, aliás, assim reconhecida pela própria direção da Globo – do último debate entre os candidatos à presidência da República, Luiz Inácio Lula da Silva e Fernando Collor de Mello, dias antes da eleição. O candidato do Partido dos Trabalhadores foi prejudicado. No livro de comemoração dos 35 anos do *JN*, o vice-presidente das Organizações Globo, João Roberto Marinho, admite que "a edição do debate provocou um inequívoco dano à imagem da TV Globo" (2004: 213).

Mesmo com esses deslizes, em meados de 2004 o principal noticiário da Rede Globo completava 35 anos como campeão de audiência no gênero no Brasil. Era um dos telejornais mais vistos no mundo. Tinha em média 31 milhões de espectadores e 68% dos televisores sintonizados no país (fonte: revista *Veja* 1869, 1 set. 2004, "A guerra atrás das câmeras", de João Gabriel de Lima). Nesse tempo, sempre foi a principal referência informativa para a maioria dos brasileiros, possivelmente a única.

O *Jornal Nacional*, em sua longa existência, passou por raríssimas alterações bruscas. Existe uma grande consciência da importância do sentido de familiaridade, memória e segurança que o formato gera. A estratégia de fidelização, de criação de um hábito, é quase uma coerção para que o principal noticiário da Globo mude muito pouco ano após ano. Houve, no entanto, uma modificação que criou uma nova etapa para *JN*. O noticiário que analisaremos em detalhes a seguir está dentro dessa "nova fase". Trata-se da substituição de Cid Moreira e Sergio Chapelin por William Bonner e Lillian Witte Fibe, em 1996 (Memória Globo, 2004: 287). Os apresentadores de bela voz deram lugar aos âncoras. Por trás da mudança, houve a tentativa de conquistar mais credibilidade para a notícia. Os novos apresentadores são jornalistas que participam ativamente da edição.

Na história do *JN*, os cenários também são importantes indicadores de mudanças não apenas cosméticas mas de conteúdo. Os efeitos cênicos, aos poucos, foram passando do cinza para o azul, predominante, e o vermelho. Em 1989, o jornal surgiu com um novo cenário. O diretor da Central Globo de Jornalismo da época, Armando Nogueira, explicou a mudança como decorrência da abertura política:

> Nós passamos a vida inteira debaixo de um regime de exceção, fazendo um telejornalismo que, tanto na forma como no conteúdo, era absolutamente "chapado". Nós tínhamos sempre uma tapadeira atrás dos apresentadores. E quando veio a abertura, nós chegamos à conclusão de que uma das maneiras de mostrar que estávamos fazendo um novo jornalismo era criar um cenário em três dimensões. Era aprofundar o cenário, colocar uma bancada em primeiro plano, e fazer uma concepção cenográfica, através

124 A MÍDIA E SEUS TRUQUES

de iluminação e de criptogramas, que desse a ideia de que nós tínhamos um jornalismo agora com mais peso, com mais densidade. (Memória Globo, 2004: 188)

As mudanças posteriores de cenário só intensificaram essa proposta de se criar movimento, dinamismo. O público, para se manter atento, precisa de mais e mais estímulo.

A ESTRUTURA DO PROGRAMA

Assim como o radiojornalismo que acabamos de analisar no item anterior, o noticiário de TV tem como característica principal a organização textual manifestada por meio da organização de unidades no fluxo temporal. Arlindo Machado (2000: 104) explica o que são essas unidades: "Tecnicamente falando, um telejornal é composto de uma mistura de distintas fontes de imagem e som: gravações em fita, filmes, material de arquivo, fotografia, gráficos, mapas, textos, além de locução, música e ruídos." No caso do JN, podemos ainda incluir animações, tanto tradicionais (caso das charges televisivas de Chico Caruso) como as realizadas em programas que simulam terceira dimensão (3D).

O *Jornal Nacional* vai ao ar entre duas novelas, no começo da noite, depois que grande parte dos telespectadores realizou as principais tarefas do dia. Tudo isso é determinante para a estruturação do programa e das principais estratégias de gerenciamento de atenção do público-alvo.

Mostraremos a seguir a estrutura de dois programas em dias diferentes. O primeiro tem como uma das principais matérias uma invasão de sem-terras. O segundo aborda a prisão de Saddam. Ambos servem para mostrar como a estrutura interna é flexível, apesar do tempo de duração ser quase constante. No trabalho de descrição, adotamos a metalinguagem dos profissionais para nomear os diferentes tipos de segmentos jornalísticos.

PEQUENO GLOSSÁRIO

A **escalada** – a apresentação das manchetes – resume todo o conteúdo mais importante e a própria estrutura do programa. **Nota ao vivo, nota simples ou nota pelada** – apresentador lê a notícia. Não tem imagens. **Nota coberta** – "É a forma mais simples de apresentação de notícias com imagens na televisão. Normalmente, é formada por duas partes [..]: 1 – cabeça – texto que corresponde ao lide em jornal impresso e que é lido pelo apresentador em quadro; 2 – off – a narração do apresentador ou do repórter feita enquanto as imagens da notícia são exibidas na tela do televisor" (Maciel, 1995: 52). **Boletim (*stand-up*)** – "É a notícia de televisão completa, apresentada e sustentada pelo repórter. Durante toda a narrativa, que está sendo transmitida para o telespectador, o repórter fica em quadro. Durante o boletim, a câmera pode fazer um passeio para mostrar o que o repórter está narrando ou abrir em um entrevistado, se houver sonora. Esse tipo de apresentação de notícias costuma ser muito usado pelos jornalistas que trabalham em Brasília [...] onde a maior parte das notícias se desenvolve em gabinetes, locais pobres em imagens para a televisão. O repórter que vai apresentar o boletim costuma ser chamado do estúdio pelo apresentador do telejornal" (Maciel, 1995: 56). **Reportagem** – "É a forma mais complexa e mais completa de apresentação da notícia na televisão. Tem texto, imagens, presença do apresentador, do repórter e de entrevistados. Em geral mais longa, a reportagem incorpora todas as outras formas de apresentação da notícia em suas cinco partes básicas: 1 – cabeça, 2 – off, 3 – boletim, 4 – sonoras, 5 – pé. [...] O **pé** é um texto curto, utilizado para encerramento da reportagem. Ele é lido em quadro pelo apresentador e tem a função de fechar a matéria, fornecendo ao telespectador uma informação complementar [...]" (Maciel, 1995: 60-1). **Reportagem especial** – série de reportagens com o mesmo tema que se desenvolve em várias edições. **Indicador** – "[...] Indicam tendências ou resultados de natureza diversa, de utilidade para o telespectador em eventuais tomadas de decisão, o que lhes dá o sentido de um jornalismo de serviço. Esses indicadores podem ter um caráter permanente, caso das previsões meteorológicas, números do mercado financeiro e informações de condições de trânsito, ou temporário, a exemplo dos resultados de pesquisas eleitorais" (Rezende, 2000: 158). **Editorial** – Texto lido geralmente pelo apresentador, que expressa a opinião da emissora sobre uma determinada questão. **Comentário** – "Matéria jornalística em que um jornalista especializado em um determinado assunto (economia, esporte, política nacional etc.) faz uma análise, uma interpretação de fatos do cotidiano" (Rezende, 2000: 158). **Crônica** – "No limite entre a informação jornalística e a produção literária, a crônica é um gênero opinativo que, mesmo que remeta a um acontecimento da realidade, vai além da simples avaliação jornalística do real. Mediante um estilo mais livre, de uma visão pessoal, o cronista projeta para a audiência a visão lírica ou irônica que tem do detalhe de algum acontecimento ou questão [...]" (Rezende, 2000: 159). **Charge** – animação humorística com base em alguma notícia apresentada.

126 A MÍDIA E SEUS TRUQUES

TABELA 1			
JORNAL NACIONAL – Edição de terça-feira, 29 de julho de 2003			
1° bloco	**Tipo de segmento**	**Tempo inicial do segmento na estrutura do programa**	**Duração do segmento**
	Escalada	1s	50s
Manchetes da escalada Fátima Bernardes: Vandalismo e violência – integrantes do MST invadem e destroem uma fazenda em Minas. Willian Bonner: Em São Paulo, colegas homenageiam o fotógrafo assassinado em frente do acampamento dos Sem-teto. Fátima Bernardes: Um crime até agora sem solução. Willian Bonner: Governo manda cortar o ponto de grevistas. Fátima Bernardes: Parlamentares governistas negociam com o judiciário mudanças na Reforma da Previdência. Willian Bonner: Mas ministros dizem que não querem modificação nenhuma. Fátima Bernardes: O ex-guarda-costas de Saddam Hussein é preso no Iraque. Willian Bonner: E em mais uma gravação atribuída a ele, o ex-ditador chama os filhos mortos de mártires. Fátima Bernardes: Presa uma quadrilha internacional de tráfico de crianças. Willian Bonner: O artilheiro do Santos é vendido para o futebol espanhol. Fátima Bernardes: Suspeita de doping pode tirar Maurren Maggi do Panamericano. Willian Bonner: E na série sobre fertilização, como a ciência está ajudando a maioria dos casais que não consegue ter filhos. Fátima Bernardes: O Jornal Nacional está começando.			
Vinheta do JN		51s	2s
1 – Busca de remédios gratuitos em postos de saúde por usuários de planos privados	Reportagem	53s	2m
2- Reajuste de remédios	Reportagem	2m53s	2m17s
3 – Juros mais baixos	Reportagem	5m10s	1m46s
4 – Tempo e temperatura	Indicador	6m56s	28s
5 – Cheias no Paquistão	Nota coberta	7m24s	19s
6 – Incêndio mata turistas na França	Nota coberta	7m43s	20s
7 – Explosão e morte em prédio da China	Nota coberta	8m03s	18s
8 – Acidente grave na BR-101	Nota coberta	8m21s	25
9 – Exposição sobre tecnologia em São Paulo	Reportagem	8m46s	1m52s
- Prisão de traficantes de crianças - Fertilidade artificial	Chamadas + vinheta	10m38s	12s
PUBLICIDADE			
Feira no Carrefour		10m50s	31s
Banco Itaú Personnalité		11m21s	31s
2° bloco	**Tipo de segmento**	**Tempo inicial**	**Duração**
Vinheta do início do bloco		11m52s	3s
10 – Tráfico de crianças - Inglaterra	Reportagem	11m55s	1m47s
11- Criança Esperança – Jardim Angela	Reportagem institucional	13m42s	3m06s
12 – Técnicas mais avançadas de reprodução assistida	Reportagem especial sobre fertilização artificial	16m48s	4m01s
Sem terra Filas para vagas de auxiliar de limpeza	Chamadas + vinheta	20m49s	12s
PUBLICIDADE			
Dias dos Pais – celular Vivo		21m01	30s
Bradesco na Internet		21m31s	30s
Chamada para novela Mulheres Apaixonadas		22m01	30s
3° bloco	**Tipo de segmento**	**Tempo inicial**	**Duração**
Vinheta do início do bloco		22m31s	3s
13 – Turista morto no RJ	Nota simples	22m34s	12s
14 – Repercussão: morte de Marcinho VP	Nota coberta	22m48s	1m12s

15- Invasão dos Sem-terra	Reportagem	23m36s	2m28s
16 – Terreno invadido da Volks – "politização" do movimento	Reportagem	26m04s	2m04s
17 – Missa para fotógrafo assassinado	Nota coberta	28m00s	26s
18 – Vagas para auxiliar de limpeza	Nota coberta	28m26s	25s
19 - Nível de atividade industrial	Indicador	28m51s	17s
- Corte do ponto de servidores em greve - Preso segurança de Saddam - Saddam fala dos filhos mortos	Chamadas + vinheta	29m08s	12s
PUBLICIDADE			
Loteria - Jogada da Sorte		29m20s	30s
Celular – Plano Incrível da Tim		29m50s	30s
Institucional – Criança Esperança		30m21s	31s
Agosto na Globo – chamada para o filme "O homem sem sombra"		30m51s	30s
4° bloco	**Tipo de segmento**	**Tempo inicial**	**Duração**
Vinheta do início do bloco		31m30s	3s
20 – Reforma da Previdência - corte de ponto dos funcionários públicos em greve	Nota simples	31m33s	13s
21 – Reforma da Previdência – líderes do governo tentam evitar greve do judiciário	Reportagem	31m46s	3m13s
22 – Animação de Chico Caruso	Charge	34m57s	18s
23 – Dólar e Bovespa	Indicadores	35m15s	10s
24 – Desabafo do presidente da GM	Cabeça de matéria + sonora	35m25s	53s
25 – Segurança de Saddam preso - Fita com Saddam sobre filhos mortos - Recompensa para matar americanos no Iraque	Reportagem	36m18s	1m19s
- Vendido artilheiro do Santos - Esportista suspeita de doping	Chamadas + vinheta	37m37s	15s
PUBLICIDADE			
Veículo – Honda Fit		37m52s	30s
Casas Bahia		38m22s	1m26s
Chamada – Copa Sul-Americana		39m24s	26s
5° bloco	**Tipo de segmento**	**Tempo inicial**	**Duração**
Vinheta de início do bloco		39m50s	4s
27 – Venda de jogador	Nota simples	39m54s	9s
28 – Copa Sul-Americana	Reportagem	40m03s	31s
29 – Novo técnico da Seleção Brasileira de Vôlei	Nota simples	41m44s	18s
30 – Suspeita de doping em atleta brasileira	Reportagem	42m02s	37s
31 – Pan-Americano	Reportagem	43m39s	1m44s
–Final – chamada para o programa "O jogo"	Encerramento	45m23s	25s
TEMPO TOTAL DA EDIÇÃO: 45m48s			

TABELA 2

JORNAL NACIONAL – Edição de segunda-feira, 15 de dezembro de 2003

1º bloco	Tipo de segmento	Tempo inicial do segmento na estrutura do programa	Duração do segmento
Publicidade especial da Claro	Apresentação do patrocinador com som do JN ao fundo e passagem do logo	0	10s
	Escalada	11s	1m03s

Manchetes da escalada:
Renato Machado (início da escalada): O destino de Saddam Hussein.
Eraldo Pereira: O presidente Bush garante que o julgamento do ex-ditador vai ser aberto a observadores internacionais
Renato Machado: E diz que iraquianos vão decidir como aplicar a justiça
Eraldo Pereira: Os novos detalhes da captura. Saddam Hussein tentou negociar com os soldados no momento da prisão.
Renato Machado: O presidente Lula recebe do presidente americano cumprimentos pelo primeiro ano de governo.
Eraldo Pereira: Reforma da Previdência.
Renato Machado: Depois do texto básico os assuntos mais polêmicos também são aprovados no Senado
Eraldo Pereira: O provão das universidades.
Renato Machado: Somente dois cursos passam no teste de avaliação de qualidade.
Eraldo Pereira: E veja também.
Renato Machado: O jeito próprio que cada cidade brasileira tem de festejar o Natal.
Eraldo Pereira: O time de amigos de Ronaldo vence os amigos de Zidane no dia em que o francês é eleito o melhor jogador do mundo.
Renato Machado: A seleção brasileira até 20 anos derrota a Argentina e vai disputar a final contra a Espanha.
Eraldo: Agora, no Jornal Nacional.

	Tipo de segmento	Tempo inicial	Duração
	Abertura	1m	
1- Matéria sobre Saddam	Reportagem complexa, com diversos recursos	1m16	10m40s
Encontro de corpo de integrante do Greenpeace Denúncia contra postos que enganam a fiscalização e vendem gasolina adulterada	Chamada para o segundo bloco	11m56s	14s
PUBLICIDADE			
Bronzeador cenoura e bronze		12m10s	30s
Fazer o 21 - Embratel		12m40	60s
Boticário - perfumes		13m41s	30s
2º Bloco	**Tipo de segmento**	**Tempo inicial**	**Duração**
Vinheta de início do bloco		14m11s	2s
2- Encontro do corpo de ativista do Greenpeace	Nota coberta	14m13s	1m4s
3- Investigações sobre a morte de casal norte-americano assassinado no Rio	Nota simples	15m15s	53s
4 -Postos que vendem gasolina adulterada desafiam autoridades	Reportagem	16m08s	2m5s
5 -Tempo e temperatura	Indicador	18m03s	29s
6 -Doação de órgão de rapaz assassinado	Reportagem	18m32	2m17s
Sai resultado do provão - Preparativos das cidades brasileiras para o Natal	Chamadas para o 3º bloco - mais vinheta	20m15s	11s
PUBLICIDADE			
Computador Intel		20m26s	30s
Medicamento - Engov		20m56	30s
Cerveja Kaiser		21m26s	30s
Celular Claro		21m57s	31s
Chamada para filme da Tela Quente		22h28s	31s

3° Bloco	Tipo de segmento	Tempo inicial	Duração
Vinheta de início de bloco		22m56s	2s
7 - Provão - resultados	Reportagem	22m58s	1m33s
8- Parlamentares Juvenis	Reportagem	24m39s	2m1s
9- Prêmio para sugestões que façam a Justiça mais rápida	Reportagem	26m40s	1m55s
10- Natal em Canela – tradição alemã	Reportagem	28m35s	2m40s
Parlamentares aprovam temas polêmicos da Previdência. Presidente Lula fala dos desafios para 2004	Chamadas para o 4° bloco + vinheta	31m15s	12s
PUBLICIDADE			
DVD gradiente		31m27s	30s
IBM – e-business		31m57s	30s
Cerveja Nova Schin		32m27s	30s
Casas Bahia - móveis		32m57s	30s
Chamada - Fim de ano na Globo		33m27s	20s
4° Bloco	Tipo de segmento	Tempo inicial	Duração
Vinheta de início de bloco		34m17s	2s
11- Aprovação da emenda da Previdência no Senado	Reportagem	34m19s	2m7s
12- Prorrogação dos trabalhos no Congresso	Nota simples	36m26s	18s
13- Expulsão dos "radicais do PT"	Reportagem	36m44s	1m50s
14 -O triunfo da globalização	Charge	38m34s	20s
15- Balança comercial – dólar - bolsa	Indicadores	38m54s	20s
16- Prorrogação de acordo do FMI com o Brasil	Nota simples	39m14s	20s
17- Lula: avaliação do primeiro ano do governo por Lula	Cabeça do apresentador + sonora	39m43s	53s
18 - Bush ligou para cumprimentar Lula pelo primeiro ano de governo. Presidente brasileiro diz que a prisão de Saddam contribui para uma nova fase de transição democrática no Iraque	Nota simples + vinheta	40m36s	20s
Brasil na final de futebol Jogo amistoso de Ronaldo e Zidane	Chamadas para o 5° Bloco + vinheta	40m55s	19s
PUBLICIDADE			
Koleston – tintura de cabelos		41m08s	31s
Resgate roupas		41m39s	30s
Celular: promoção celular TIM		42m09s	30s
Koleston – tintura de cabelos		42m29s	31s
5° Bloco	Tipo de segmento	Tempo inicial	Duração
Vinheta de início de bloco		43m10s	2s
19- Final do mundial de futebol Sub 20	Nota coberta	43m12s	20s
20- Regras no Campeonato Brasileiro – Clubes, rebaixados e vencedores	Reportagem	43m32s	2m13s
21- Zidane – melhor do mundo – Jogo beneficente de Zidane e Ronaldinho – Renda para o Criança Esperança	Reportagem	45m45s	2m41s
	Encerramento	48m26s	14s
TEMPO TOTAL DA EDIÇÃO: 48m40			

130 A MÍDIA E SEUS TRUQUES

A publicidade é encarada como um momento de quebra da programação do canal. Há diversos meios para se manter a atenção do telespectador para o telejornal. O primeiro é evitar comerciais entre o final da novela das 19h e o início do JN. O intenso número de recursos que o JN utiliza no começo do programa é outro claro indicador de que os minutos iniciais são os mais problemáticos para se obter a adesão do telespectador. Logo no início, temos a leitura das manchetes da escalada. Os apresentadores estão em plano próximo. Sons, cortes rápidos, entonação vibrante e logo voador fazem parte da estratégia de arrebatamento – de ordem sensível. É como se o telespectador se perguntasse: "Vale a pena ver o JN hoje?", e o *Jornal* tentasse instigar sua curiosidade ao máximo. Ao mesmo tempo, impõe as notícias "mais importantes" sem dar tempo ao telespectador para um julgamento mais profundo.

> Na **escalada** do JN, todo o conteúdo mais valorizado e a própria estrutura do programa aparecem resumidos. As chamadas e sua ordem de apresentação acontecem em função do **impacto afetivo**, do mais tenso, violento, ou seja, das notícias negativas, com relações disfóricas (sujeitos apartados de seus objetos-valor – invasão, destruição, assassinato, corrupção) para as mais relaxadas, eufóricas, positivas (vitórias de um time de futebol, campanhas beneficentes), o que mostra certas características das estratégias de arrebatamento e sustentação.

Parece que os editores do JN raciocinam que, se o telespectador receber apenas manchetes com notícias que considere ruins, de impacto negativo, ele pode decidir ver algo mais "leve". Como um todo, porém, as chamadas buscam desencadear a máxima curiosidade do telespectador. Se a escalada for eficiente, haverá curiosidade (o querer saber disfórico) para conhecer em detalhes os assuntos mostrados nas manchetes.

Basicamente, o *Jornal Nacional* é composto por cinco blocos. No programa de julho observamos 31 notícias. No JN dedicado à prisão de Saddam, contamos 21. Em alguns momentos foi possível perceber um certo encaixe de notas dentro de notícias de reportagens de maior envergadura. Uma notícia pode ser um agrupamento de outras com algo em comum. Um exemplo é uma nota sobre a operação de extração de câncer de Collin Powell na notícia dedicada à prisão de Saddam (que veremos depois). Para se criar uma noção de unidade, falou-se que o comandante militar "acompanhou a captura de Saddam Hussein pelo telefone".

As tabelas 1 e 2 mostram relações entre unidades noticiosas em função do tempo de apresentação. Uma reportagem, o segmento mais trabalhado do programa, dura em média dois minutos. Somente notícias consideradas muito importantes ganham ou ultrapassam esse tempo. A prisão de Saddam e suas repercussões ocupam 10min40s. Esse tempo indica muito bem como a notícia foi valorizada. Essa unidade noticiosa é, na verdade, um conjunto de quatro reportagens interligadas. Quando o programa cede mais tempo para uma reportagem está comunicando que deu mais atenção a um assunto em relação a outro mostrado em menos tempo. É como se o enunciador dissesse para o enunciatário: "Preste atenção: isso é importante". Simultaneamente, quer que o telespectador também interprete e aceite esse código, de que se trata de algo que também merece o mesmo nível de consideração dele. Em outras palavras, podemos verificar como a edição (no sentido de ato) no telejornalismo maneja a relação semissimbólica de texto inteiro apresentada na análise do radiojornalismo: cessão de tempo – valor – nível de atenção.

No final dos blocos, com exceção do último, há chamadas para avivar a memória em relação às notícias restantes. Tenta-se manter a curiosidade do telespectador para o programa enquanto ele vê os comerciais. Em algumas chamadas, usa-se um trecho de gravação junto com a vinheta. No bloco final, a chamada é geralmente feita para um programa da Globo.

A passagem entre o primeiro e o segundo bloco de notícias conta com um número reduzido de anúncios. Isso reforça o raciocínio de que os minutos iniciais são os mais problemáticos para se obter a adesão do telespectador. Há outro ponto que fortalece essa observação. O número de comerciais entre os blocos só aumenta a partir do primeiro terço do programa, para diminuir novamente no final.

> Também chama a atenção o fato de o JN misturar assuntos nos blocos. Há questões nacionais com internacionais, remédios com informação do tempo, um salto para a China, depois o retorno a um problema brasileiro. Fica bastante evidente que **a ordem do jornal é pensada em termos de impacto das gravações, de curiosidade da notícia e de coerções de ritmo, e não em função de mostrar uma organização temática**, como a encontrada nos jornais diários, por exemplo. O mundo que emerge no JN é fragmentado e ordenado segundo as necessidades de manutenção de atenção. Em outras palavras, a estrutura privilegia mais a dimensão afetiva, sensível, do que a inteligível.

O *JN* como um todo também "pulsa", dosando curiosidade, disforia ou euforia, notícias curtas com outras longas, algumas vibrantes com outras mais lentas. O jornal, de qualquer maneira, com bastante frequência termina com assuntos mais alegres, geralmente ligados ao esporte ou ao exercício da solidariedade, da cidadania. Podemos notar a estrutura *"happy end"*. No *Jornal da* CBN, como mostramos anteriormente, a tensão é quebrada apenas no finalzinho do programa, repentinamente. No *JN*, essa passagem é mais trabalhada, menos brusca.

MARCA, ÂNCORAS, REPÓRTERES E CORRESPONDENTES

No *Jornal da* CBN, a locução do âncora estrutura todo o programa. O público tem a sensação de que tudo se organiza a partir dele, que cede a voz para os outros jornalistas, para os entrevistados e controla essas enunciações. No *Jornal Nacional* essa característica também é marcante. As unidades noticiosas são "amarradas" e apresentadas por dois âncoras a cada programa. A dupla fixa é formada por Willian Bonner e Fátima Bernardes. No caso do *JN*, vale notar o grande poder do sujeito "marca" como um enunciador que tudo centraliza. Para analisar com mais detalhes a estrutura do *Jornal Nacional*, vamos neste trecho estudar a organização dessas vozes. Depois, verificaremos as possibilidades de manejo do tempo e do espaço por meio dos efeitos de câmera e de montagem, que esclarecem principalmente o funcionamento dos efeitos de ritmo do telejornalismo.

Machado caracteriza o telejornalismo como um texto de forte "efeito de mediação":

> [...] Os eventos surgem para nós, espectadores, mediados através de repórteres (literalmente: aqueles que reportam, aqueles que contam o que viram), porta-vozes, testemunhas oculares e toda uma multidão de sujeitos falantes considerados competentes para construir "versões" do que acontece. (2000: 103) [...]. Sujeitos falantes diversos se sucedem, se revezam, se contrapõem uns aos outros, praticando atos de fala que se colocam nitidamente com o seu discurso em relação aos fatos relatados (2000:105).

Na verdade, essa reflexão cabe a qualquer jornal. Não podemos esquecer que, em TV, geralmente se vê quem fala ou a imagem de quem fala é sugerida. O contato com a voz também particulariza, dá mais concretude a um sujeito que enuncia.

No jornalismo, todo o discurso surge hierarquizado, notadamente pelo efeito da marca. Tudo o que acontece no *Jornal Nacional* tem a marca como ponto de partida. É a marca que "toma a palavra" inicialmente e vai cedendo lugar para outras vozes, que acabam, assim, reforçando seu *ethos*.

Arlindo Machado (2000: 107), contudo, não compartilha nossa afirmação anterior. Para ele, no modelo padrão de noticiário em tv:

> o relato telejornalístico é imaginado como uma estrutura destituída de entidade narradora central, na qual o evento é reportado através das falas de seus protagonistas e/ou dos enviados especiais da própria televisão. A função do apresentador nessa estrutura consiste basicamente em ler as notícias e amarrar os vários enunciados, chamando os outros protagonistas [...].

A ideia da ausência de um enunciador central, no entanto, não se sustenta. Cotidianamente, por exemplo, comenta-se sobre o que "o JN disse..." ou o que "o JN mostrou". Portanto, qualquer coisa que aparece durante o programa é compreendida pelos telespectadores como enunciada *pelo* jornal. Temos o efeito de marca. A famosa música-tema (*The Fuzz*, de Frank Devol) e o logotipo que surge ostensivamente em todo o telejornal (principalmente no início, no final e entre blocos) reforçam a existência da marca como regente de tantas vozes.

> A marca JN se constrói a partir do que os participantes enunciam e assim, a cada programa, renova-se e se atualiza. Ao mesmo tempo, o peso da história do *Jornal Nacional* se impõe por meio de seu logo. Cada nota, cada reportagem do noticiário beneficia-se desse sentido de credibilidade. **Qualquer pessoa mostrada pelo *Jornal Nacional* é, por si só, valorizada como "importante"**, como "eleita" em função de algum tipo de relevância para o telespectador. Outro ponto a salientar é a influência da própria marca Globo. É a logomarca da rede que se vê nos microfones dos repórteres. É através da Globo que o *Jornal Nacional* enuncia. Portanto, o JN subordina-se à marca maior.

As quase quatro décadas de existência do *Jornal Nacional* têm importantes consequências para o estudo do laço jornal-público. A questão do hábito aparece com força. Basta pensar que um enorme número de brasileiros com menos de 40 anos de idade praticamente teve contato com o JN a vida inteira. Trata-se de uma marca literalmente familiar. A existência de um contrato enunciador-enunciatário de tamanha longevidade expõe o peso da estratégia de fidelização na forma de conceber e manter cada detalhe do programa. Isso quer dizer que o JN, como marca, como simulacro dos "proprietários", beneficia-se, a cada edição, de todos os sentidos de familiaridade que construiu com o tempo.

A investigação sobre a significação manejada pelo *Jornal Nacional* não pode, portanto, deixar de considerar essa bem-sucedida estratégia de fidelização. A longa história do JN como líder absoluto de audiência mostra a existência de um contrato enunciador-enunciatário sendo diariamente respeitado e gerando telespectadores fiéis, ou seja, audiência baseada em credibilidade. A fidelização também faz com que o público tenha expectativas positivas sobre o que esperar. Marca, repórteres e apresentadores se tornam "confiáveis". Entretanto, o JN está muito longe de ser um telejornal que preze um contato muito próximo. Para isso, o principal noticiário da Globo lança mão de uma série de recursos para "neutralizar" o que a proximidade pode ter de indesejável, principalmente a que se relaciona com a postura de repórteres e apresentadores. Os jornalistas retiram de suas falas, por exemplo, qualquer característica enunciativa, de subjetividade, para se apresentarem como mediadores mais neutros entre público e notícia. O tom de voz é professoral. O figurino dos profissionais que aparecem na tela é clássico e discreto. Falar na frente das câmeras mostra alguém que assume o discurso e, teoricamente, projeta um efeito de subjetividade. No caso dos jornalistas, contudo, esse mesmo sujeito que vemos na tela enuncia sem falar "eu". Raramente se ouve um "eu vi", "eu conversei com".

Ao mesmo tempo, os jornalistas encaram a lente da câmera e exercitam o "olho no olho" com quem os assiste. Temos um dos mais comuns efeitos de particularização. Apaga-se a situação concreta de um sujeito que se dirige a uma enorme massa de telespectadores. Só que os profissionais do JN raramente exteriorizam emoções fortes. Os repórteres e correspondentes servem de ponte e contraponto para diversos entrevistados, escolhidos muitas vezes exatamente porque gritam de dor, são tomados de alegria ou ódio extremos. Portanto, os atores institucionais – repórteres, apresentadores, comentaristas – apresentam-se em um tom "na justa medida". Já os que tomam parte diretamente da notícia, caso de sobreviventes de um acidente, grevistas e manifestantes, esses, sim, aparecem no auge da emoção. Por causa disso, quando ouvidos, são os que mais dizem "eu".

Esse rápido estudo da categoria de pessoa mostra a enorme complexidade e a dificuldade de teorização de objetos complexos como o telejornalismo. Todos os atores que aparecem ainda são submetidos aos planos de câmera, que serão analisados em seguida. Tantas variáveis para levar em consideração justificam nossa insistência em um estudo mais global (sem trocadilho) dos objetos das grandes mídias. Não há efeitos de objetividade ou subjetividade absolutos. O que se percebe é uma administração de elementos e de possibilidades discursivas, cujo sentido geral transita entre esses dois extremos. O resultado deve sempre construir a marca JN (seu *ethos*) como séria, refinada, compenetrada, democrática, imparcial, confiável e cordial. Em jogo está sempre a necessidade de se fazer crer, no fundo, no fundo, em um simulacro de competência para noticiar. De qualquer modo, o JN precisa ainda persuadir o público de que é neutro diante das notícias. Essa coerção, por exemplo, aparece na fala de João Roberto Marinho. Ele afirma que todos os jornais das organizações Globo mostram "a pura verdade", título do prefácio do livro que relata os 35 anos do JN. Não é só esse estranho pleonasmo (existe verdade impura?) que o vice-presidente das Organizações Globo quer relacionar com seus jornais. Todos têm em comum "o zelo pelos atributos da qualidade jornalística: correção, agilidade, isenção" (Memória Globo, 2004: 13). Esse deve ser o efeito do "estilo JN".

TEMPO E ESPAÇO: OS EFEITOS DE CÂMERA E EDIÇÃO

Até aqui, nosso estudo se concentrou mais fortemente na estrutura geral do JN e nos enunciadores. Destacamos os efeitos das "vozes institucionais", da marca e dos jornalistas. Eles apresentam notícias, fragmentos de narrativas escolhidas em função de várias coerções, como a de despertar curiosidade e gerar laços entre jornal e o público. Vamos examinar agora como a maneira específica de o telejornalismo noticiar determina o seu entendimento e o impacto não apenas inteligível e passional, mas também sensível.

> Sabemos que o discurso do jornalismo de TV é manifestado por meio da hierarquização de unidades no fluxo temporal. A organização textual é determinada pelo uso coordenado de dois procedimentos:
>   1. **Recursos de câmera** – como planos, focalização, angulação, movimentos;
>   2. **Recursos de montagem** – ou de edição.
> Entendemos esses recursos como possibilidades de manejo do plano de expressão no telejornalismo, de criação de relações com o plano de conteúdo e também como um meio de "complexificar" pessoa, tempo e espaço do discurso, notadamente das histórias das reportagens. A câmera tem a capacidade de simular uma interação do espectador com o que ele vê, portanto, influencia atores e espaços. Já a montagem determina a sensação de passagem de tempo, entre outras funções.

Nesta parte do texto, estudaremos alguns efeitos da câmera e a ação exercida na pessoa e no espaço, para depois nos concentrarmos na montagem (ou edição, aqui na acepção de ato) e como esta age no sentido de tempo. Deixaremos para o final do trabalho o estudo de outros aspectos da montagem relacionados à organização integral do texto e à manipulação perceptiva. É necessário destacar que, numa mídia de fluxo como a televisão, a montagem aparece como a estratégia que acaba por reger todas as outras.

A "linguagem do telejornalismo" é uma adaptação, não raras vezes simplificada, da "linguagem cinematográfica". Em comum, há a tela e os procedimentos de expressão por meio do uso da câmera e da montagem. Mostraremos, em seguida, algumas considerações um pouco mais técnicas sobre as possibilidades de se criar sentidos com a câmera. Vejamos:

- **Enquadramento** – Deixar um objeto dentro ou fora do quadro. No cinema de terror, por exemplo, ouvir um monstro e não o ver causa suspense e medo.
- **Ângulos de filmagem** – Na **câmera alta**, há um enquadramento da imagem com a câmera focalizando a pessoa ou o objeto de cima para baixo: "Provoca um achatamento da imagem, o que geralmente leva a uma sensação de diminuição e inferioridade (do que é enquadrado). É muito usado para se criar a ideia de que alguém está 'olhando de cima' numa posição de superioridade". (Manual de vídeo do Senac: 69-70.)

    Na **câmera baixa** se faz enquadramento da imagem com a câmara focalizando a pessoa ou o objeto de baixo para cima. É utilizado "em situações inversas à da câmera alta, quando se quer dar a ideia de que alguém está "olhando de baixo", numa posição de inferioridade. (Manual de vídeo do Senac: 69-70.) Podemos notar semissimbolismos. Geralmente a câmera está em **ângulo plano** e apresenta as pessoas ou objetos filmados num plano horizontal em relação à posição da câmara.

- **Movimentos de câmera** – A câmera também dispõe do recurso de se mover. No *travelling*, desloca-se para acompanhar uma cena, um objeto ou pessoas. No cinema, geralmente essa movimentação acontece sob trilhos. No jornalismo, o deslocamento nos ombros do cinegrafista faz as imagens tremerem e pode redundar em um efeito de "pouca manipulação", urgência, novidade, tensão. A **panorâmica** é o "movimento horizontal da câmera sobre o seu eixo vertical" (Gage e Meyer, 1991: 202).

- **Efeitos ópticos** – O *zoom* é o movimento de câmera para aproximar ou afastar a imagem de pessoas, objetos e cenários. Quando o movimento é de afastamento, há um *zoom out*. Quando a câmera se aproxima de um objeto, acontece um *zoom in*. Temos ainda o efeito de **profundidade de campo**. Pode-se mostrar um objeto e toda a paisagem atrás dele ou desfocar esse mesmo fundo para ressaltar o que está em primeiro plano.

- **Planos de câmera** – Referem-se às possibilidades de se mostrar um objeto. Pode ser de muito longe, dentro de um determinado contexto, ou de muito perto, a ponto de se exibirem todos os detalhes. Há ainda as gradações entre esses extremos.

Em função de sua importância no nosso trabalho, os planos de câmera serão estudados detalhadamente a seguir.

> Os **planos de câmera** simulam principalmente o contato de corpos do público com personagens ou objetos. No dia a dia, a **aproximação** sujeito-objeto se relaciona a atos de intimidade e também ao que desperta curiosidade e atenção. Tudo o que a câmera traz para perto mobiliza uma dimensão mais afetiva – emocional, passional ou sentimental. O **distanciamento** promovido pelo equipamento, ao contrário, tem outras funções. Pode ser a de observar um "quadro completo", no qual se insere a parte no todo, uma operação de caráter inteligível.

O distanciamento também pode surgir como consequência, por exemplo, de uma curiosidade satisfeita, como se um objeto que despertou uma atenção inicial tivesse exaurido a capacidade de atrair o sujeito.

É possível reparar, portanto, que um plano de câmera, ao simular a aproximação do enunciatário com um elemento do enunciado, gera efeito de intimidade, afetividade, tensão. E os planos mais amplos, que expõem essa mesma unidade como parte de um contexto, impõem certos efeitos de distanciamento, distensão e inteligibilidade.

A câmera, ao registrar uma ação ou um estado, escancara a existência de um ponto de vista. Só que esse olhar do enunciador se impõe como o olhar do enunciatário. O telespectador, assim, vê-se obrigado a ver o que a lente vê e geralmente passa a desconsiderar tudo o mais que não entra nos enquadramentos. Para avançar no estudo dos efeitos de distanciamento e aproximação, é necessário conhecer tipos de enquadramento de câmera.

Consultamos cinco publicações sobre planos de filmagem para fazer a ilustração. São elas *O filme publicitário*, de Leighton D. Gage e Cláudio Meyer; *On Camera: o curso de produção de filme e vídeo da BBC*, de Harris Watts; *Como filmar*, de G. Wain; *Manual de vídeo do Centro de Comunicação e Artes do Senac*; e *A linguagem cinematográfica*, de Marcel Martin. Um fato chamou a atenção. Foram encontradas enormes diferenças entre os nomes e os posicionamentos de planos de câmera. *O filme publicitário*, por exemplo, chama de plano americano o que *On Camera* diz ser plano de conjunto. O plano médio de *Como filmar* é o plano geral das outras duas publicações. Adotamos os conceitos de *O filme publicitário*, de Gage e Meyer, por ser muito mais completo e produzido no Brasil. Lembramos que a base da linguagem de câmera da TV veio do cinema.

Os enquadramentos são apresentados a seguir tendo o corpo humano como parâmetro:

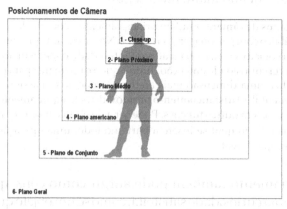

No extremo da aproximação, temos o *close-up ou close*, que gera uma *proximidade afetiva* do público com algo ou com alguém mostrado na tela. O *close-up*

é um dos recursos mais enfáticos na linguagem cinematográfica. A câmera aproxima-se um pouco mais, mostrando apenas os ombros e a cabeça do ator. Com isso, o cenário no qual se desenvolve a ação é praticamente eliminado. E as expressões do ator tornam-se mais nítidas para o espectador. (Grage e Meyer, 1991: 7-74)

Marcel Martin se refere a esse enquadramento como "primeiro plano" e afirma: "Sem dúvida, é no primeiro plano do rosto humano que se manifesta o poder de significação psicológico e dramático do filme, e é esse tipo de plano que constitui a primeira, e no fundo a mais válida, tentativa de cinema interior" (1990: 39). Esse plano leva a uma concentração de nossa atenção. Como exemplo, vale retomar à notícia 15 da Tabela 1 (p. 127), sobre a destruição de uma fazenda praticada pelos sem-terra. Há um enquadramento em *close-up* do sem-terra Francisco Alves no momento em que ele descreve a invasão, a morte de animais, a queima de tratores e a quebra da residência principal.

A câmera nos impõe a máxima atenção para a fala do personagem. O olhar do telespectador não se dispersa. É como se a câmera dissesse: "Preste atenção, pois aqui está um momento muito importante – e tenso – da reportagem." Observa-se um semissimbolismo ou simbolismo "cristalizado": qualquer coisa que a câmera destaque é e deve ser valorizada. Outro ponto sempre lembrado pelos teóricos do cinema é que um *close-up* de um rosto "acentua ao máximo a ação emocional", como lembrava, no começo do século passado, Hugo Munsterberg (1983: 47). Cotidianamente, observar as expressões, notadamente as dos olhos, é uma maneira de investigar as "reais intenções" de alguém. O que a câmera faz ao dar um *close-up* no rosto do sem-terra é deixar para o público essa investigação. Em outras palavras, adquire-se um saber no *close-up*, mas essa função é secundária em relação ao impacto afetivo e à valorização imposta ao telespectador pela aproximação com uma pessoa ou objeto apresentado nesse plano.

Pensemos agora no plano oposto, o plano geral, que maneja, por outro lado, uma dimensão mais inteligível do que sensível. O plano geral

> normalmente [...] é utilizado para apresentar todos os elementos da cena. [...] Além disso, através de um plano geral, você consegue cobrir entradas e saídas das personagens e orientar o espectador sobre relacionamentos, movimentos e progressão dentro de cada cena do filme. (Gage e Meyer, 1991: 78)

Resumindo, no plano geral, o contato do público com o que é apresentado é mais da ordem inteligível. Diz Marcel Martin, em relação à "linguagem cinematográfica", que, "reduzindo o homem a uma silhueta minúscula, o plano geral o reintegra ao mundo, faz com que as coisas o devorem, 'objetiva-o'" (1990: 38). Acreditamos que esse comentário é válido para a TV. Há um efeito de conjunto. Somos solicitados a fazer relações entre os objetos, as pessoas e o espaço que ocupam. Vale dizer que uma diferença entre uma fita de cinema e o vídeo jornalístico é a inexistência de um grande plano geral, que apresenta uma enorme área de ação, filmada de longa distância. Na TV, o grande plano geral tem utilização muito limitada. Os detalhes desaparecem em uma tela pequena.

O quadro apresentado em seguida mostra essas possibilidades de significação dos planos de câmera a partir dos dois "extremos", o *close-up* e o plano geral.

ENQUADRAMENTOS E EFEITOS DE CÂMERA		
+ Intensidade + Foco + Afetividade No limite, ressalta o ator e dissolve o espaço	PLANOS *Close-up* Plano próximo Plano médio Plano americano Plano de conjunto Plano geral	+ Extensidade + Apreensão + Inteligibilidade No limite, ressalta o espaço e dissolve o ator

Fontanille (2003: 35), relembremos, afirma que a tomada de posição de um sujeito acontece na forma de um "foco – que orienta o fluxo de atenção – e de uma apreensão, que delimita o domínio de pertinência [...]". O foco pressupõe um sujeito mais ou menos tenso, mobilizado, afetado pela presença de algo que lhe reclama sentido. Ao mesmo tempo, a apreensão é o momento de passagem da percepção para a significação.

As concepções de foco semiótico e de foco de câmera – o *close-up* – são perfeitamente compatíveis. Ambas mostram o engajamento perceptivo do sujeito na forma de curiosidade, tensão, disforia. A apreensão pode ser relacionada, no caso do nosso trabalho, não só ao uso dos planos mais gerais como também ao processo inteiro vivido por um sujeito que, atraído pelo noticiário, deve passar da situação de não ter um saber desejado (disjunção) para a de sujeito com esse saber (conjunção). Ao obter a compreensão, ao ter o quadro todo, o sujeito passa da tensão para o relaxamento, da insatisfação para a satisfação. Os planos intermediários constroem sentidos de maneira proporcional, também em relação ao afastamento ou à aproximação de um objeto (que pode ser uma pessoa, um anel, uma sala).

É importante dizer que nossa teorização sobre os planos de câmera se refere a formas de enquadramentos que são imaginadas hipoteticamente descontextualizadas no exercício teórico. Cada plano em uma tomada, no entanto, sempre está conectado a outros. Em função dessa conexão, é possível até falar em um ângulo aberto de câmera com forte impacto afetivo. O impacto afetivo nesse caso, contudo, depende totalmente das informações cedidas pela narrativa e por outros recursos, como a narração do acontecimento por repórteres e apresentadores. Só assim esse tipo de plano tira o máximo proveito da tensão. Para entender como esse plano isolado é mais de ordem inteligível, basta imaginar um programa começando com um plano geral, sem apoio de uma apresentação. Sem acesso à narrativa, o plano só vai cumprir sua missão de gerar informação (um saber) e alguma curiosidade (um querer saber).

Teóricos de cinema e de vídeo também falam da existência de uma câmera subjetiva e de uma câmera objetiva. A câmera objetiva é "a filmagem da cena de um ponto de vista de um público imaginário" (Gage e Meyer, 1991: 89). Esse é o recurso mais comum no telejornalismo. A filmagem em câmera subjetiva, ao contrário, é rara nos noticiários televisivos. "Dizemos que uma câmera é subjetiva quando ela é colocada na posição que permite filmar do ponto de vista de uma personagem em ação durante determinada cena" (1991: 88). O uso da câmera subjetiva é também pouco comum no telejornalismo porque afeta o sentido pretendido de o olhar da câmera ser o do telespectador. Se o público perceber qualquer imposição de olhar, pode haver uma quebra nessa relação. No JN, por exemplo, verificamos que geralmente não se mostra um *close-up* sem um plano médio ou geral anterior. No cotidiano, é raro alguém se aproximar de algo antes de tê-lo visto a certa distância.

Exemplifiquemos a relação entre planos de câmera e a questão da tensão ou do relaxamento. É possível notar que, no início do *Jornal Nacional*, na leitura da escalada, os dois apresentadores se revezam em um plano próximo:

O tom é nervoso. A fala é rápida e tensa, principalmente diante dos acontecimentos disfóricos, quase sempre a maioria. Podemos observar que a narração em plano próximo é pensada para realçar a tensão desse conjunto de elementos da abertura do JN. Na apresentação posterior de cada notícia, a tensão necessária é menor. Portanto, vê-se um plano médio:

O plano médio e o plano americano quase se apresentam como uma "justa medida" de enquadramento e simulam um tipo de contato mais neutro que temos com pessoas em nosso cotidiano. O plano médio também é muito utilizado pelos repórteres nos *stand-ups*. Nesses momentos, o jornalista aparece de pé, em destaque na tela, como no caso a seguir do repórter Luiz Fernando Silva Pinto, que fala de Washington (captura de *frame* do arquivo *Jornal Nacional* – Tabela 2 (11min20s), matéria sobre repercussão da prisão de Saddam Hussein nos Estados Unidos):

Analisemos outras funções dos planos de câmera com o ritmo. A citada reportagem dos sem-terra tem como cenário uma fazenda de Minas Gerais. A câmera, no decorrer da história, realiza diversos enquadramentos que geram efeitos de proximidade ou de distanciamento, aqui no caso espaciais, pretendidos pelo enunciador. Ao mesmo tempo, aproxima ou afasta os telespectadores das pessoas mostradas. A câmera "sobredetermina" efeitos importantes nas categorias de pessoa e de espaço. Em outras palavras, cada reportagem demarca as coordenadas principais da ação. Mesmo sabendo da existência de uma espécie de "espaço da história", claramente apontado (uma fazenda em Unaí, cidade de Minas Gerais, no caso da reportagem dos sem-terra), só vemos o que a câmera mostra. O equipamento subordina esse espaço maior, e também as pessoas da narrativa, aos efeitos de sentido pretendidos pelo enunciador.

MONTAGEM E DOMÍNIO DO TEMPO

Ressaltamos em outra parte do trabalho que a categoria temporal – e não a espacial – organiza a textualização na TV. O telejornal é resultado

144 A MÍDIA E SEUS TRUQUES

da montagem (ou edição, como ato) de unidades, hierarquizadas em um fluxo no tempo. Dois procedimentos precisam ser inicialmente destacados sobre o assunto, um ligado ao ritmo e o outro vinculado à duração de unidades, ao chamado tempo psicológico. As duas estratégias estão profundamente relacionadas.

Comecemos pela importância do ritmo para o gerenciamento do nível de atenção. Marcel Martin (1990: 148) cita uma reflexão de J-P. Chartier que mostra como fazer a montagem dos segmentos filmados:

> Um plano não é percebido do início ao fim do mesmo modo. Primeiramente é reconhecido e situado: corresponde, digamos, à exposição. Então intervém um momento de atenção máxima em que é captada a significação, a razão de ser do plano – gesto, palavra ou movimento –, que faz progredir a narrativa. Em seguida, a atenção diminui e, se o plano se prolonga, advém um instante de aborrecimento, impaciência. Se cada plano for cortado exatamente no momento em que diminui a atenção, sendo substituído por outro, o espectador permanecerá constantemente atento e diremos que o filme tem ritmo. O que chamamos ritmo cinematográfico não é, portanto, a mera relação do tempo entre planos, é a coincidência entre a duração de cada plano e os movimentos de atenção que desperta e satisfaz. Não se trata de um ritmo temporal abstrato, mas de um ritmo de atenção.

Em *Jornal Nacional: a notícia faz história* (Memória Globo, 2004: 152), há a reprodução de um memorando sem data (provavelmente do final da década de 1980) da diretora executiva da Central Globo de Jornalismo, Alice Maria. Ela dá uma definição "telejornalística" de ritmo. Diz a carta:

> Os telejornais têm que ser vibrantes, precisam ter sempre um bom ritmo. Eles retratam o dia a dia das notícias mais importantes do país e do mundo. Um bom ritmo se consegue com matérias editadas no tempo certo, texto enxuto e leitura vibrante. Recomendo a vocês – editores e apresentadores – o maior empenho para que os nossos telejornais estejam sempre no ritmo correto. Uma das estratégias mais importantes para um "bom ritmo" se relaciona ao manejo do tempo para dar a sensação de que uma reportagem passa rapidamente.

A montagem em meios de comunicação de fluxo, no entanto, tem outras particularidades. Para se ter uma ideia melhor do que é "montado", de como se relacionam as unidades e de quais as funções e os efeitos persuasivo-argumentativos que se podem obter, optamos por mostrar essa engrenagem por meio da análise da reportagem sobre a prisão de Saddam Hussein.

A PRISÃO DE SADDAM: UM BLOCO INTEIRO DEDICADO AO ASSUNTO

Apresentamos, a partir de agora, um estudo detalhado sobre a principal notícia da edição de segunda-feira, 15 de dezembro de 2003, a da prisão de Saddam Hussein e seus desdobramentos no mundo. Essa reportagem dura quase o primeiro bloco inteiro do programa. Depois, examinamos como essa notícia se encaixa na edição e principalmente os efeitos de montagem. A Tabela 3, a seguir, mostra uma espécie de "decupagem" da notícia, dividida em cinco partes: *fragmento, momento de início de apresentação e recurso de câmera, duração em segundos, narração e observação*.

Expliquemos o que significa cada parte da "decupagem". *Fragmento* é um trecho de gravação que não apresenta corte. Qualquer mudança – principalmente um corte – renova a atenção e se enquadra na estratégia de arrebatamento ligada à manipulação do nível sensível e ao ritmo. Para ilustrar, mostramos um *frame* da gravação, ou seja, um quadro que melhor representa o fragmento. Quando há muita movimentação de câmera, há dois ou mais quadros com diferentes ângulos.

Na segunda parte, *momento de início de apresentação e recurso de câmera*, descrevemos o instante de ocorrência do fragmento e o tipo de plano (ou planos) de câmera utilizado(s) na tomada. Outra função desse segmento é o de informar o que acontecia no fragmento e também o de mostrar outros efeitos da filmagem, como o da câmera acompanhar uma ação ou girar sobre o próprio eixo. Na terceira parte, encontra-se a *duração em segundos* do segmento. Na quarta parte, apresenta-se a *narração*: as falas, quem narra, os efeitos sonoros. Convencionamos que, quando uma mesma fala se estende e é acompanhada por diferentes fragmentos, somente haverá identificação do enunciador – quase sempre o repórter e os apresentadores – no primeiro trecho da série. Finalmente, na quinta e última parte, a de *observação*, fazemos uma pequena análise do trecho ou do conjunto de trechos com todos os elementos em relação. Pretendemos dar mais destaque para recursos de plano de expressão e as relações com o conteúdo. Utilizaremos ainda diversos termos comuns da "linguagem" do telejornal:

- **Tomada** – É um trecho de gravação rodado sem interrupção. Uma mesma tomada pode começar em plano geral e terminar em *close-up*. Decidimos falar em fragmento ou segmento em vez de tomada por acreditarmos que o primeiro termo se vincula a um recurso de produção e não de edição. Em outras palavras, uma mesma tomada pode gerar diferentes fragmentos.

- **Cena** – "Parte de um filme que abrange diversos planos, focalizando uma certa situação em que aparecem as mesmas personagens, no mesmo ambiente" (*Dicionário Aurélio*). Uma cena pode ser fragmentada por meio do encaixe de uma outra.

- **Selo** – No *Jornal Nacional*, o selo geralmente é uma ilustração que tem movimento, aparece atrás dos apresentadores e identifica um assunto ou um tema. A reportagem sobre a prisão de Saddam Hussein inclui um selo no qual se vê a foto do ex-ditador.

- **Vinheta** – Em telejornalismo, trata-se de "uma cena isolada de um filme ou uma animação feita com o nome ou a embalagem do produto, de curta duração (aproximadamente cinco segundos), que pode ou não ser acompanhada por uma assinatura musical. Em geral, a vinheta é utilizada para anunciar patrocínios, abrir ou fechar programas etc." (Grage e Meyer, 1991: 202)

- *Background* – "Também conhecido pela sigla BG, serve para designar o ruído ambiente ou música usada como fundo para a fala do repórter ou do apresentador. Nas falas em que é necessária tradução, é costume deixar um BG da fala na língua original do entrevistado." (Maciel, 1995: 104)

- **Fusão** – Mistura de duas imagens, a primeira sobrepondo-se à segunda. Serve para mudar de cena ou enfatizar a relação entre elas.

- **Locução em off** – Para relembrar: trata-se da fala que acompanha a imagem de uma gravação, pronunciado por alguém que não aparece em cena. O mesmo que off. Esse termo, da televisão e principalmente do cinema, não deve ser confundido com o "falar em off" da mídia impressa, que caracteriza uma pessoa, uma fonte de informação de uma reportagem que não é identificada para o leitor.

- **Sonora** – Em telejornalismo, "tem o sentido genérico de toda a gravação feita em externa e designa, em particular, a fala dos entrevistados nas reportagens" (Rezende, 2000: 149).

O TELEJORNALISMO **147**

TABELA 3				
Fragmento	Momento de início de apresentação e recurso de câmera	Duração em segundos	Narração|	Observação
	1- (01m16s10) - Plano próximo - Surge o selo para as matérias de Saddam Hussein, que passa pelas costas do apresentador, movimentando a cena inicial da reportagem.	10	Apresentador Renato Machado: "Os Estados Unidos vão decidir nos próximos dias em que tribunal Saddam Hussein será julgado. Os iraquianos querem julgá-lo no Iraque e aparentemente contam com o apoio do presidente George Bush."	Renato Machado faz a cabeça de matéria, que corresponde ao lide do jornalismo impresso. O "gancho" é a especulação em torno do julgamento de Saddam Hussein, assunto que aprofundaremos mais adiante. A estratégia de sustentação da atenção se baseia na criação da seguinte curiosidade: qual será o destino do ex-ditador? (Relembremos que a estratégia de arrebatamento principal aconteceu no início do programa, na escalada.) Deve-se notar, inicialmente, a diferença entre nitidez e cromatismo do estúdio e de tudo o que está fora dele, o "mundo". Temos uma idéia de organização em relação à desorganização.
	2- (01m26s20) – Plano geral de rua de cidade norte-americana.	4	Voz feminina de correspondente em off: "A maioria dos norte-americanos, 59%...	O jornal inicia a matéria com um "Povo Fala". Pode-se observar, nas tomadas seguintes, a câmera apresentando o espaço (Estados Unidos) e outros actantes do enunciado.
	3- (01m30s19) – Tomada começa em plano geral na rua. Câmera se inclina para cima - ângulo alto – e enquadra a bandeira norte-americana.	6	...quer a pena de morte para Saddam Hussein, segundo uma pesquisa de opinião Gallup-CNN."	Uma característica que irá se manter nessa reportagem é comum no telejornalismo. A câmera parte de uma tomada mais aberta – um plano mais inteligível e menos tenso - para ir fechando o quadro no que deve ser considerado mais tenso, emocional e importante. Enfim, o que deve merecer atenção do telespectador porque foi valorizado pelo JN.

148 A MÍDIA E SEUS TRUQUES

	4- (01m36s15) Close em cidadão norte-americano.	5	Ouve-se a voz do cidadão ("He should be right..."), que vai a BG e é superposta pela voz da repórter em *off*. "Este americano diz que o ex-ditador tem que ser julgado no Iraque."	Há um cuidado com a enunciação do cidadão. A voz dele é perfeitamente audível por uma fração de segundo, mesmo que a maioria dos telespectadores não saiba interpretá-la.
	5- (1m41s25) - Plano próximo de outro cidadão.	7	Correspondente em *off* sobre a voz do cidadão: "Para este outro, chegou a hora de Saddam pagar pelo que fez." Cidadão: "Today is his day."	No trecho anterior, a voz do cidadão iniciava o "Povo Fala". Neste trecho, a voz o conclui.
	6- (1m48s19) – Plano próximo de jornal. Foca-se a manchete, não o nome do jornal.	1	Voz da correspondente em *off*. "A imagem de Saddam Hussein...	Vamos observar, por vários trechos da reportagem, imagens dos jornais. Sabemos, por exemplo, que a ocupação espacial da primeira página de um jornal é o lugar dos assuntos principais. O telejornalismo utiliza todo o sistema de construção de valores da mídia impressa para afirmar a própria importância do que enuncia. Como se verá a seguir, esse recurso será utilizado outras vezes.
	7- (1m49s26) – Plano próximo de Jornal.	2	...estava em todos os jornais americanos."	
	8- (1m51s27) Câmera mostra plano geral de George Bush entrando na sala de imprensa. A câmera o acompanha numa panorâmica e depois fecha o ângulo até um plano próximo.	10	Voz da correspondente em *off*. "Na primeira entrevista coletiva sobre Saddam Hussein, o presidente George Bush traçou o destino mais provável para o ex-ditador.	Novamente observa-se a preocupação do enunciador em mostrar os espaços onde se situam os atores antes de fechar o ângulo.
	9- (02m01s26) Plano geral da sala.	4	Bush diz que ele deve ser julgado pelos iraquianos."	É evidente que, como discurso "oficial", a fala de Bush tem um potencial de atenção discutível, ainda mais porque é "longa" em relação aos outros trechos. Para compensá-la, há inserção dessa tomada em plano geral para depois retomar o mesmo plano próximo, a seguir.

10- (02m05s04) Plano próximo de Bush.	10	*Off* da correspondente simulando voz de Bush: "Vamos trabalhar com os iraquianos para que Saddam tenha um julgamento público, justo e submetido à verificação internacional." Voz do presidente: "International (trecho não identificado) is the best way to put it."	O mais curioso dessa apresentação de Bush e de outras "sonoras" é ouvir as falas em inglês. Há a busca de um sentido de autenticidade e de valorização dessas enunciações.
11- (2m15s23) – Plano de conjunto de repórteres.	4	Voz da correspondente em *off*: "Ao ser perguntado se aprovaria a execução de Saddam...	Do ponto de vista semiótico, todo este trecho da matéria é de sanção. Saddam é o anti-sujeito.
12- (02m19s00) – Plano próximo do presidente.	8	Bush respondeu que a opinião pessoal dele não conta. O que importa é a opinião dos iraquianos." Bush: "The iraquees make their decisions."	Bush aparece como o destinador-julgador, o que tem plena competência para a ação de julgar. Observe-se o aparente conflito entre enunciação e enunciado. O presidente diz que a verdadeira sanção quem vai aplicar são os iraquianos. Mas o tempo dedicado a Bush pelo JN valorizou a sua opinião, e não a que vem a seguir, do Conselho do Iraque.
13- (02m27s15) Plano médio de líderes iraquianos – câmera faz uma panorâmica da esquerda para a direita para mostrar o Conselho do Iraque.	5	Voz da correspondente em *off*. "Para o Conselho do Iraque parece não haver dúvidas. O Conselho espera...	A função de ancoragem das imagens a seguir é evidente. Não se vê ou se ouve ninguém do conselho fazendo afirmações. Mas o *off* da correspondente funciona como "porta-voz" dos conselheiros. Eles parecem enunciar pela voz dela.
14- (02m32s26) Plano geral dos líderes caminhando em direção à câmera.	4	... começar o julgamento de Saddam nas próximas semanas, ou, no máximo, meses.	
15- (02m36s27) Novo plano geral dos líderes.	6	Alguns integrantes afirmaram que pediriam a pena de morte para o ex-ditador.	Um detalhe: a escolha do editor recaiu sobre o homem de roupas árabes, que identifica o grupo.

150 A MÍDIA E SEUS TRUQUES

	16- (02m42s06) Plano de conjunto de uma sala de justiça supostamente do Iraque.	2	Se for julgado no Iraque...	Os fragmentos a seguir deixam bastante clara a dificuldade do telejornalismo em "preencher", com gravações, certas informações julgadas necessárias. Neste trecho, há pouca ação que gere atenção. Para contrabalançar esse problema, os fragmentos são muito curtos. Temos uma segmentação mais forte para gerar uma sensação de tempo que passa rápido. A falta de ação no conteúdo é compensada por uma espécie de ação no plano de expressão.
	17- (02m44s06) Plano de conjunto supostamente da mesma sala.	3	Saddam será levado ao tribunal especial, criado...	No telejornalismo, cada fragmento aparece "ancorado", limpo de sua polissemia e, notadamente, euforizado ou disforizado pelo enunciador.
	18- (02m47s06) – Plano geral da mesma sala.	3	...na semana passada. O Conselho de Governo é que vai escolher...	Deve-se notar como se mostram diferentes ângulos da sala que pouco acrescentam de novidade ou de real informação, mas que servem de suporte à fala ao distrair o olhar do telespectador.
	19- (02m50s23) – Plano próximo do símbolo. Note-se que ele estava no fundo na tomada anterior.	4	...os cinco juízes. O réu terá direito à defesa e a...	Vale notar que, nesse caso da sala, a imagem também "ancora" o verbal, ou seja, limita suas possibilidades. Não é qualquer sala, mas a que aparece no vídeo.
	20- (02m54s05) – Plano geral, supostamente da mesma sala, com microfone em primeiro plano.	3	...recorrer a uma corte de apelação. Se julgar necessário...	
	21- (02m57s17) – Plano geral da sala do Conselho.	6	...o Conselho poderá convidar juristas internacionais para participar do julgamento.	Do ponto de vista do conteúdo, estamos aqui às voltas com uma discussão sobre uma sanção pragmática que Saddam receberá e sobre quem será responsável por ela.

	22- (03m03s22) Câmera foca bandeira do Iraque e faz um *zoom out* até um plano geral, onde se vê que ela faz parte de um monumento.	9	As organizações mais importantes de direitos humanos consideram que uma corte internacional daria legitimidade ao...	A sequência de fragmentos a seguir mostra novamente a dificuldade do enunciador de preencher as informações com gravações de arquivo. E, de novo, para compensar, há uma sucessão muito rápida. Há fragmentos com menos de um segundo. Distraem-se os olhos com imagens antigas que remetem a Saddam, seu povo, o Iraque...
	23- (03m12s20s) Transição entre tomadas é por fusão.	1	...julgamento.	...em um momento em que a narração discute um julgamento.
	24- (03m13s19) Transição entre tomadas é por fusão.	3	Poderia ser criado, por exemplo,...	
	25- (03m16s20) – Câmera faz uma panorâmica da dir. à esq. e acompanha juízes. Plano de conjunto.	1	...um tribunal especial, como...	Note-se, além da rapidez, o uso de recursos de movimentação de câmera. Mais uma vez há uma ação de expressão que compensa a falta de ação no conteúdo.
	26- (03m17s29) – Plano Geral – Câmera faz panorâmica da dir. à esq.	4	...os que foram criados pela ONU para julgar crimes de guerra...	
	27- (03m21s19) – Passagem entre cenas por fusão – Plano Geral com perspectiva.	1	...em Serra Leoa, em Ruanda, e...	
	28- (03m22s28) – Plano próximo.	2	...na ex-Iugoslávia.	Ao apresentar Milosevic sem identificá-lo, o JN mostra que uma parte da audiência mais intelectualizada está sendo contemplada. Nem todo o público reconhece o ditador.

29- (03m24s21) Câmera faz um zoom in e foca Saddam – ao fundo no primeiro quadro – em plano próximo.	3	Esses tribunais não prevêem a pena de morte.	
30- (03m27s27) – Câmera deixa o secretário, faz uma panorâmica pela sala (da dir. à esq.) e termina focando outros cinegrafistas.	6	O secretário-geral da Onu, Kofi Anan, disse hoje que o julgamento de Saddam deveria seguir as...	Aqui há um dos raríssimos marcos temporais. Fala-se em um "hoje", o que dá sentido de atualidade à notícia. Devemos observar o esforço em lutar contra a monotonia visual nas tomadas feitas na ONU. A câmera não sai do lugar, parece fazer uma única tomada. Mas a edição dá a impressão de que três mudanças acontecem.
31- (03m33s11) Novo plano próximo no secretário.	6	... leis humanitárias internacionais e que a Onu não apóia a pena de morte. – Voz de Anan sobe: "...Dead penalty".	
32- (03m39s24) – Plano americano de Saddam tirando uma espada da bainha.	6	O que está fora de questão é a vinda de Saddam Hussein para os Estados Unidos para...	
33- (03m45s17) – Câmera faz uma panorâmica da sala – plano geral.	2	...ser julgado por uma corte militar.	Note-se, a partir de agora, o uso de mais gravações de arquivo do JN, que aparecem identificadas no canto inferior à direita.
34- (03m47s06) Câmera faz um zoom in e mostra imagem de Saddam.	2	Seja qual for o tipo de...	A imagem de Saddam...

	35- (03m49s02) – Plano de conjunto.	2	...corte que Saddam será submetido, o...	...exercendo o poder...
	36- (03m51s11) Câmera faz uma pequena panorâmica pela sala, sem deixar a figura do ex-ditador. Plano americano.	3	... julgamento dele tem todos os componentes para se tornar um dos mais...	...cercado de seus soldados...
	37- (03m54s27) – Plano de conjunto com um sutil *zoom in* no soldado.	4	...dramáticos da história da humanidade. Saddam é acusado...	...é relacionada a cenas de atrocidades que foram cometidas por ele. Do ponto de vista do conteúdo, estamos ainda em plena fase da sanção. Só que, a partir de agora, serão retomados os crimes do ex-ditador. Semioticamente falando, veremos as performances que foram consideradas condenáveis do ponto de vista do destinador.
	38- (03m58s14) Câmera faz uma panorâmica no local do massacre da esquerda para a direita e, quando para, foca os cadáveres. Fim da tomada e é plano médio.	7	...de autorizar o massacre de minorias étnicas, como os curdos, mortos aos milhares, em 88,	O jornal busca agora justificar a prisão e a guerra contra Saddam em função de seus crimes. Até este momento, predominou o tom formal, a discussão "racional". A partir de agora, teremos a exposição das ações do antissujeito Saddam. Lembramos que a pergunta sobre o destino de Saddam foi em parte respondida. A estratégia de sustentação da atenção do enunciatário pelo enunciador se vale agora da instauração ou do reforço de paixões, principalmente de vingança.
	39- (04m05s04) – Câmera parte do primeiro cadáver - que no quadro capturado aparece em primeiro plano - e sobe do ângulo para enquadrar os demais em perspectiva e em plano geral.	1	... com armas químicas.	Para isso, as cenas a seguir são fortes. Adultos e crianças mortos pelo chão...

154 A MÍDIA E SEUS TRUQUES

	40- (04m06s24) – Câmera faz panorâmica e acompanha, em primeiro plano, soldado carregar prisioneiro.	1	As prisões...	..gente sendo presa e arrastada por soldados...
	41- (04m07s28) – Plano geral.	4	...e dezenas de covas clandestinas descobertas depois...	...pessoas identificando cadáveres.
	42- (04m11s24) – Plano de conjunto.	2	..da guerra, também são um...	Todo o choque dessas cenas é manipulado por uma edição que privilegia um contato muito rápido. Nota-se o uso do plano geral e do plano de conjunto, com muita movimentação, para impedir um contato ainda mais tenso do enunciatário com o que é mostrado.
	43- (04m13s27) – Câmera faz uma panorâmica na sala da esq. à dir. Plano de conjunto.	3	...testemunho de como os adversários do regime...	
	44- (04m16s06) Câmera mostra corda no teto e faz um *zoom in* para terminar em *close*.	3	..eram torturados...	Um dos poucos *closes* mostra uma corda.
	45- (04m17s15) Câmera faz uma panorâmica e acompanha homem de casaco atirar na cabeça de um e depois de outro prisioneiro.	3	e sumariamente executados."	Com certeza, essa é uma das cenas mais chocantes da matéria. Imagens de extrema violência geralmente não são mostradas no JN por questões de ética, como lembra Maciel (1995:91).
	46- (4m20s07) plano próximo da repórter. Identificação surge e desaparece do vídeo.	18	(Vê-se a correspondente Cristina Serra, de Nova York): "Saddam Hussein aguarda seu destino em local secreto, que os EUA não revelam por motivo de segurança. Há informações não confirmadas de que ele teria sido levado para uma base americana no Catar, mas o mais provável é que ele esteja sendo mantido numa instalação militar perto do aeroporto de Badgá."	*Stand-up* da correspondente – ficamos sabendo de quem era a voz em *off*. Do ponto de vista da estrutura da matéria, tivemos até agora uma cabeça – no estúdio – um pequeno *off* que precedeu as sonoras dos cidadãos americanos e do presidente Bush, a volta do *off* e, agora, um

				"boletim de passagem". Na definição de Maciel "o boletim é a narrativa do repórter feita em quadro. Pode ser de abertura, de passagem ou encerramento, dependendo da posição dentro da reportagem. O repórter utiliza o boletim para transmitir informações importantes que não têm imagem. Ou então o boletim é usado para, conduzindo a narrativa, mostrar ao telespectador aspectos da narrativa que de outra maneira não seriam suficientemente ressaltados" (1995: 60).
	47- (04m38s04) – Plano médio do apresentador. Identificação surge e desaparece do vídeo.	16	Apresentador Heraldo Pereira: "Saddam Hussein queria negociar com os soldados perto de sua cidade Natal, Tikrit. Militares norte-americanos no Iraque se surpreenderam com a falta de reação do ex-ditador no momento da prisão e com as condições do local em que ele estava escondido"	Consideramos esse ponto como o começo do segundo sub-bloco. A "volta ao estúdio" marca uma mudança de assunto. Se o primeiro sub-bloco foi o da "sanção", o segundo será o da performance da captura de Saddam. Deve-se observar a repetição da estrutura anterior: uma cabeça de matéria (obviamente subordinada ao assunto principal), narração em *off* do correspondente, sonoras, e outro boletim de passagem. Como veremos a seguir, a novidade nesse trecho é o uso de computação gráfica.
	48- (04m54s18) – Plano geral em ângulo alto. Filmagem é trêmula, possivelmente de helicóptero.	3	Voz do correspondente: "Saddam Hussein iria passar a noite de sábado...	Novamente uma sequência de ângulos que vão do inteligível, da construção do espaço, para fechar em detalhes e atores. Nos próximos fragmentos, a matéria apresenta o "cenário" da captura. A estratégia de sustentação da atenção do telespectador se apóia aqui na seguinte pergunta: como Saddam foi preso?
	49- (04m57s29) – Câmera realiza um plano de conjunto e faz um *zoom in* suave.	2	...neste casebre de sapé...	Ressaltamos, anteriormente, que, no jornalismo, não é a conclusão de uma ação que mantém a curiosidade do público, mas justamente saber em detalhes como se

				chegou àquele estado. Esse trecho da reportagem é um bom exemplo dessa afirmação.
	50- (04m59s19) – Mesmo nesse plano médio, a câmera faz uma pequena panorâmica	4	...onde foram encontradas roupas e comida. Do lado...	
	51- (05m03s01) – Plano de conjunto.	1	...de fora, uma cozinha ao ar livre,...	As informações neste trecho e a seguir têm seu potencial de atenção garantido por construírem uma espécie de tematização da pobreza que se contrapõe ao luxo e ao poder demonstrados por Saddam no governo do Iraque.
	52- (05m04s19) – Esse plano médio termina em *close* da panela com um *zoom in*.	3	...onde havia restos de uma refeição.	
	53- (05m07s00) – Plano médio. Nesta tomada, a câmera acompanha a ação dos soldados e se concentra, no final, na retirada do isopor que cobria o buraco onde estava Saddam.	10	Quando os soldados norte-americanos se aproximaram, Saddam correu para o esconderijo subterrâneo do lado de fora. Uma placa de isopor esculpida, como se fosse uma pedra, tapou a entrada."	Após a apresentação do cenário, uma encenação da descoberta. A narração do repórter atualiza essa cena e apela para a imaginação do público: "Saddam correu para o esconderijo..." Como não tem as gravações da captura, o JN tenta de todas as formas fazer a simulação parecer presente, atual.

	54- (05m17s26) – Nessa tomada, com dificuldade se vê um soldado chutando uma porta, em plano americano.	**4**	(Ouve-se o som da porta se abrindo com violência). "Os soldados americanos vasculharam primeiro...	
	55- (05m21s18) – Outra tomada noturna. No plano geral veem-se soldados caminhando.	**2**	...dois outros locais próximos...	Outro corte na história. Passa-se agora a mostrar detalhes da busca.
	56- (05m23s10) – Nesse plano geral, soldados caminham contra a luz, no centro do quadro.	**1**	...onde não acharam ninguém.	
	57- (05m24s25) - Câmera virtual – Nessa tomada em ângulo alto, a câmera sai de um plano geral e faz um *zoom in* no buraco. Depois, se afasta novamente para mostrar outro plano geral do esconderijo do ditador.	**17**	Mas um tapete que cobria a entrada do buraco chamou a atenção dos soldados. Eles ergueram a tampa, que estava debaixo de um tapete. O buraco era estreito com uma chaminé de um metro e oitenta de altura. Lá no fundo, um esconderijo, onde Saddam estava deitado de bruços."	Descreve-se agora o esconderijo de Saddam. Note-se um erro aqui. Não é um isopor, mas uma tampa que fecha o buraco na animação em 3D.
	58- (05m41s23) – Plano próximo para acompanhar a fala do coronel.	**17**	Voz do soldado : "We're about..."– *incompreensível* – voz do soldado vai à BG. Voz do correspondente: "O coronel James Rici, comandante da operação, disse que os soldados iam limpar o subterrâneo, ou seja, jogar uma granada de mão, quando viram um homem lá dentro. Ele saiu com as mãos para cima.	Retomam-se agora detalhes da captura. As sonoras dos militares mostram detalhes "fortes": como o fato de Saddam quase ter sido morto por uma granada e a ironia de um soldado diante da oferta de negociação do ex-ditador.

	59- (05m57s12) – Plano americano. Soldado à dir., que faz depoimento, aproxima-se depois da câmera.	16	E segundo este soldado, (ele) disse em inglês: "Eu sou Saddam Hussein, presidente do Iraque, e quero negociar." O presidente Bush manda lembranças." Voz do soldado sobe: "The president Bush sends regards."	
	60- (6m11s21) Plano próximo do correspondente.	22	(Correspondente Jorge Pontual surge no vídeo) – "Quem deu a informação sobre o local onde Saddam se escondia foi um parente dele, preso e interrogado em Badgá na sexta-feira. O informante não vai receber a recompensa de 25 milhões de dólares porque não deu a informação voluntariamente. Um oficial norte-americano comentou: 'Economizamos o dinheiro do contribuinte.'"	As sonoras terminam nesse fragmento do correspondente Jorge Pontual, que faz outro boletim de passagem.
	61- (6m33s13) – Plano próximo, quase close de Saddam.	4	Pontual: "Levado para uma base militar, Saddam parecia disposto a conversar ao ser examinado.	A câmera faz um close do ex-ditador, novamente simulando um contato íntimo entre telespectador e Saddam. Temos outro instante de valorização da história. Mais uma vez, a aproximação acontece em um momento muito especial, o da apresentação do estado atual do ex-presidente do Iraque.
	62- (06m38s25) – Plano próximo.	3	Mas depois a atitude dele mudou.	É notável, entretanto, que esses fragmentos "não duram" muito tempo. Temos um enunciador que considerou seu potencial de atração da relativo. É uma segunda-feira. Não houve JN no domingo, mas o assunto foi abordado no Fantástico. Não podemos esquecer que as mesmas imagens apareceram nos jornais pela manhã, num raríssimo caso em que mídias impressas apresentaram algo antes do JN.
	63- (6m41s12) Câmera faz uma panorâmica do Conselho, indo da esq. à dir., e mantendo o plano próximo.	6	Quatro integrantes do Conselho de Governo do Iraque passaram meia hora na base interrogando Saddam...	Na sequência de três fragmentos, temos a descrição do "estado emocional do ex-ditador". Tenta-se recuperar agora as primeiras reações de

64- (6m47s01) - Plano médio.	3	...e foram recebidos pelo ex-ditador com palavrões.	Saddam na prisão.
65- (06m50s27) – Plano médio para acompanhar depoimento.	5	'Ele não demonstra nem arrependimento nem remorso', diz um deles.	
66- (06m55s09)- Computação gráfica: carta em que Saddam aparece "cai" da tela. Surgem da parte de baixo as outras cartas. Câmera virtual depois dá um *zoom in* até a carta de Izzac Ibrahim Al-Duri.	13	Agora que o ás de espadas caiu, os americanos esperam capturar os 13 homens que faltam no baralho dos seguidores de Saddam. O principal é o rei de paus, Izzac Ibrahim Al-Duri...	Temos outro uso de computação gráfica para encerrar esse sub-bloco. O título poderia ser "os que ainda faltam prender".
67- (7m08s09) – plano médio de Izzac que beija Saddam.	4	...que estaria comandando a resistência à ocupação do Iraque."	
68- (07m12s07) – Estúdio – Plano médio.	11	Eraldo: "Documentos encontrados numa pasta no esconderijo levaram à prisão hoje de dois importantes aliados do ex-ditador. A identidade deles não foi revelada."	
69- (07m23s01) Estúdio – Plano médio.	11	Renato: "A operação Aurora vermelha, que resultou na prisão do ex-ditador Saddam Hussein, gerou comemorações e protestos nas ruas do Iraque."	Note-se o cuidado com a mudança da posição do selo entre os apresentadores. Temos o terceiro sub-bloco: as reações mundiais, e especialmente árabes, em relação à prisão de Saddam. São apresentadas repercussões sociais, políticas e econômicas.

	70- (07m32s10) – Plano geral de manifestantes.	9	(Som de manifestação é mantido por um segundo, antes de ir a BG. Depois é mantido nas próximas tomadas). Voz de repórter em *off*. "Em Tikrit,...	Começamos com as repercussões sociais. Podemos observar, de agora em diante, o retorno da narrativa no ponto da sanção. Só que com uma diferença importante. Temos os árabes divididos. Há os que não consideram Saddam um antissujeito por partilharem valores com o ex-ditador.
	71- (07m34s07) – Plano de conjunto de manifestantes.	1	...cidade Natal...	Os árabes aparecem como massa, como um coletivo que fala pelas ações, mas não merece sonoras. Eles surgem "emocionais", passionais, chorando, lamentando ou comemorando, mas não fazendo análises.
	72- (07m35s14) – Plano americano.	1	do ex-ditador...	As tomadas gerais dos manifestantes vão aos poucos focando alguns dos seus personagens.
	73- (07m36s13) – Plano de conjunto com iraquiano em primeiro plano beijando a foto do ex-ditador.	2	...enquanto um iraquiano beija a foto de Saddam Hussein,...	
	74- (07m38s29) – Há um plano geral com foco em plano próximo, quase *close-up*, no rosto do iraquiano.	4	...o outro chora (ouve-se um choro).	O plano foca o rosto do iraquiano, mas desloca-se para mostrar o local onde ele se encontra. Observa-se mais uma vez o recurso enfático do *close*.
	75- (07m42s22) – Câmera realiza uma panorâmica da dir. à esq. e dá um *zoom in* no rosto da mulher chorando.	4	Eles param nas principais cidades do país, inclusive Bagdá.	O cuidado da cena anterior, em mostrar o cenário e uma reação em particular se repete aqui.

	76- (07m46s04) – Plano geral para acompanhar a ação de diferentes soldados.	6	Até que os soldados chegam para acabar com a manifestação." (Som da manifestação fica em primeiro plano por menos de um segundo.)	
	77- (07m52s05) – Plano Geral para observar toda a destruição.	2	"Enquanto isso, do outro lado da cidade,...	Essas cenas de repressão à manifestação dos árabes e dos estragos de bombas são feitas por plano geral. O telespectador tem uma visão de conjunto.
	78- (07m54s08) – Plano geral.	2	...duas delegacias são alvos de..	
	79- (07m56s04) – Novo Plano geral.	1	...carros-bomba.	
	80- (07m57s24) – Plano de conjunto de cadáver. Câmera está em ângulo alto.	2	Pelo menos nove policiais morreram.	Só aqui se busca mais aproximação do enunciatário com o fato. Os dois fragmentos, no entanto, duram menos de dois segundos.
	81- (07m59s13) – Plano de conjunto, com detalhes da destruição em primeiro plano.	2	Ninguém confirma...	
	82- (08m01s02) – Plano geral.	1	...se as explosões...	Logo em seguida, retomam-se os planos gerais. É notável como o JN cedeu tempo para a *performance* da prisão de Saddam, discussão e busca, mas utilizou poucos segundos e um tom contido para mostrar o que as bombas fizeram no Iraque.
	83- (08m02s24) – Plano geral.	2	..têm ou não ligação...	

162 A MÍDIA E SEUS TRUQUES

	84- (08m04s14) – Plano geral.	1	..com a prisão de Saddam Hussein.	
	85- (08m05s26) – Plano próximo, em perspectiva, de manifestantes e cartazes.	2	Mas a indignação no Líbano, e também...	Há 1,5 segundo e dois fragmentos para apresentar a reação de dois povos árabes.
	86- (08m07m27) Plano geral de manifestação.	4	... nos territórios palestinos é clara.	
	87- (08m11s18) – Plano próximo de correspondente.	5	Por telefone, o representante do governo brasileiro em Bagdá, Awni Al-Dayri...	Temos aqui o que alguns teóricos chamam de "rádio na TV". Alguns assuntos dos outros sub-blocos são rapidamente retomados. Cabe ao JN tenta transformar uma entrevista com dificuldades de som em algo atrativo. O principal problema, obviamente, é a ausência de material visual, de movimento. Para compensar, utilizam-se imagens das manifestações. Como sempre, temos uma seqüência de fragmentos que nunca apresenta o mesmo ângulo de câmera. Podemos também notar a reprodução de uma mesma cena. Entretanto, o ritmo do jornal torna a repetição quase imperceptível.
	88- (08m16s03) – Temos a repetição da tomada que começa em 07m42s22 – Câmera realiza uma panorâmica da dir. à esq. e dá um *zoom in* no rosto da mulher chorando. A única diferença são uns décimos de segundo a mais.	3	...diz que só uma minoria sunita chora pela prisão de Saddam Hussein."	
	89- (08m19s29) – Montagem de três elementos: o mapa do Iraque, de onde fala o entrevistado, à esq, cenas de manifestação, à dir., e transcrição da fala na faixa azul, na parte de baixo do vídeo.	4	Al-Dayri: "A maioria do povo está...	
	90- (08m23s04) – Quadro à dir. mostra manifestação em plano geral	1	...descansada, feliz...	

	91- (08m24s28) - Quadro à dir. mostra manifestação em plano geral.	2	...alegre." Correspondente: "Sobre o julgamento do ex-ditador, Al-Dayri acha...
	92- (08m26s21) – Plano próximo. Intensa movimentação.	4	...que será no Iraque."
	93- (08m30s17) – Plano americano. Intensa movimentação.	3	Al-Dayri: "A maioria dos que..
	94- (08m33s10) – Câmera foca bandeira em caixão e depois acompanha o afastamento. Termina em plano de conjunto.	3	...sofreram no regime de Saddam...
	95- (08m36s02) – Plano médio, também com muita ação de manifestantes.	2	...querem que...
	96- (08m38s19) – Plano Geral.	3	...ele seja condenado à morte..."(sobe som de manifestação).
	97- (08m41s26) – Plano próximo.	20	(Vê-se o correspondente Marcos Losekann): "Na Grã-Bretanha não existe pena capital e o governo daqui já deixou claro que não participará de um julgamento que possa resultar na morte de Saddam Hussein. Para o primeiro ministro Tony Blair, a execução de Saddam criaria um mártir para os terroristas, um fantasma que poderia aterrorizar o mundo pra sempre."

	98- (09m01s25) – Plano geral do parlamento britânico.	2	Voz de Tony Blair: "The Iraque people want...	
	99- (09m03s05 – Plano médio de Blair.	7	.. their freedom..." (voz vai a BG). Voz do repórter Losekan em off: "No discurso hoje no parlamento, Blair disse que está confiante na capacidade dos iraquianos de..	Note-se aqui novamente o tempo dado ao discurso dos vencedores e, no caso do Irã, dos inimigos. Em termos de nível narrativo, continuamos na sanção, no julgamento.
	100- (09m10s07) – Plano próximo de representante iraniano.	10	...fazer justiça. No Irã, o governo anunciou que vai preparar um processo pelos 300 mil iranianos mortos na guerra Irã-Iraque, na década de 80.	
	101- (09m20s17) – Close no jornal	1	Em centenas...	Mais uma vez é utilizado o discurso dos jornais impressos para mostrar a importância da prisão de Saddam. Temos um caso de redundância. A reiteração valoriza o fato para o telespectador. Aqui as gravações dão literalmente a volta ao mundo. O telespectador fica sabendo que o fato teve repercussão mundial. E quem diz isso é a mídia impressa, são os jornais. Outro ponto importante é a imagem de Saddam, quase um mendigo, também ser repetida. Só que é uma repetição especial, por meio de jornais diferentes e enquadramentos diferentes. Sem cansar o telespectador, o JN faz com que ele tenha contato com o mesmo conteúdo principal por meio de estratégias de expressão diferentes.
	102- (09m21s21) – Plano americano.	1	...de línguas,...	
	103- (09m22s17) – Plano próximo, com leitor em primeiro plano.	1	...em milhões...	
	104- (09m23s08) – Câmera faz uma panorâmica sobre os jornais da dir. à esq., mantendo o plano próximo.	3	de frases e palavras, a prisão...	
	105- (09m26s05) – Plano de conjunto dos jornais e leitores.	1	...de Saddam Hussein foi...	

	106- (09m27s06) – Novo close nos jornais que mostram fotos de Saddam.	1	...manchete em quase todos...	
	107- (09m28s11) Câmera está em plano médio, com leitor em primeiro plano.	1	...os jornais do mundo.	
	108- (09m30s05) – Mesmo jornal da tomada anterior aparece agora em plano próximo. Jornal aparece balançando.	1	E repercutiu nos...	
	109- (09m31s08) – Plano de conjunto de painel. Caracteres se movem.	1	...mercados. Na Asia,...	Entramos aqui em um segundo tipo de repercussão: a econômica.
	110- (09m32s25) – Plano médio.	2	...na Europa,...	Detalhe: o fragmento não corresponde à fala, que se relaciona à tomada anterior.
	111- (09m34s07) – Câmera faz uma panorâmica na bolsa de Nova York, da esq. à dir. Plano Geral	6	..nos Estados Unidos. As bolsas em geral fecharam em alta. O dólar também subiu em relação...	
	112- (09m40s11) – Plano geral com suave *zoom out.*	6	...ao euro. E o preço do petróleo caiu com a expectativa de que o Iraque passe a exportar...	
	113- (09m46s15) – Plano de conjunto.	2	...mais daqui para frente." (Sobe som de membros da bolsa batendo palmas.)	Euforiza-se a ação com as palmas

	114- (09m48s20) – Plano médio.	8	Eraldo: "O presidente George Bush deixou claro que a captura de Saddam Hussein não vai acelerar a retirada americana do Iraque."	Temos aqui o quarto e último sub-bloco: como fica a ocupação norte-americana no Iraque e os dividendos obtidos por Bush com a prisão de Saddam.
	115- (09m56s28) – Plano próximo.	11	Bush: "...And the citizens of Iraque need to know we´ll stay in the (trecho não identificado)..." Voz de correspondente em off: "George Bush disse que os militares americanos não vão sair do Iraque enquanto não houver segurança no país.	
	116- (10m07s13) - Câmera faz uma panorâmica e acompanha caminhada dos soldados – Plano geral.	1	...Mas reconheceu...	
	117- (10m08s25) - Fusão de cenas. Plano Geral, com manifestantes em primeiro plano.	4	...que Saddam Hussein não estava comandando...	A mesma coletiva de Bush é retomada, agora para falar sobre os destinos do Iraque e os passos dos Estados Unidos no país. Para manter a atenção do espectador, são inseridas gravações das ações dos soldados norte-americanos no Iraque...
	118- (10m12s00) - Fusão de cenas. Plano de conjunto com soldados em primeiro plano.	2	...diretamente os ataques contra alvos americanos e civis.	
	119- (10m14s23) – Plano geral em perspectiva.	3	Para Bush, a situação no Iraque não vai...	
	120- (10m17s14) – Plano Geral com soldado em primeiro plano.	1	...melhorar tão cedo.	
	121- (10m18s28) – Plano próximo.	3	Segundo informações que já vazaram sobre o...	... e depois, pela terceira vez, mais jornais. Novamente vemos impressos na tela do JN, em outra reiteração da importância da prisão de Saddam. Note-se ainda

O TELEJORNALISMO **167**

	122- (10m21s18) – Close.	2	...interrogatório inicial, Saddam...	
	123- (10m23s25) – Close.	2	...Hussein nega que tenha produzido...	o *close* nos fragmentos.
	124- (10m25s12) – Plano médio.	4	...armas de destruição em massa."	
	125- (10m26s80) - Plano próximo. Os fragmentos a seguir foram gerados a partir de segmentações de uma mesma tomada e unidos, por meio de fusões, para encaixar a fala de Bush nas afirmações do repórter.	19	Bush: "He is..." (trecho não identificado). (Voz de Bush vai a BG). Correspondente em *off*: "O presidente americano diz que não confia no que o ex-presidente do Iraque diz. Classificou Saddam de enganador e mentiroso. Bush mostrou desprezo, várias vezes, durante a entrevista. Chamou Saddam de assassino. De torturador. E ironizou:"	Tempo é valor em telejornalismo. Esse conjunto de fragmentos, que mostra uma mesma tomada, é o mais longo da matéria, com pouco mais de 50 segundos. O que o JN faz aqui é dar enorme destaque à fala de Bush. O depoimento é interpretado pelo telespectador como o acontecimento mais importante da reportagem. As afirmações do presidente dos Estados Unidos também praticamente servem como conclusão de tudo o que foi relatado. Em uma reportagem que tem, no total, quase 10 minutos e 40 segundos, a coletiva de Bush, dividida em duas partes, tomou dois minutos e 30 segundos, quase um quarto do tempo total, sem contar com a apresentação e os comentários do correspondente em Washington. Bush aparece assim como o grande destinador.
	126-(10m45s36) - Plano próximo.	8	Bush: "When he (não identificado) he got himself in a hole..." (Voz de Bush vai a BG.) Correspondente em *off*. "Quando a coisa ficou quente, você se escondeu em um buraco.	
	127-(10m53s04) - Plano próximo.	10	Saddam Hussein, Bush disse, você já vai tarde. O mundo é um lugar melhor sem você." Bush: "The world is better (trecho não identificado) mister Saddam Hussein." (BG.) Correspondente em *off*. "Bush aproveitou a entrevista	
	128- (11m03s44) - Plano próximo.	15	... para fazer um pouco de campanha política. Prometeu, nos próximos cinco anos, uma redução de 50% no déficit do orçamento federal. Mas disse que na campanha de reeleição não vai tirar proveito da captura de Saddam." Bush: "Forget politics."	

	129- (11m18s29) – Plano entre médio e próximo.	22	Vê-se o correspondente Luiz Fernando Silva Pinto, de Washington: "Bush não precisa esperar pela campanha. O benefício político já é uma realidade. Segundo uma pesquisa do jornal Washington Post e da rede de televisão ABC, o índice de aprovação à intervenção americana no Iraque já subiu 10 pontos em relação aos números de novembro, de 48% foi para 58%."	Stand up do correspondente Luis Fernando Silva Pinto. Ele faz um boletim de fechamento. O jornalista usa recursos da entonação. Salienta a informação "10 pontos" e cria um silêncio retórico antes de citar "foi para 58%." Nessa matéria, observou-se o JN utilizar quatro correspondentes internacionais, dois de Nova York, um de Londres e outro de Washington, todos fazendo stand-ups, valorizando o local da informação e o sentido de "estar onde os fatos estão", o que reforça, por sua vez, a idéia de um JN que está em todos os lugares.
	130- (11m40s26) - Plano próximo - Término em 11m56s12.	22	Renato Machado: "O Secretário de Estado Collin Powell acompanhou a captura de Saddam Hussein pelo telefone. Ele foi operado hoje para a retirada de um câncer de próstata. Segundo o porta-voz do governo americano, Powell, de 66 anos, passa bem e deve voltar ao trabalho no começo de 2004."	Na conclusão, o selo desapareceu. Há também um encaixe de uma nota – a operação de retirada de um câncer de Collin Powell – no conjunto da reportagem, que se justifica por um fato em comum entre os dois acontecimentos, ou seja, Powell estava envolvido com a guerra do Iraque.

Faremos agora alguns comentários mais amplos sobre a reportagem para depois discutir a importância da notícia na estrutura geral do programa e retomar a questão da montagem.

Nota-se a relação professoral dos jornalistas com o público. Apresentadores e correspondentes têm um "tom didático" e se mantêm na posição de donos do saber. Eles se dirigem a alguém que pouco sabe. Há uma clara razão mercadológica para essa atitude, como lembra a reportagem de *Veja* sobre os 35 anos do programa:

> A questão da linguagem é ainda mais premente quando se leva em consideração que três em cada quatro espectadores do *Jornal Nacional* são de classe c, d ou e. [...] Pesquisa [com os telespectadores] sinalizou que o programa quase sempre é visto em família, e as famílias costumam ter um "explicador" – em geral o pai –, que é quem traduz para os demais o teor das notícias mais complexas. Se o chefe de família não entende o significado das notícias, fica constrangido, e é possível que no dia seguinte prefira assistir a outro canal.[3]

A entonação dos jornalistas do JN, em relação aos profissionais do *Jornal da CBN*, tem menos variações, principalmente a dos repórteres. Não existem marcas de espontaneidade. Praticamente não há interrupções, reformulações e outros recursos típicos da fala. Quando existem, soam como erro, como algo indesejado. Os "acentos de expressividade" (manejo de recursos de intensidade, da altura e da duração da voz) são muito utilizados. O uso das acelerações e desacelerações ao narrar (recurso de duração) é constante, com grande utilização das pausas retóricas para dar valor a certos aspectos da informação, notadamente na frase final dos relatos dos repórteres nos *stand-ups*. Um dos grandes meios para compensar a fala mais distanciada dos jornalistas do JN é o "olho no olho" com o telespectador, que simula uma conversação cordial. Esse efeito é produto, no caso dos âncoras, da leitura de textos de frases curtas por meio do *teleprompter*, um monitor de vídeo que fica acoplado à câmera. A linha do olhar de leitura do texto é muito próxima da posição da lente da câmera, daí a simulação de que se está falando com o telespectador.

O JN é finalizado no Rio de Janeiro, local de coordenação do jornal e de onde falam os apresentadores. O público, no entanto, toma contato com notícias do Brasil inteiro e do mundo. O principal noticiário da Globo possui correspondentes em diversos países. Tudo isso sugere como espaço da enunciação o próprio planeta. O JN não quer ser um jornal carioca nem nacional, apesar do nome, mas "mundial".

A prisão de Saddam ocorreu no sábado e foi divulgada no Brasil no domingo, dia em que não há edição do *Jornal Nacional*. Na segunda-feira, a foto do ex-ditador também apareceu pela manhã nos principais jornais brasileiros, caso da *Folha de S.Paulo*. O JN sabia que a prisão de Saddam era ainda o grande fato do dia. Mas era preciso dar sensação de atualidade. A apresentação das manchetes da edição – a escalada – não deixa dúvidas sobre a solução pensada:

> **Renato Machado** (início da escalada): *"O destino de Saddam Hussein."*
> **Eraldo Pereira**: *"O presidente Bush garante que o julgamento do ex-ditador vai ser aberto a observadores internacionais."*
> **Renato Machado**: *"E diz que iraquianos vão decidir como aplicar a justiça."*
> **Eraldo Pereira**: *"Os novos detalhes da captura. Saddam Hussein tentou negociar com os soldados no momento da prisão."*

170 A MÍDIA E SEUS TRUQUES

Ao falar do destino do ex-ditador, o *JN* não está mostrando um fato passado, mas antecipando os passos futuros. "Novos detalhes" sobre a captura são prometidos, modo de acrescentar novidade a um fato já sabido. O *JN*, nesse caso, diz ter informações ainda não divulgadas. Ao mesmo tempo, faz o papel de satisfazer a curiosidade de um telespectador que ainda não sabia ao certo como tinha sido a prisão de Saddam ou queria revê-la. Deve-se reforçar que a detenção do ex-presidente do Iraque é o grande fato gerador de toda a notícia. Há quatro sub-blocos:

1. O julgamento e o destino de Saddam – possibilidades e acusações.
2. A performance da captura.
3. A repercussão social, política e econômica.
4. As ações seguintes de Bush: como fica a ocupação do Iraque e os dividendos políticos advindos da captura.

Cada um desses sub-blocos tem um esquema básico: apresentador – off do correspondente – sonoras – boletim do correspondente. Só no terceiro bloco observamos uma entrevista. Como o final de um bloco e o ressurgimento do apresentador no estúdio podem dar sentido de término da matéria, apresenta-se o selo do assunto. Desse modo, o telespectador sabe instantaneamente que a matéria tem continuação. O primeiro sub-bloco é o de sanção ao ex-ditador. Vale notar que esse fato também aparece nos outros sub-blocos, principalmente no último, porém com menos destaque. Questionar o futuro de Saddam é um elemento de atualização importante. Só que não rende bons teipes, pois há pouca movimentação. Observe-se o papel reservado a Bush, de "julgador". Do ponto de vista televisivo, isso corresponde a um homem parado, falando em frente a um microfone. O problema da monotonia é resolvido com o grande uso de gravações de arquivo intercaladas nessa fala. Esse recurso de montagem também preenche os offs dos correspondentes.

O efeito de atualidade determina um modo de organização da matéria. É considerado mais importante tudo o que se vincula ao sentido de "agora" do telespectador. Não se deve pensar, porém, que a captura do ex-ditador, como fato jornalístico, tinha envelhecido. O que o *JN* faz é "reatualizá-lo". O momento de referência não é mais o passado. Não é mais o "sábado" da captura. Os jornalistas comentam o presente e o futuro. Discutem formas de julgar Saddam "neste momento" e o que acontecerá com o ditador nos próximos dias, semanas, meses. O efeito de atualidade da narração dos jornalistas se sobrepõe inclusive às cenas de arquivo.

Manchetes e, depois, a cabeça da matéria têm a função de desencadear a curiosidade do telespectador. É a estratégia de sustentação. O público deve ficar tenso e atento para acompanhar todo o desenrolar da reportagem e do programa. Esse telespectador, no entanto, precisa ser altamente estimulado, o que remete a uma estratégia de arrebatamento contínua. Vejamos. A notícia analisada tem dez minutos e quarenta segundos (começa em 1min16s e termina em 11min56s), além de 130 fragmentos. O grande número de fragmentos indica que o simulacro do telespectador é pensado como o de alguém com reduzido potencial de atenção. Sem uma enorme carga de estimulação, ele muda de canal.

Justifiquemos nossa preocupação com a fragmentação textual. Inicialmente, trata-se do recurso mais facilmente verificável de montagem e mostra bem as consequências de estratégias ligadas ao manejo perceptivo desencadeadas pelo controle do plano de expressão, ou seja, pelos efeitos obtidos com o jogo entre fragmentos que "duram" e outros "pontuais", que chegam a ter menos de um segundo. No entanto, é preciso fazer um lembrete importante, notadamente em um trabalho cuja preocupação é considerar o objeto telejornalístico em seu caráter mais abrangente: há uma série de outras estratégias que também avivam a curiosidade no nível sensível. São descontinuidades encontradas no interior de um mesmo fragmento. É por essa razão que descrevemos as mudanças de planos, o constante ir e vir da câmera (categoria *afastamento* x *aproximação*) e também a quase obsessiva escolha dos editores em mostrar pessoas e objetos em movimento (categoria *ativo* x *inativo*). Em TV, não pode existir monotonia para os sentidos, especialmente para o olhar.

Existem outros efeitos importantes da montagem. Há uma mudança a cada 4,9 segundos, só que esse raciocínio, que remete a uma média, não corresponde à realidade do programa. Vejamos o gráfico a seguir, que faz uma representação da duração dos fragmentos em segundos. O que podemos notar, inicialmente, é que a matéria "pulsa", ou seja, nunca tem fragmentos com a mesma duração por muito tempo. Há momentos mais longos entremeados por outros com "pedaços" mais curtos:

RELAÇÃO ENTRE FRAGMENTO E DURAÇÃO

Diversos fragmentos têm menos de um segundo. Apenas quatro ultrapassam 22 segundos, a duração máxima. Se a matéria for dividida em quatro partes iguais de tempo, o primeiro trecho tem os menores segmentos.

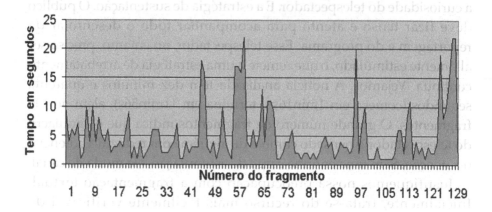

Isso faz com que o telespectador sinta que tudo passa muito rapidamente. Essa forte aceleração inicial, reunida a conteúdos informativos atualizados – portanto, mais chamativos –, mostra que os primeiros segundos são entendidos como os que devem concentrar as principais estratégias de geração de laços enunciador-enunciatário. O telespectador vai julgar se uma matéria é pertinente principalmente no início da apresentação. Depois de um começo "tenso", verificam-se trechos mais longos entremeados por momentos de retomada de fragmentos curtos com uma desaceleração no final. O gráfico mostra pelo menos cinco intervalos com fragmentos mais longos e representa essa ideia de um objeto "pulsante".

> Existe uma característica notável em quase todos os "picos" de duração. São fragmentos que apresentam alguém falando para a câmera em plano próximo ou plano médio – o enquadramento que simula uma situação de diálogo –, o que corrobora uma reflexão de Arlindo Machado. O autor enfatiza que "o telejornal é, antes de mais nada, o lugar onde se dão atos de enunciação a respeito dos eventos" (2000: 104). **No telejornalismo, tão importante como mostrar os "fatos" é falar sobre eles, mediá-los.** Assim como pudemos notar no programa de rádio analisado anteriormente, os maiores tempos dos fragmentos são os das vozes institucionais.

O mais antigo dos recursos, o do apresentador e do repórter na frente da câmera, continua a ser o que mais se prolonga. Entretanto, é o que menos causa um forte efeito de "novidade". Para compensar, os correspondentes, por exemplo, aparecem nas ruas, em cenários de cartão postal. Há os selos junto aos âncoras. A falta de grande impacto "imagético" também é compensada por estratégias como a de criação de curiosidades específicas relacionadas à notícia, a entonação na hora de narrá-la ou comentá-la, o sentido de familiaridade que os profissionais despertam e até mesmo as expressões faciais deles.

O boletim de Marcos Losekann, correspondente em Londres, é ilustrativo dessa estratégia. Ele diz: "Na Grã-Bretanha não existe pena capital e o governo daqui já deixou claro que não participará de um julgamento que possa resultar na morte de Saddam Hussein. Para o primeiro ministro Tony Blair, a execução de Saddam criaria um mártir para os terroristas, um fantasma que poderia aterrorizar o mundo pra sempre". Além de uma informação com grande carga persuasiva – a possibilidade de mais atentados terroristas – há um efeito de desaceleração discursiva da fala do correspondente. Ele praticamente cria reticências no final de sua frase, o que dá ainda mais "peso" à sua enunciação "...aterrorizar o mundo... pra sempre." Essa mesma característica aparece nas intervenções dos outros correspondentes.

No caso da reportagem sobre Saddam, há ainda dois pedaços longos que correspondem às duas animações em terceira dimensão. Entretanto, há enorme movimentação de elementos ou da câmera virtual, o que compensa a duração do segmento.

A FALA COMO ELEMENTO ARTICULADOR

Nossa primeira hipótese, diante do material, era a de que a reunião de um grande número de fragmentos com pouca duração correspondia a pontos altos, de maior atenção. As falas dos apresentadores, e dos correspondentes nos *stand-ups*, seriam momentos de sensível perda de interesse, mesmo com os recursos citados, mas necessários para "descansar" o telespectador após uma bateria de estímulos notadamente visuais. Menos tenso, o enunciatário seria então apresentado a uma nova saraivada de pedaços de cenas. O estudo do material mostra que não é exatamente assim que a estrutura funciona. O esquema básico de uma reportagem de TV – cabeça de matéria – off do repórter (ou correspondente) – sonoras – boletim em *stand-up* – revela que cada segmento é pensado para ter um potencial de arrebatamento, sustentação e fidelização diferenciado e, ao mesmo tempo, em grande relação. *Grosso modo*, pode-se dizer que cada uma dessas partes citadas tem "recursos próprios" para prender a atenção, mas estão estreitamente relacionados. É evidente – e isso foi dito anteriormente – que há uma estrutura que busca máxima tensão no início e um certo relaxamento no final, com certos momentos mais acelerados do que outros. Esse ritmo é inerente a cada notícia e, por sua vez, ao conjunto do programa, como analisamos.

Só que, ao contrário do radiojornalismo, que utiliza com muita parcimônia e somente em momentos bem definidos um grande número de diferentes estímulos verbais, musicais, ruídos e efeitos sonoros, no jornalismo de televisão existe intenso relacionamento entre diferentes substâncias de expressão na maior parte dos momentos. Analisemos a razão de o telespectador não se perder e ficar prestando atenção a tudo o que lhe é oferecido.

A sensação de se ver diante de uma única enunciação, com tantos elementos, é produto de uma articulação, no fluxo temporal, entre uma narrativa falada e segmentos (geralmente trechos de gravações, com áudio e vídeo) que expõe alguns pontos de funcionamento da textualização nesse objeto. A fala dos apresentadores e correspondentes ocupa lugar privilegiado. Eles contam histórias. Começam pelo momento de maior tensão, o clímax, e tentam motivar a curiosidade do público para saber os detalhes.

Na tela, há diversas formas de se contar uma história, que podem ser complementares. Alguém pode narrar diretamente, ou seja, aparecer falando na frente das câmeras, ou indiretamente, o citado off. O último recurso é bastante usado no telejornalismo. Ouvimos a voz do repórter ou do apresentador e vemos as gravações correspondentes, sem a presença deles no vídeo.

A câmera também pode fazer o papel de narradora. Arlindo Machado (2000: 101) afirma que, no cinema, a câmera pode assumir o ponto de vista de um "sujeito narrador onividente e tomar todas as imagens e sons considerados importantes para a plena visualização e audição da história".

> A possibilidade de se utilizar a câmera como narradora, sem apoio do verbal, é pouco utilizada no telejornalismo analisado. E por várias razões. É comum uma história estar em pleno andamento e não ser totalmente acessível aos jornalistas que devem reportá-la, caso de ações de guerra. Mais corriqueiro é o fato já ter acontecido e necessitar ser reatualizado, como mostra a notícia sobre a prisão de Saddam. No cinema, esse momento pode ser "recriado". No noticiário da TV, contudo, não é possível voltar no tempo. Refilmar o acontecimento traz enormes problemas: custo de produção alto, muito tempo para tudo ficar pronto e até a quebra de uma das cláusulas do contrato entre jornal e público: o telespectador espera "a realidade", não peças de ficção que simulam o "real". A solução encontrada pelos telejornais é mais simples. **Mostra-se alguém que conte a história**. A essa narração são adicionados fragmentos existentes de filmagens. Esse é o recurso mais usual.

Guilherme Jorge Rezende (2000: 272), que analisou, entre 14 e 19 de agosto de 1996, seis edições do *Jornal Nacional*, do *Jornal da Cultura* (TV Cultura de São Paulo), e do extinto *Telejornal Brasil*, do SBT (transformado depois em *Jornal da Record*, comandado por Boris Casoy), concluiu que:

> sem exceção, todas as matérias divulgadas nas seis edições dos três telejornais utilizaram-se da expressão verbal. Nenhuma informação foi transmitida apenas por imagens. O telejornalismo [...] baseado apenas na capacidade informativa da imagem, ficou muito longe da realidade. O que se detectou mesmo foi a função insubstituível da palavra, comentando, explicando, esclarecendo a informação visual ou até mesmo comandando o processo de composição jornalística na TV.

A análise, no entanto, precisa se servir dessas observações com certo cuidado. Inicialmente, a significação do telejornalismo não pode ser pensada em termos de oposição ou hierarquização simples entre o verbal e o "imagético". O que a pesquisa de Rezende evidencia é a forma de organização do discurso telejornalístico. A trilha de áudio das narrações serve como ponto de organização discursiva e, principalmente, de instauração de um ponto de vista sobre o que se vê e ouve (como um som em segundo plano, por exemplo). Por outro lado, é evidente que a base narrativa verbal foi construída também a partir do conjunto

176 A MÍDIA E SEUS TRUQUES

de informações e gravações obtidas. Antes de explicar melhor esse ponto, convém dizer que não estamos querendo retomar um assunto já criticado. Trata-se da inútil tentativa de mostrar se o "verbal" é mais importante na TV do que o "visual" ou vice-versa. Ao contrário, queremos apontar certas características do texto telejornalístico e de organização de suas unidades por meio dos recursos de montagem. Chamar os fragmentos de "imagens", por exemplo, é muitas vezes um reducionismo. Pode-se notar que diversos segmentos têm som (fala e ruídos) além da imagem. São, portanto, fragmentos que apresentam sincretismo. Alguns são pequenas sequências, pedaços de uma história mostrada em diferentes ângulos. Nem todas são "sonoras".

Citamos que foram anotadas 130 fragmentações na reportagem sobre a prisão de Saddam. O mesmo não acontece com o áudio, com as falas. No total, existem apenas 36 fragmentações de áudio, de vozes, que correspondem a 14 falantes. O número inclui os apresentadores, os correspondentes, os dois cidadãos norte-americanos ouvidos e a entrevista com o representante brasileiro em Bagdá, além das pequenas falas em inglês de Bush, dos militares americanos no Iraque, de Tony Blair. Chamaremos de *intercalação* a correspondência entre uma fala (segmento de áudio) e os segmentos visuais que o acompanham, com ou sem som original. As intercalações têm como base o que poderíamos nomear de uma trilha de áudio principal. Se observarmos atentamente, os maiores segmentos de áudio são dos correspondentes e dos apresentadores, as vozes institucionais. O maior número de intercalações, principalmente de fragmentos curtos, acontece no momento em que se ouve a voz em off dos correspondentes. Os jornalistas contam ou comentam as histórias que vão sendo mostradas nos fragmentos audiovisuais. Um dos segmentos de narração em off da correspondente em Nova York, Cristina Serra, apresenta 18 fragmentos com imagem e som.

Em certos momentos, o áudio da trilha sonora principal corresponde à imagem que se vê na tela. É o caso das falas dos âncoras no estúdio e dos correspondentes em *stand-ups*. Eles enunciam a notícia na forma de uma narrativa falada ou *intercalante*. As gravações que se sucedem – com ou sem áudio próprio (ou secundário) – surgem como fragmentos relacionados a essa narrativa principal (ou mostrada), os quais vão sendo *intercalados*. Para que a atenção do telespectador não se perca diante de tanto estímulo, a trilha de áudio principal continua a se sobrepor, a ser ouvida (caso dos correspondentes explicando manifestações) na sucessão de fragmentos. Em alguns momentos específicos, o áudio principal se alterna ou cede lugar ao áudio secundário ou original em um mesmo fragmento ou conjunto de fragmentos para ser novamente retomado.

Exemplifiquemos. Ao iniciar o bloco sobre a prisão de Saddam, o apresentador Heraldo Pereira afirma: "Saddam Hussein queria negociar com os soldados perto de sua cidade natal, Tikrit. Militares norte-americanos no Iraque se surpreenderam com a falta de reação do ex-ditador no momento da prisão e com as condições do local em que ele estava escondido". Novamente, há a apresentação de um momento clímax. O telespectador é convidado a acompanhar o que motivou esse ponto da história. No segmento seguinte, ouvimos o off do correspondente, que retoma a mesma história, agora do ponto inicial, para contá-la em detalhes: "Saddam Hussein iria passar a noite de sábado..." Temos aí o áudio principal que determina a narrativa falada *intercalante*. As gravações observáveis em seguida surgem como pedaços *intercalados* à história principal. E servem de "prova" ao que se fala – um efeito de realidade.

A alternância entre o áudio principal e as gravações é feita de modo a permitir que o telespectador possa acompanhar a progressão da notícia sem perder o enredo. O desenvolvimento narrativo se dá por meio da fala, principalmente da dos jornalistas. Os fragmentos audiovisuais são recursos de concretização discursiva, porém, com certas nuances. Diz o correspondente: "Quando os soldados norte-americanos se aproximaram, Saddam correu para o esconderijo subterrâneo do lado de fora. Uma placa de isopor esculpida, como se fosse uma pedra, tapou a entrada". E o que se vê, obviamente, não é Saddam correndo nem se jogando no buraco. Essas cenas, entretanto, cumprem um papel de ancorar o verbal! Ou seja, não é qualquer buraco, não é o buraco que se imagina, mas o buraco mostrado, aquele ali, na tela. O "buraco verdadeiro" serve como subsídio e complemento à imaginação do telespectador, que é provocada com a narração em off. E sua atenção é estimulada justamente porque ele quer ver o "verdadeiro buraco" onde se escondia Saddam. É isso o que ele espera do programa.

O áudio principal é a voz do saber, que organiza e tira proveito dos sentidos gerados pela reunião das gravações, controlando a polissemia ao determinar pessoa, tempo e espaço do que é mostrado e relacionando tudo ao que está sendo dito verbalmente, à narrativa intercalante. A concretude mostrada nas gravações satisfaz a curiosidade de não apenas entender, mas também a de experimentar a vibração da história e a de verificar sua pretensa autenticidade. Os fragmentos municiam, com seus pedaços de conflitos, de gente e até mesmo de salas vazias, a ideia de que tudo o que alguém apresenta, comenta ou descreve tem uma correspondência no mundo real, só pode ser verdade. Funcionam como ilustração do que é dito. Não podemos esquecer que os planos de câmera e a montagem também controlam parte do nível de afetividade ou de inteligibilidade que se quer do enunciatário. Podemos notar como certas paixões são estimuladas. Busca-se, por exemplo, a indignação ao se apresentar o assassinato de inocentes, como mulheres e crianças, no regime de Saddam.

> O estudo da reportagem mostra ainda que diversos fragmentos têm outras funções e relações. Em alguns momentos, a serventia é mais a de manter a atenção, de distrair o olhar, do que de servir de "prova" ao que se narra. É notável, no telejornalismo analisado, ser justamente a **"imagem"** de um acontecimento o fragmento mais curto, **o que parece cansar mais**.

O poder de atenção "imagético" parece estar relacionado ao fato de a cena gravada ser de "constatação" do acontecimento, de um lado, ou de registro da "ação", de outro. A filmagem dos estragos de uma bomba tem um certo impacto. Com certeza, porém, o vídeo que mostra a explosão será muito mais chamativo.

Pode-se observar essa situação, por exemplo, no final da reportagem examinada. O correspondente Luiz Fernando Silva Pinto comenta, por exemplo: "Segundo informações que já vazaram sobre o interrogatório inicial, Saddam Hussein nega que tenha produzido armas de destruição em massa". E o que vemos são os jornais mostrando a captura de Saddam na primeira página.

Quem se der ao trabalho somente de ouvir a matéria analisada do JN perceberá que tem pleno sentido, como se fosse uma gravação de um programa de radiojornalismo. Já a reunião dos fragmentos audiovisuais não teria grande significado, não remeteria a uma história com começo, meio e fim.

MAIS QUESTÕES SOBRE O TEMPO

Uma das principais características dos jornais de fluxo é a possibilidade de parecer enunciar em "tempo real", ou seja, ter uma produção simultânea à recepção. Esse efeito de atualidade é levado ao limite com a transmissão de acontecimentos "ao vivo", caso do acompanhamento jornalístico da longa agonia do presidente Tancredo Neves. O telejornalismo tem outros recursos para simular que a recepção do telespectador se dá no mesmo momento de produção do programa. Machado (2000: 139) chama essa coincidência de "tempo presente" – preferimos a expressão "tempo real" – e diz que é

> um procedimento exclusivo da televisão, pois enquanto a fotografia e o cinema realizam congelamentos, petrificações de um tempo que, uma vez obtido, já é passado, a televisão apresenta o tempo da enunciação como um tempo presente ao espectador. Resulta daí a marca de efemeridade que caracteriza muitos produtos televisuais: a transmissão direta desmoraliza a noção de "obra" como algo perene, durável e estocável, substituindo-a por uma entidade passante, o aqui e agora do faiscar eletrônico.

Inicialmente, vale comentar que essa constatação, na realidade, também vale para o rádio e para a internet, mesmo com os problemas técnicos da rede.

Diante da estrutura do telejornal, o telespectador se defronta com dois tipos de segmentos: um sentido como uma operação em transmissão direta (e vamos insistir, estamos discutindo aqui o domínio do "parecer", do efeito) e outro apresentado como previamente gravado. No primeiro caso, o que surge como transmissão direta mais cotidiana é o trabalho dos apresentadores no estúdio. Na edição analisada de julho, após a escalada, Fátima Bernardes diz: "O *Jornal Nacional* está começando", o que pressupõe um "agora". Na edição de dezembro, Eraldo afirma, também depois da escalada: "Agora, no *Jornal Nacional*". Note-se que a máxima sensação de proximidade com o público-alvo buscada em um telejornal é a do tempo. Os apresentadores do estúdio representam, do ponto de vista temporal, a ideia de uma notícia que teve um desenvolvimento até aquele instante. É por isso que a programação temporal do *JN*, como da maioria dos telejornais, é comandada do estúdio, do espaço que tem um tempo "agora".

Sequências como reportagens, por sua vez, podem ou não ser gravadas. Nos casos analisados, não houve segmentos "ao vivo". Os efeitos de atualidade se basearam mais na discussão de consequências do fato principal, a prisão de Saddam. As narrações, notadamente dos correspondentes, atualizaram os próprios segmentos gravados, muitos deles de arquivo, que serviram para ilustrar as falas. Podemos notar, nesse sentido, o tempo da narração de um correspondente, por exemplo, se sobrepor ou tentando se confundir com o tempo de uma sequência de uma narração mostrada. Há diversas embreagens temporais. Diz Marcos Losekann: "[...] enquanto um iraquiano beija a foto de Saddam Hussein, o outro chora." Surgem duas imagens correspondentes. Só que o presente – o beijar e o chorar – é um presente histórico. Na verdade, o fato já ocorreu. A mesma enunciação que remete ao presente nos informa, exatamente pela ausência de uma identificação sobre um "ao vivo", que o fato é gravado, é passado.

Outro ponto interessante sobre a questão da atualidade, do "ao vivo", é que os jornais de fluxo necessitam cada vez mais enunciar não só sobre o acontecimento mas também "dentro" do acontecimento, quase como parte dele, o que inclui estratégias espaciais. Expliquemos: para acompanhar a eleição do presidente dos Estados Unidos em novembro de 2004, a Globo enviou a apresentadora Fátima Bernardes a Washington D.C. Ela transmitia as notícias de um estúdio no local. Do ponto de vista do conteúdo informativo, não faria a menor diferença a jornalista apresentar o JN nos Estados Unidos ou no Brasil. Os dados chegariam do mesmo jeito e pelos mesmos canais. O que se pretendeu foi justamente o impacto dessa inserção: de que se estava no centro dos fatos, como parte dele.

O CONTROLE DA PERCEPÇÃO:
O USO IDEOLÓGICO DA EDIÇÃO E DOS PLANOS DE CÂMERA

Teóricos e críticos da televisão e do telejornalismo sempre citam o problema da reflexão diante do que é mostrado na tela da TV. Bourdieu (1997: 40), por exemplo, afirma que

> a televisão não é muito propícia à expressão do pensamento. Estabelece um elo, negativo, entre a urgência e o pensamento. É um velho tópico do discurso filosófico: a oposição feita por Platão entre o filósofo que dispõe de tempo e as pessoas que estão na ágora, a praça pública, e que são tomadas pela urgência. Ele diz, mais ou menos, que, na urgência, não se pode pensar. É francamente aristocrático. É o ponto de vista do privilegiado que tem tempo, e que se interroga muito sobre seu privilégio. Mas

este não é o lugar de discutir esse aspecto; o certo é que há um elo entre o pensamento e o tempo. E um dos problemas maiores levantados pela televisão é a questão entre pensamento e velocidade. Pode-se pensar com velocidade?

Na mesma linha, e também citando Platão, Marcondes Filho (2000: 82), diz que

> [...] há algo de podre na eleição do rápido como categoria central do telejornalismo. [...] É preciso notar que o rápido é sempre perigoso e pode facilmente levar a consequências desastrosas. Platão dizia que na urgência não se pode pensar. Bougnoux fala da dificuldade que ela traz de "fechamento do círculo semiótico": o rápido impede o pensar sobre a coisa.

Sem esquecer outros recursos, podemos dizer que câmera e edição, em última instância, controlam o contato do público com os fragmentos e os conteúdos e têm a missão de também administrar como o público deve se sentir e reagir, evidenciando ou desvalorizando certos aspectos do discurso. É importante novamente ressaltar que as relações de conteúdo e expressão se apoiam numa série de efeitos de sentido cristalizados, ou seja, efeitos manipulados pelos jornalistas e decodificados facilmente pelos telespectadores, como o *close-up* citado. Qualquer objeto que for focado pela câmera em detalhes imediatamente será entendido pelo público como "importante" para a trama. Entretanto, esse contato é sobredeterminado pelo tempo de duração desse fragmento. Em cinema e TV, a montagem, o ato de editar, é sinônimo de cortar. E pode-se cortar qualquer coisa: de planos a pedaços de narrativas. A montagem, por fim, define as relações entre unidades, as formas de percepção de valores e o tempo dos fragmentos.

> **Com o manejo dos planos de câmera e da montagem, manipula-se o tempo que o público precisa para pensar e dar ordem aos estímulos.** Em vez de falar do telejornalismo como um gênero televisual no qual é impossível a reflexão, acreditamos que é mais relevante notar como cada programa, cada notícia, de acordo com os interesses ideológicos do enunciador, reforça ou coíbe certos momentos de reflexão, de criação de paixões e o grau de inteligibilidade do assunto quando lhe interessa.

O estudo das chamadas estratégias sensíveis, não só no telejornalismo mas principalmente nesse tipo de objeto, é fundamental para a compreensão dos interesses, valores e objetivos do enunciador para persuadir e manipular o enunciatário. Em objetos de textualização complexa, o acesso à ideologia não está apenas na análise do conteúdo, mas também na maneira de apresentá-lo. Uma estratégia notável, contudo, pelo seu aspecto ideológico, é colocar a matéria da invasão dos sem-terra (Tabela 1, unidade 15) num bloco claramente "policial", depois de uma "longa" reportagem sobre a morte do traficante Marcinho VP e a invasão de um terreno na cidade de São Bernardo do Campo que foi palco do assassinato de um fotógrafo.

A montagem do *Jornal Nacional* cria um ritmo, um tipo de sucessão de tomadas tão diverso e intenso que o público só consegue, na maior parte dos momentos, vivenciar impactos afetivos. Quando tenta elaborar determinado estímulo, já se está em outra notícia, ou no comercial. No *Jornal Nacional*, o ritmo de cortes mostra o investimento na dimensão afetiva. Em outras palavras, o espectador não tem muito tempo para "encaixar" o que vê e ouve ao seu código de valores na maioria das vezes. Devemos notar, entretanto, que o JN cede tempo para o telespectador, por exemplo, quando o líder do sem-terra fala da invasão, como mostramos anteriormente. Ou a fala do presidente Bush ao comentar a prisão de Saddam Hussein. Nesses momentos, interessa ao enunciador que o enunciatário elabore os dados da história.

NOTAS

[1] "As universidades odeiam a televisão", texto disponível no site Videotexto.tv: http://www.videotexto.tv/ab_uniodeiatv.html (último acesso em março de 2005).

[2] Entrevista de Sérgio Groisman a Fernanda Dannemann. "A TV é muito superficial". *Folha de S.Paulo*, Suplemento TV Folha, 10 fevereiro 2002, p. 14.

[3] "A Guerra atrás das Câmeras", reportagem de João Gabriel de Lima, revista *Veja*, edição 1869, 1º setembro 2004, pp. 106-7.

O JORNALISMO IMPRESSO

Neste capítulo, é analisada a produção de sentido dos diários e revistas, a chamada mídia impressa. Os dois meios de comunicação foram colocados em um único item em função de diversas semelhanças, principalmente a forma de textualização baseada no manejo do espaço do plano de expressão. Faremos, no entanto, um levantamento minucioso das diferenças entre as publicações. Para o estudo dos diários, a base é a *Folha de S.Paulo*. As reflexões sobre a significação nas revistas têm como objeto a *Veja*. Em alguns momentos, citaremos outras publicações para enriquecer a discussão. Nos estudos mais específicos de construção textual, e para permitir algumas comparações com os outros noticiários também examinados no livro, verificaremos como foi feita a cobertura da prisão de Saddam Hussein pela *Folha* e pela *Veja*. Como não poderia deixar de ser, este capítulo é o que mais tem amparo nas ideias da minha dissertação de mestrado sobre o semanário de informação da editora Abril, tomada, em diversos aspectos, como ponto de partida para reflexões de maior alcance.

CONSIDERAÇÕES GERAIS SOBRE A *FOLHA DE S.PAULO* E A REVISTA *VEJA*

Proprietários de jornais e revistas afirmam que seus produtos são para a "elite", os chamados formadores de opinião. O diretor de redação da *Folha de S.Paulo*, Otávio Frias Filho, diz que

184 A MÍDIA E SEUS TRUQUES

o consumidor da mercadoria jornal é um indivíduo que tem certas expectativas e certas exigências em termos intelectuais, que estão num patamar um pouco acima da sociedade como um todo. É um fato, não há o que discutir, que já se cristalizou há 50 anos essa distinção entre aquele que é o veículo de informação de massa, a televisão, e o veículo de informação do conjunto das elites, que é o jornal.[1]

Nos últimos anos, essa mesma elite tem preferido revistas aos diários. O ombudsman da *Folha*, Marcelo Beraba, em março de 2005, mostrou que os maiores diários do país enfrentavam quedas de tiragem sem interrupção desde 1996:

Em 1995, a *Folha* chegou a vender uma média diária de 606 mil exemplares. Terminou o ano passado com uma média de 308 mil. Como em 2003 tivera uma média de 315 mil exemplares diários, a queda em um ano foi de 2,3%. Os desempenhos do *Estado* e do *Globo* não são muito diferentes. O jornal do Rio, que naquele mesmo longínquo 1995 chegou a vender 412 mil exemplares por dia, encerrou 2004 com uma média de 257 mil. Em relação a 2003, teve um crescimento pífio de 4 mil exemplares por dia, e foi o único. O *Estado*, que no seu auge alcançou 385 mil exemplares, terminou 2004 com 233 mil, 10 mil a menos do que no ano anterior. Se tomamos por base o ano 2000, os três jornais perderam juntos 31%.[2]

Na mesma coluna, ele arrisca um palpite para a queda nas vendas: "Um dos pontos que as empresas e os jornalistas têm de se perguntar é se a desconfiança não é um dos fatores que estão corroendo a credibilidade e, por tabela, a venda dos grandes jornais".

No entanto, o próprio Marcelo Beraba, três meses depois, na mesma coluna, diz que a confiança dos diários é imensa no Brasil:

É uma surpresa para mim que a credibilidade dos jornais brasileiros esteja em alta. Pesquisa nacional realizada pelo Ibope em maio mostra que a confiança que a população tem nos diários subiu de 65% em setembro de 2003 para 74% no mês passado. Numa relação de 17 instituições e profissões avaliadas, os jornais só perdem em credibilidade para os médicos (85%) e as Forças Armadas (75%) e estão mais bem posicionados que dois de seus concorrentes diretos, o rádio (64%) e a televisão (61%).[3]

E qual a razão da crise, então? Em artigo sobre a renovação de seu mandato, Beraba culpa a concorrência principalmente com sites, rádio e TV:

Acho que a imprensa em geral, e principalmente a imprensa escrita, vive um período de crise de definição, diante da grande concorrência com outros meios mais ágeis. A imprensa está em mutação, está vivendo uma mudança e não tem ainda uma clareza do tipo de modelo que deve adotar.[4]

As revistas semanais, capitaneadas pela *Veja*, tiveram uma circulação semanal em 2004 de quase dois milhões de exemplares. Em meados de março, *Época*, *IstoÉ* e *Veja* deram capa para o novo livro de Paulo Coelho, *O Zahir*. Marcelo Beraba viu na coincidência uma das razões para o sucesso das publicações:

As revistas mudaram muito nos últimos anos. Aos poucos, foram trocando o noticiário pesado dos assuntos públicos, como a política e a economia, por seções mais leves e temas relativos à vida das pessoas, como saúde, finanças, crenças, comportamento. As celebridades têm espaço valorizado. Essa estratégia vem dando certo sob o ponto de vista comercial, tanto que as três revistas tiveram crescimento em relação a 2003. Nesta perspectiva, as capas com Paulo Coelho até que são coerentes.[5]

ORGANIZAÇÃO TEXTUAL: EFEITOS DO PROJETO GRÁFICO E DA DIAGRAMAÇÃO

O estudo das especificidades de diários e revistas tem como ponto de partida o exame da administração de elementos no suporte de papel que mostra como funciona, nos impressos, o gerenciamento do nível de atenção, o caminho do sensível ao inteligível, as estratégias de arrebatamento, sustentação e fidelização da atenção dos leitores. O manejo de suportes, os efeitos de projetos gráficos e de diagramação remetem aos trabalhos de profissionais ligados ao design, nem sempre interessados em discutir as produções de uma perspectiva teórica. Alguns designers apresentam listas de significações rígidas para a confecção de projetos gráficos, geralmente ecoando padrões culturais da moda. É o caso do uso das cores ou tipos gráficos, por exemplo, que aparecem na forma de receitas do gênero "vermelho significa paixão" e *"Times New Roman* é uma letra que sugere seriedade". Por outro lado, diversos jornalistas, pesquisadores e teóricos do jornalismo parecem não valorizar os efeitos dos projetos gráficos nos seus estudos. Tentaremos uma abordagem mais integral.

Qualquer leitor que toma contato com diversos números de uma mesma publicação nota certas recorrências na maneira de as unidades noticiosas serem apresentadas. Isso acontece porque jornais e revistas têm um *projeto gráfico* que define com alguma rigidez a quantidade de colunas em cada página, tipos e características de letras a serem utilizados na manifestação do verbal, como deve ser o posicionamento de fotos e outros elementos, em que parte da publicação certos assuntos deverão ser tratados. Ao mesmo tempo, cada número de um jornal ou de uma revista é diferente de outro no aspecto visual. Isso acontece porque o material que chega às redações e o modo de organizá-lo sempre variam. É preciso, portanto, adequar o projeto gráfico às necessidades do dia a dia do jornal. A execução do projeto gráfico, ou seja, sua aplicação e adaptação ao cotidiano de produção de um diário ou de uma revista, acontece por meio da *diagramação*. Diagramar é, em termos gerais, organizar e manifestar gráfica e plasticamente as unidades noticiosas a partir das necessidades da *edição* (aqui como ato ou efeito de editar). A edição, por sua vez, está atrelada ao projeto editorial do jornal, o conjunto de normas e recomendações que norteiam o trabalho dos jornalistas.

A organização espacial executada pela diagramação expõe uma série de regras que mostram como essas publicações valorizam e diferenciam as unidades noticiosas e como dirigem a percepção dos leitores para que realizem essa mesma operação de reconhecimento da importância das notícias. Na tabela a seguir, apontamos as principais funções da organização textual administrada pela diagramação e como se relacionam com as três estratégias de gerenciamento do nível de atenção.

Funções da organização textual	Estratégia de gerenciamento da atenção mobilizada
Criar iscas para o olhar. Concebe espacialmente uma unidade noticiosa para que tenha pontos de atração de curiosidade, de ordem gráfica, como um título com um corpo de letra maior em relação a outro, uma foto cuja cor crie contraste com o fundo branco, entre outras possibilidades.	**Estratégia de arrebatamento –** As iscas estão relacionadas à criação de descontinuidades do plano de expressão com a função de obter o primeiro engajamento perceptivo do leitor. São, portanto, estratégias de ordem sensível.
Fazer crer em uma fácil legibilidade, o que significa passar a sensação ao leitor de que ele pode ter acesso rápido a tudo o que interessa saber (o que é "importante") na edição inteira. Em outras palavras, o leitor pode transitar facilmente pela publicação e parar somente onde achar necessário.	**Estratégia de sustentação –** Há aqui uma mobilização mais passional do leitor. Ele é persuadido, inicialmente, pela forma de apresentação do jornal, de que pode se informar de maneira rápida e eficiente. Jornais e revistas apresentam-se como um tipo de objeto prático, necessário, bonito, "indispensável" ou que "não dá pra não ler". (Vale lembrar ainda que a "passionalização" do leitor é função principalmente dos conteúdos. Ou seja, é preciso leitura, passagem do sensível para o inteligível. Nesse sentido, a função da diagramação é a de permitir que a importância desses conteúdos se torne visualmente evidente e chamativa por meio da ocupação espacial. O espaço é manipulado para se obter maior ou menor nível de atenção e a correspondente tensão do leitor.)
Instaurar uma comunicação de valores instantânea. O enunciatário consegue identificar, por causa da ocupação espacial, entre outros procedimentos, o tipo de valorização de uma unidade noticiosa. A prisão de Saddam Hussein determinou na *Veja* e na *Folha de S. Paulo* uma grande ocupação espacial, como veremos depois.	
Buscar construir uma publicação atraente, bonita, completa, que alie a beleza ao caráter prático exigido pelo leitor. A diagramação deve manejar, assim, um ritmo, dosando, por exemplo, notas com grandes matérias. Nos textos mais longos, divide o material para não cansar o leitor.	
Criar um sentido de identidade ao material, na repetição de determinados padrões, o que facilita cada vez mais a obtenção da informação buscada pelo enunciatário. Em outras palavras, se o leitor precisa ver a cotação da bolsa, com o tempo saberá rapidamente como conseguir essa informação por conhecer o lugar onde é colocada. A identidade visual, com o tempo, também gera sentido de familiaridade.	**Estratégia de fidelização –** Nasce do contato rotineiro com diferentes edições e da satisfação de saber obter o que se quer com facilidade. Pressupõe contatos anteriores bem-sucedidos. Essa familiaridade em relação ao suporte gráfico-plástico é produto do uso contínuo das mesmas famílias de letras, certos modos de ocupação de espaços e divisões, maneiras rotineiras de valorizar ou desvalorizar conteúdos que criam um código comum entre enunciador e enunciatário.

Uma comparação entre jornais de um certo intervalo de tempo já dá indicações importantes dos sentidos manejados pela diagramação e partilhados entre veículos e leitores. Atentemos ao espaço preenchido pelo título do bloco de manchete principal, a partir da sequência de primeiras páginas da *Folha de S.Paulo* de 12 a 20 de dezembro de 2003, na página anterior.

Em todas as primeiras páginas, a *Folha de S.Paulo* "comunica" qual é o seu assunto principal, destacando-o por meio de um título com um corpo de letra mais proeminente, entre outros recursos. Uma comparação entre as edições mostra que o jornal também dá pesos diferentes para alguns blocos de manchete. Percebemos, com nitidez, uma variação de ocupação espacial. Duas reportagens expõem os limites dessa estratégia: a da captura de Saddam Hussein, que toma o maior espaço, e a do afastamento de dois juízes na Operação Anaconda, que recebeu o menor destaque entre as primeiras páginas. Comparemos a seguir a ocupação espacial desses dois assuntos, assinalados em cinza:

A diferença é muito acentuada. Deve-se observar a variação do corpo de letra dos títulos, que também se relaciona com a ocupação espacial. O de Saddam é o maior entre as primeiras páginas comparadas. A maioria dos títulos de manchetes tem seis colunas, sem segmentação, com cerca de 40 toques. Os dois casos parecem indicar dois extremos na maneira de manifestar as manchetes principais. As fotos de Saddam, principalmente a que o apresenta quase como um mendigo, também recebem destaque. A manchete menor conta apenas com um infográfico.

> A administração dos espaços da página de um jornal está atrelada a conceitos, ao conteúdo. Existe um contrato pressuposto entre leitor e jornal para que os assuntos abordados apareçam hierarquizados por ordem de importância. E essa hierarquização é mostrada visualmente, para um reconhecimento imediato, por meio das diferentes maneiras de ocupação espacial de uma unidade noticiosa, entre outros recursos gráficos. A diagramação está informando, por meio da administração do espaço da página (criação de continuidades ou descontinuidades), o que é mais relevante e tem maior valor como informação. "Traduz", em termos de expressão, o que o leitor pode esperar da notícia no plano de conteúdo, seu valor ou importância em termos de impacto, ineditismo, interesse, atualidade, entre outros.

Na comparação entre edições, os recursos também valorizam, de maneira distinta, a principal notícia do jornal. Nos exemplos citados, comunicam a existência de uma manchete "fraca" e de uma manchete "forte". Analisaremos agora com mais profundidade como são homologados esses valores a uma unidade noticiosa. Em outras palavras, detalharemos o item 3 do gráfico anterior sobre funções da diagramação e do projeto gráfico ("instaurar uma comunicação de valores instantânea").

O diretor de arte Jan V. White, ao apresentar estudos e técnicas sobre projetos gráficos de publicações impressas, faz uma observação que serve para entender as técnicas utilizadas pela *Folha* e reforça um conceito básico de semiótica, de que a significação emerge a partir de diferenças, de descontinuidades. O autor diz que é preciso criar uma espécie de sensação gráfica de "normalidade" para justamente poder valorizar momentos especiais.

> Paradoxalmente, para transmitir excitação, é preciso haver primeiramente enfado, já que o excitamento existe somente em função do contraste. Montanhas obtêm seu drama

dos vales. Se a excitação é tentada em toda a parte, isso resulta numa frenética confusão (uma babel visual). Isso responde por que a extravagância em um projeto só tem sucesso quando é apresentada em um contexto que não é extravagante. (1974: 76)

Na comparação entre os blocos de manchetes, pudemos observar que a manipulação do espaço do jornal é uma forma de administrar a atenção do leitor. O raciocínio também é válido para as revistas. No meu trabalho sobre a revista *Veja* (Hernandes, 2004: 53), apresentei quatro "leis" de diagramação. O exemplo explorado até agora se relaciona à primeira lei. Três outras leis são válidas para todas as formas de noticiários impressos:

Estratégia do plano de expressão	Categorias topológicas de expressão	Correspondência no plano de conteúdo
Primeira lei: o valor de uma unidade noticiosa é proporcional ao espaço a ela concedido. Dar mais espaço valoriza. Dar menos espaço desvaloriza. A lei também vale para os elementos. Por exemplo, se as fotos ocupam mais espaço, somos comunicados de que as imagens estão sendo mais valorizadas.	maior área ocupada x menor área ocupada	maior potencial de atenção x menor potencial de atenção
Segunda lei: tudo o que estiver na parte de cima tem mais valor do que na parte de baixo. A lei é válida tanto para a relação entre unidades noticiosas numa mesma página (ou conjunto de páginas) quanto para elementos de uma única unidade noticiosa. Nos diários, há raros casos em que há um bloco maior no meio da página do que em cima. Nessa situação, a primeira lei prevalece.	parte de cima x parte de baixo	
Terceira lei: a máxima valorização espacial de uma revista ou diário acontece na capa ou na primeira página. Nesse espaço, o enunciador informa o assunto ou assuntos que considera mais importantes na edição.	exterior x interior	
Quarta lei: o início de uma unidade noticiosa é o espaço mais valorizado. Essa lei leva à colocação das principais informações e dos elementos de mais impacto sempre no começo.	inicial x final	

Devemos lembrar também que as leis de diagramação que citamos estão baseadas na maneira de um ocidental ler um texto verbal: uma sequência de começo, meio e fim, da esquerda para a direita, da parte de cima para a parte de baixo. E que não se trata de algo "natural", como pode parecer. Existem outras formas de diagramar publicações com diferentes efeito.

A diagramação de jornais e revistas, ao integrar títulos, fotos, matérias, legendas, infográficos em uma ou mais páginas, dá a quase todos esses elementos uma forma quadrada ou retangular. Dessa maneira, há um encaixe sem sobras, sem espaços em branco na maior parte da área normalmente utilizável das páginas (conhecida por mancha gráfica). Esses elementos quadrados e retangulares quase sempre aparecem meticulosamente reunidos em "módulos", em quadrados ou retângulos maiores. Os módulos interessam ao trabalho por diversos motivos. Inicialmente, permitem visualizar as hierarquias e "leis" expostas, já que são meios de organização espacial dos elementos. Cada página é um módulo formado por outros módulos menores. Diagramar é, literalmente, encaixar elementos pertencentes a um assunto dentro de um módulo e relacioná-lo ou separá-lo de outros. Isso dá, ao leitor, a sensação de que o jornal apresenta os assuntos na forma de "blocos" encaixados. Módulos, portanto, expõem a existência de hierarquias internas e externas de unidades. Para esclarecer esse funcionamento, vejamos esse exemplo de uma página de abertura do caderno de esporte da *Folha* de 22 de março de 2005 (D1).

Podemos notar que há somente dois blocos de textos: a matéria sobre a saída do técnico do Santos, destacada em cinza-escuro (bloco maior), e uma *panorâmica* (nome que a *Folha* dá a uma parte com notas de assuntos diversos, mas sobre um mesmo tema), realçada em cinza médio (bloco menor). Cada uma dessas divisões admite outras, ou seja, tem uma hierarquia interna. A matéria principal sobre Oliveira é seguida de outras três, além do infográfico "O Santos em números". A panorâmica, por sua vez, apresenta sua própria "notícia principal", na qual se vê Pelé, Beckenbauer e um leão, que é mascote da Copa do Mundo 2006. Os diferentes elementos das notícias aparecerem hierarquizados pelos módulos. A modulação de unidades (ou seja, a apresentação conjunta de fotos, gráfico, matéria, título) dentro de um único tema, visualmente agrupadas em um bloco, torna rentável para a análise

observar a categoria de expressão *englobante* x *englobado*, que vai variar dependendo do recorte que se faça: da edição inteira a uma nota.

Todo jornal (e uma revista também) é constituído por esses módulos, que fazem com que as unidades noticiosas apareçam na forma de blocos. Essa organização guia a atenção do leitor e informa o valor das notícias na visão do enunciador. Quanto maior o bloco, maior a importância da notícia. As leis de diagramação podem ser pensadas também como prescrições de como montar os módulos.

Cada módulo submete diferentes elementos (fotos, títulos, gráficos) a uma única forma, a gráfico-plástica, e força o olhar do leitor a relacioná-los visualmente. É o módulo que faz o papel de "unificador" mais importante de elementos ao determinar a inter-relação espacial entre as unidades.

DIVISÕES DO JORNAL, SUPORTE E A ATUALIDADE DA NOTÍCIA

Ao contrário do rádio e da TV, meios de comunicação impressos têm um ordenamento muito rígido de blocos de assuntos, na forma

194 A MÍDIA E SEUS TRUQUES

de editorias, seções, colunas fixas. No *Jornal Nacional*, por exemplo, a prisão de Saddam ocupou um quarto do programa e apareceu logo no início. Na *Folha*, esse assunto só poderia aparecer, mesmo com todo o destaque, no caderno Mundo, dedicado aos assuntos internacionais, e que vem necessariamente antes da editoria Brasil e dos editoriais. Esse ordenamento não se altera com a importância da notícia.

É nesse sentido que falamos em rigidez, principalmente dos diários. Além disso, há nos impressos suplementos, edições especiais e, no caso dos diários, até mesmo o encarte de revistas. Nas justificativas para mudanças do Projeto Editorial 1988-1989, da *Folha de S.Paulo*, há uma explicação para o projeto gráfico ter tantas divisões: "Segmentamos o jornal em cadernos e suplementos, de modo a organizar psicologicamente a leitura e atrair novas frações do leitorado."[6] Vamos agora analisar e verificar os efeitos dessa "organização da leitura" na *Folha* e na *Veja*.

Folha de S.Paulo – Comecemos pelo diário. Cada número da *Folha* apresenta unidades noticiosas organizadas a partir de dois tipos básicos de intervalos de tempo. O primeiro e mais evidente é o de 24 horas. O diretor de redação da *Folha de S.Paulo*, Otávio Frias Filho, preocupado com o futuro do jornal diante de novas tecnologias de informação, afirma que esse período define inclusive o tipo de jornalismo realizado:

> Na *Folha* fazemos uma análise de que, por parte de um contingente grande de pessoas, continua e continuará havendo a demanda por um panorama noticioso que reflita o que aconteceu de essencial nas últimas 24 horas. Entendemos que é esse ritmo de 24 horas e não o suporte – que pode ser tanto o papel quanto a tela – que define o jornal. Consideramos que essa necessidade até se acentua, na medida em que existe uma oferta muito grande, inassimilável de informação, com níveis de credibilidade muito díspares.[7]

No ciclo de 24 horas, há as seguintes partes e editorias: Primeira Página, Opinião, Brasil, Mundo, Ciência, Dinheiro, Cotidiano, Esporte, Ilustrada.

Além do ciclo de 24 horas, existe um outro, semanal (Folhateen, Informática, Equilíbrio, Turismo, Folhinha, Sinapse, Guia da Folha). Seções, cadernos especiais e revistas se repetem dentro desse segundo período, marcado por um ápice, a edição de domingo, a mais vendida, que reúne os assuntos mais analíticos, tem o maior número de páginas, mais suplementos, cadernos, revistas (Mais, Revista da *Folha*, Folha Veículos, Folha Construção, Empregos, Folha Negócios, Folha Imóveis).

Na *Folha*, há ainda um suplemento mensal, o Sinapse, que é encartado no jornal toda última terça-feira do mês. Sua pequena importância editorial não justifica, no entanto, pensar em um terceiro ciclo, mensal.

A segmentação rotineira do jornal ainda tem mais ramificações. Em 2005, o Cotidiano tinha três versões: a paulista, uma regional (Ribeirão Preto) e a Nacional.[8] Na *Folha de S.Paulo* existem também dois "fechamentos". A conclusão da edição nacional acontece geralmente às 20h e a da edição paulista, às 23h15. O jornal que os paulistas recebem, portanto, pode ter notícia mais atualizada. No entanto, esses fechamentos distintos privilegiam principalmente a adequação da primeira página aos diferentes tipos de leitores. A edição nacional deve parecer menos paulista. Comparemos, por exemplo, essas duas páginas iniciais de 8 de fevereiro de 2005. A primeira é a da edição nacional. A segunda, a da edição paulista:

Edição nacional

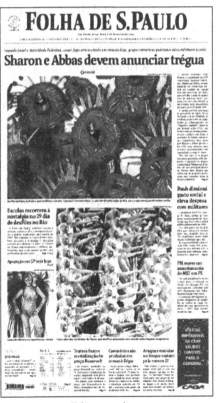
Edição paulista

Na edição nacional, há destaque – com foto – para um encontro de maracatus em Pernambuco. Já a notícia "Teatros fazem revitalização da praça Roosevelt", da edição paulista, não é encontrada na nacional. Na versão de São Paulo, vale notar o destaque maior para o Carnaval carioca. A diferença entre os fechamentos das edições resultou, nesse dia, em efeitos de atualidade diferentes. Na edição nacional, a manchete comentava o primeiro dia de desfile. Na edição paulista, o título era: "Escolas recorrem à nostalgia no 2º dia de desfiles no Rio". O leitor paulista recebeu um jornal com notícias mais atuais e, portanto, com maior poder de despertar a atenção.

Veja – a revista da editora Abril, de ciclo semanal, tem uma estrutura menor. Inicialmente, há dois suplementos regionais encadernados toda semana junto com a revista, a *Veja São Paulo* e a *Veja Rio*. Na prática, os habitantes da Grande São Paulo e da Grande Rio recebem duas revistas. Periodicamente, *Veja* apresenta edições especiais sobre crianças, jovens, mulheres, homens, tecnologia, ecologia e saúde e edições regionais que não têm periodicidade definida, como *Veja Nordeste*, *Veja Belo Horizonte*, *Veja Brasília*, *Veja Curitiba*, *Veja Porto Alegre*, *Veja Recife*, *Veja Salvador*, *Veja Goiânia*, *Veja Campinas*, *Veja Fortaleza*.[9] Podemos notar novamente a necessidade de buscar um sentido de proximidade espacial com o leitor.

A edição principal de *Veja* tem cerca de oitenta páginas de jornalismo. Podemos encontrar editorias comuns nos diários: Brasil, Geral, Economia e Negócios, Internacional e Artes e Espetáculos. Existe também um grande número de seções. Há sempre uma entrevista em páginas amarelas. Em Cartas, Holofote, Contexto, Radar, Veja Essa, Gente, Datas, Veja Recomenda, Os Livros Mais Vendidos, a revista apresenta informação na forma de notas muito curtas. Colaboradores têm espaço fixo, há a página de humor, espaço para comentaristas e a seção Ponto de Vista, que alterna vários autores. Alguns jornalistas têm espaços exclusivos. E a página final é sempre dedicada a um ensaio de Roberto Pompeu de Toledo. Há ainda uma área de serviços chamada Guia, que tanto pode dizer a uma futura mãe o que ela pode ou não fazer para ter uma gravidez saudável como apresentar uma receita para montar um computador.

Na *Veja São Paulo*, o leitor encontra outras vinte páginas de reportagens – quase todas reservadas a consumo, comportamento, comida, compras e turismo, além do Roteiro da Semana, com cerca de cinquenta páginas de dicas de restaurantes, shows, bares, peças de teatro, filmes, exposições. A última página é reservada a uma crônica. *Veja*, portanto, para os leitores dos grandes centros paulistas ou fluminenses, oferece pouco mais de cem páginas de jornalismo por semana (sem contar as informações do Roteiro da Semana). Outro ponto: *Veja* faz bastante uso da estratégia conhecida como cruzamento de mídias. A edição de papel coloca à disposição dos leitores a possibilidade de saber mais de um assunto, ver mais imagens, ouvir trechos inéditos de entrevistas, conhecer *trailer* de filmes por meio de consulta ao site *Veja On-line*. Os leitores internacionais têm à disposição ainda uma assinatura da *Veja* em versão digital. Neste trabalho, consideramos que a base impressa da revista ainda se sobrepõe e comanda as outras formas de interação com o público-alvo.

Inicialmente, devemos observar que o leitor da *Veja* ou da *Folha* não tem como conhecer certos aspectos da segmentação dos noticiários. É o caso da adaptação dos formatos às necessidades regionais, estaduais e nacionais. Há efeitos de proximidade, principalmente de ordem afetiva, que pretendem mostrar que os impressos apresentam notícias do Brasil e do mundo, mas colocam no mesmo nível de valorização espacial e editorial o que acontece no espaço considerado mais importante pelo leitor, o do cotidiano, o "aqui" de suas práticas habituais.

> **Nos jornais e revistas, o leitor administra o contato com as notícias,** o que não acontece nos noticiários de rádio e de TV. Na revista, o raciocínio não é diferente. Na *Folha* espera-se que o leitor tome conhecimento do resumo e da hierarquização das principais notícias por meio da primeira página e, depois, graças à divisão e à ordem dos cadernos, decida o que ver. Já a revista *Veja* apresenta na primeira página apenas a reportagem principal e, às vezes, uma outra notícia em menor destaque. A página inicial do semanário não tem, como no jornal, a característica de ser uma síntese da própria edição. É preciso folheá-lo para conhecer o conteúdo.

Nos grandes diários, como a *Folha*, é possível notar, por meio da primeira página, que as notícias mais destacadas em blocos de manchete são as relativas às questões políticas de maneira geral. Assuntos das editorias de Geral, Economia, Cotidiano, Brasil, quando se apresentam em manchete de primeira página, são valorizados a partir do viés político.

Como quase todos os noticiários analisados, jornais diários e revistas semanais têm uma estrutura *"happy end"*. Basta verificar a disposição de assuntos e dos respectivos cadernos. Na ordem normal de leitura, o leitor do diário toma contato inicial com os conteúdos mais "densos" até chegar aos cadernos com notícias mais "leves". Geralmente, no caderno A, encontramos a capa, editoriais no Opinião, depois Brasil, Mundo, Ciência. O caderno B é somente o Folha Dinheiro. O caderno C trata do cotidiano. O D, de Esportes. A Ilustrada ocupa todo o caderno E. Se for uma quinta-feira, o Turismo vai tomar todo o caderno F.

Se na *Folha* há um relaxamento gradual e constante, na *Veja* a estratégia é um pouco diferente. A revista, apesar de ser também relaxante no final, tenta de alguma forma espalhar os assuntos de variedades e comportamento junto a outros das editorias Brasil, Geral, Economia e Negócios, Internacional. Se não levarmos em consideração o efeito da primeira página – que varia bastante ao apresentar assuntos de todos os pesos – podemos notar que *Veja* tenta, com temas leves (entrevistas, página humorística do Millôr, as duas páginas de frases de celebridades) obter a atenção do leitor, prepará-lo para os assuntos mais densos e, depois, no final, retomar o relaxamento, com os serviços do Guia e os comentários sobre o mundo das artes e do entretenimento.

Expliquemos melhor a manipulação de estados de tensão e de relaxamento do leitor durante a leitura de uma edição. Como as notícias de política apelam mais para o lado "cidadão", ou público, do enunciatário, não é preciso grande elucubração para verificar que, no caso do leitor brasileiro, quase sempre mobilizam paixões negativas, disfóricas, como medo, frustração, tristeza. Por outro lado, unidades noticiosas sobre saúde, beleza, moda, gastronomia, sexualidade promovem paixões eufóricas, principalmente ligadas à esperança e à satisfação. E relacionam-se ao lado individualista, ou privado, do leitor. Ele se serve delas para se entreter, planejar ações agradáveis, obter saberes relacionados a "oportunidades" para se dar bem.

Do ponto de vista da obtenção da curiosidade, tanto unidades noticiosas de viés político como outras de serviços e diversão devem atrair o leitor, despertar desejos, ou seja, a disforia de querer saber e a satisfação de obter o conhecimento desejado. Temos a já citada *paixão da curiosidade*. Existem, porém, as outras paixões citadas instauradas pelos impressos, relacionadas à manipulação de afetos e de outros níveis de relaxamento e de tensão do enunciatário. Descrevemos que as estratégias de sustentação envolvem a projeção do enunciatário nas histórias reportadas. As notícias instauram *paixões empáticas*, ou seja, devem fazer o leitor se envolver afetivamente com as narrativas. Notícias de viés político geralmente produzem paixões empáticas disfóricas, de falta, de disjunção sujeito-objeto. Já as unidades noticiosas de cultura, lazer, e entretenimento geram paixões empáticas eufóricas, de esperança de junção sujeito-objeto. É por isso que algumas pessoas começam a leitura da *Veja* ou da *Folha de S.Paulo* pelas páginas finais. Estão atrás do que consideram mais relaxante.

Note-se que, em um diário, as partes inicias têm notícias mais densas e que envelhecem rapidamente – notadamente das editorias de política, economia, geral, esportes. Se não forem consumidas imediatamente, perderão impacto. Essas notícias, como já citado, são consideradas "quentes". Já as notícias leves, sobre turismo, comportamento, moda, entretenimento, que ficam nas partes finais, geralmente podem ser publicadas em um intervalo de tempo mais longo. São notícias "frias". Qualquer publicação faz um balanço entre notícias quentes e frias.

Não estamos querendo dizer, com isso, que editorias de cultura, lazer, turismo trabalhem essencialmente com notícias frias. Em qualquer parte do jornal existe a coerção de achar elementos de atualização para hierarquizar certos fatos (os "ganchos" jornalísticos) que construam uma ponte com o cotidiano, com algo que o leitor sinta que "está acontecendo", que é atual. No entanto, essas editorias geralmente apresentam assuntos que despertam a atenção por bastante tempo. A temporada de uma peça de teatro ou de um show, o lançamento de um novo livro, um roteiro de férias são notícias de vida longa. Já a queda de um avião deve ser abordada na edição mais próxima do acontecimento. Trata-se de um fato que esgota seu potencial de atenção rapidamente.

Há outro ponto notável. Unidades noticiosas mais quentes, de viés político, pensadas para os cadernos iniciais, têm formatos mais fixos e com uma diagramação mais presa a regras do projeto gráfico. Já as notícias frias geram um enunciatário cuja única tensão, se existir, é a de leitura com fins de relaxamento. Pode-se observar formatos mais livres, desatrelados das grandes diretrizes do projeto gráfico. A diagramação é mais arejada e aberta à experimentação. É como se um conteúdo sobre questões inovadoras, como as relacionadas a certos comportamentos, por exemplo, necessitassem de um plano de expressão arrojado. É por isso que, na *Folha*, suplementos como Equilíbrio, Folhateen e Sinapse têm formatos diferenciados, tabloide, com uma diagramação variada, muitas vezes exclusiva para cada notícia principal.

200 A MÍDIA E SEUS TRUQUES

A Revista da *Folha*, de ciclo semanal, também tem notícias frias. O formato assemelha-se ao da *Veja*, com papel de qualidade, branco, na parte jornalística (há anúncios em papel jornal). Em outras palavras, há uma vinculação entre a ideia de menor envelhecimento do conteúdo, a diagramação diferenciada e também a durabilidade do papel, mais resistente que o papel jornal. Mobiliza-se o sentido tátil. O tipo de papel vincula-se a uma publicação que pode ser guardada e lida o ano inteiro sem que muitos conteúdos envelheçam. Em 13 de março de 2005, a manchete era "Cuidado, papai na pista – eles cruzam com os filhos na mesma balada, mas cada um segue seu ritmo na hora da azaração." O assunto buscava certa atualidade ligada a novos comportamentos familiares. Mas era uma notícia essencialmente fria.

Toda essa diversidade na forma de apresentar as unidades noticiosas mostra que o jornal diário não apenas trabalha com uma categoria *inicial* x *final* para vincular-se a *notícias quentes* x *notícias frias*. Há também uma relação entre essas categorias, a forma de diagramação e o formato do suporte. Comparemos dois extremos, o caderno A (inicial) e a Revista da *Folha*.

	CADERNO INICIAL Ciclo de 24h	FORMATO REVISTA Ciclo semanal
Expressão	Papel jornal Diagramação fixa	Papel branco Diagramação flexível/diferenciada
Conteúdo	Notícia quente (maior envelhecimento – assuntos mais densos) Efêmero	Notícia fria (menor envelhecimento – assuntos mais leves) Durável

ENTRE O ESSENCIAL E O ACESSÓRIO: A CONSTRUÇÃO DE UM LEITOR FRAGMENTADO

A segmentação das notícias em editorias, cadernos, suplementos tem profundas implicações na construção do leitor das publicações analisadas. Neste estudo dos impressos, o que mais chamou a atenção na hora da análise foi a enorme diferença entre o leitor apreensível da *Folha de S.Paulo* e o de *Veja*, assunto que iremos discutir neste item. A *Folha* não instaura um, mas vários leitores diferentes no mesmo texto. A *Veja*, ao contrário, projeta e se dirige a apenas um leitor, bem recortado e delimitado. E a revista tem ainda um mesmo "tom", um mesmo "estilo" e um modo único de escolher e apresentar notícias (Hernandes, 2004). A diagramação da *Veja* cria um ritmo entre notas e matérias mais longas, entre o que é político e cultural, sem nunca perder a identidade na hora de apresentar o que considera notícia. Já a diagramação da *Folha* ajusta-se ao perfil de seus diferentes enunciatários, mesmo que todos tenham como característica pertencer à "elite".

Décadas atrás, grandes diários como a *Folha* e *O Estado* tinham duas divisões básicas. Havia a parte de notícias quentes, do dia a dia, com assuntos políticos, econômicos, sociais, policiais e as *features*, as notícias frias. Na *Folha*, o caderno de variedades foi chamado de Ilustrada por apresentar, inicialmente, mais fotos. O que era mais atual e "sério", portanto, nessa concepção, não tinha necessidade de muita imagem. Problemas técnicos também motivavam essa divisão, já que as fotos tornavam a edição mais complexa, tanto na parte jornalística quanto na industrial. *O Estadão*, por sua vez, reservou suas matérias frias para o Caderno 2. Já existiam suplementos, como o Infantil e o Feminino, do *Estado*, e até culturais, como o Folhetim, da *Folha*. Essencialmente, porém, podia ser observado um enunciatário desdobrado em duas posições básicas:

- **Sujeito político**, interessado em temas da coletividade. O primeiro caderno da *Folha*, hoje chamado de Brasil, pouco se alterou com o tempo. Podemos utilizá-lo para mostrar que é nessa parte do jornal que esse sujeito é construído com mais propriedade: "A editoria se dedica à vida política, institucional e aos movimentos sociais. Procura oferecer ao leitor informações pluralistas e apartidárias, para que ele exerça sua cidadania."
- **Sujeito lúdico**, que se importa com atividades que lhe dão prazer, como o futebol, os quadrinhos, a peça bem cotada em cartaz. Aliás, a posição do futebol é interessante. Apesar de ser um assunto que pode ser tratado como "quente", é também diversão. Não sem razão, em um diário, o esporte fica sempre próximo à parte de cultura e entretenimento, quase como uma passagem entre os cadernos de assuntos densos e os de temas mais leves.

Essa classificação dá conta das características do enunciatário dos jornais do passado recente. Não afirma, em hipótese alguma, a inexistência de um sujeito político no caderno de cultura, por exemplo.

Ressaltamos, com essa divisão, apenas o que há de mais determinante nesses espaços. Passemos agora para a análise que leva em consideração os efeitos das segmentações atuais. Surgem dois novos sujeitos:

- **Sujeito pragmático** – Ao contrário do sujeito político, que quer ter uma visão da coletividade e de seu papel nela, o pragmático espera encontrar no jornal soluções rápidas para seus problemas práticos. A Folha Cotidiano, por exemplo, "oferece ao leitor informações úteis ao seu dia a dia nas áreas de segurança, educação e direito do consumidor"; a Folha Dinheiro mostra como aplicar bem os recursos; a Folha Turismo aponta a melhor e mais vantajosa viagem; a Folha Negócios orienta como abrir e gerir uma empresa, entre outros exemplos.
- **Sujeito harmonizador** – É o que está interessado em "qualidade de vida", ou seja, meios de se ter mais saúde, de buscar equilíbrio, de viver relações mais satisfatórias. Ele pode ser tanto **científico**, ligado às descobertas de novos remédios e tratamentos médicos, por exemplo, como **místico**, que percebe a vida regida por forças divinas, dos planetas, da natureza.

Nossa hipótese, a partir da proliferação de cadernos, suplementos e revistas, é que o jornal apela, cada vez mais, para o leitor interessado em *matérias de serviço*, que incluem os interesses do sujeito lúdico, pragmático e harmonizador. A única dúvida que tivemos ao tentar montar essa classificação foi onde colocar os "serviços de utilidade pública", ou seja, os momentos nos quais um leitor, ou uma comunidade, utiliza o jornal para fazer valer determinados direitos reconhecidos, mas não aplicados. O que pudemos notar, ao verificar certos casos, é que, na verdade, essa situação é fruto da relação entre duas ou mais "posições de sujeito". Alguém que usa um jornal como força de pressão está, ao mesmo tempo, na posição de sujeito político e pragmático. Quando a rádio Eldorado, por exemplo, fez campanha pela despoluição do rio Tietê, que atravessa o estado de São Paulo, mobilizou, ao mesmo tempo, o sujeito político, o pragmático e o harmonizador.

Em nosso trabalho sobre a revista *Veja* (Hernandes, 2004), chamamos a atenção para o fato de as matérias de serviço terem certas características:

- A dinâmica social é apresentada como jogo de oportunidades, de indivíduo contra indivíduo.

- Os textos de serviços trabalham a ideia de que determinadas informações são fator decisivo de vantagem pessoal e até de sobrevivência pessoal.
- Com matérias de serviço, o jornal humaniza sua imagem ao parecer uma espécie de amigo, conselheiro ou cúmplice que vai doar o saber decisivo para o leitor satisfazer suas necessidades.
- As matérias de serviços camuflam, não raras vezes, uma base ideológica de concepção anticidadã ao deixar subentendido que a solução individual é mais importante e eficaz que a solução coletiva.

Como pudemos verificar na divisão de cadernos da *Folha de S.Paulo* e no tratamento do que é manchete, os assuntos políticos são colocados como "obrigatórios" aos leitores, um dever ler, mesmo com todos os cuidados para buscar a curiosidade do leitor em função de estratégias de arrebatamento e sustentação. Com as matérias de serviços, a *Folha* estaria contrabalançando a disforia dos temas políticos com a euforia das notícias sobre serviços. Compensaria as paixões de falta, relacionadas às aflições coletivas dos brasileiros, por paixões de solução de falta, vinculadas às satisfações individuais, como a compra do melhor microcomputador do mercado pelo menor preço por meio de uma dica do Folha Informática. Essa procura de equilíbrio entre os assuntos abordados tem uma grande razão: o medo de perder o leitor.

É possível notar que a *Folha* (e, ao que tudo indica, outros diários) tomou um caminho distinto do de *Veja* e do das outras revistas semanais de informação. Em vez de pensar o enunciatário globalmente, os jornais o fragmentaram, assumiram a pulverização. Não abandonaram a ênfase política, mas criaram cadernos e revistas para agradar a esses diferentes destinatários. A busca pela satisfação dos leitores pragmáticos, lúdicos e harmonizadores expõe a influência crescente do marketing sobre a tradição de guardiões da verdade e dos interesses coletivos que os noticiários impressos gostam de assumir. A *Folha* estampa na sua primeira página que é "um jornal a serviço do Brasil". Em outras palavras, a vocação missionária dos impressos parece se chocar com o papel utilitarista e cada vez mais "prático" que precisam vender para parcela dos seus leitores. Em publicidades institucionais veiculadas no próprio jornal, a *Folha* escolhe mostrar como vantagem justamente a segmentação:

Nesse anúncio, a *Folha* mostra o significado da sua enorme fragmentação: o de parecer um "jornal completo", o que corrobora nosso estudo. No canto esquerdo pode-se ler que "a Folha tem cadernos para tudo e para todos". O caminho adotado pelo jornal, portanto, foi o de apresentar várias publicações diferentes dentro de uma mesma edição ou de um ciclo de edições. Investir no sujeito político e preocupado com a coletividade garante a credibilidade necessária para que o jornal mantenha-se como voz social. Nos diários, esse direcionamento justifica a hierarquização de manchetes a partir de impactos de ações econômicas e políticas. A fragmentação do jornal mostra, no entanto, que cada edição é pensada para que diferentes leitores, no final das contas, construam caminhos individuais e cada vez mais atrelados à satisfação de necessidades de ordem lúdica, pragmática e relacionadas com a "qualidade de vida". O jornal cria, assim, diversas possibilidades de fruição dentro do seu próprio texto. Cada fragmento tem uma coerência discursiva diferente, adequada a um certo grupo de leitores.

A estratégia de *Veja* foi diferente. Sem abandonar o político, *Veja* passou a dar espaço de primeira página – o que significa grandes reportagens – para assuntos relacionados aos serviços. Fizemos uma comparação entre as capas da revista no primeiro trimestre de 1975, em plena ditadura militar, e o primeiro semestre de 2005:

Há trinta anos, constata-se somente uma matéria que pode receber o rótulo de "serviços", a que fala de férias, de 15 de janeiro. (A capa dedicada aos sambistas, de 12 de fevereiro, ao que tudo indica, não é para divulgar shows, mas para uma análise cultural.) Já no primeiro semestre de 2005, manchetes de saúde, entretenimento receberam grande espaço: há seis capas sobre esses assuntos. Tudo é pensado em termos de impacto no leitor.

Pode-se argumentar que, em momento de grande efervescência política, *Veja* também participa ativamente. É o caso das capas seguidas relacionadas ao escândalo do chamado "mensalão" em meados de 2005. Mas isso só mostra que a revista se pauta pelo que acredita ser a curiosidade do leitor. Em outras palavras, *Veja* mudou. O leitor que a revista constrói coloca no mesmo nível um lançamento do novo livro de Paulo Coelho, as possibilidades de fazer uma cirurgia plástica, a eleição do novo presidente da Câmara dos Deputados, a corrupção do governo Lula. E a revista, interessada em vender, desenvolve capas e reportagens de fôlego sobre todos esses assuntos, enunciando que todos têm mesmo "peso" em termos informativos.

OS CINCO CONJUNTOS SIGNIFICANTES MANEJADOS PELA DIAGRAMAÇÃO

Até agora, as partes que compõem um noticiário impresso foram chamadas indistintamente de "unidade" ou "elemento". Tentaremos agora uma classificação. É importante esclarecer que essa tentativa de organizar os conjuntos significantes (unidades com expressão e conteúdo) tem consequências teóricas importantes e não serve apenas como mero detalhamento descritivo dos objetos. Insistimos, no início do trabalho, sobre a necessidade de romper a excessiva simplificação na abordagem do plano de expressão desses noticiários. Os objetos jornalísticos não são apenas visuais. Nos impressos, o sentido do tato é importante. Jornais e revistas também não podem ser pensados apenas como apresentando elementos verbais e visuais, no sentido de se criar uma separação entre essas pretensas unidades. O verbal se dá a conhecer a partir de um suporte visual que tem uma significação claramente determinada nos projetos gráficos, como veremos depois. Finalmente, apontar *Folha de S.Paulo*, *Veja*, *IstoÉ*, *Jornal do Brasil* como textos constituídos por elementos verbais e não verbais também não resolve o problema. Na verdade, deixa implícita a necessidade de reconhecimento dos conjuntos significantes, o que tentamos fazer.

Nos jornais e revistas, diagramar é uma tarefa de administração de quatro grandes conjuntos significantes, classificados, a seguir, a partir do plano de expressão (nosso interesse, nesse momento, é mais o impacto na página; questões sobre o conteúdo são apresentadas ainda neste item):

1. **Verbal, manifestado tipograficamente** – diz respeito às letras, aos tipos gráficos e às suas possibilidades de concretização, como cores, texturas, tamanhos que geram títulos, matérias, legendas.

208 A MÍDIA E SEUS TRUQUES

2. **Fotográfico** – inclui imagens fotográficas obtidas por meios convencionais ou digitais.
3. **Pictórico** – abrange produtos de arte e de técnica de representar, numa superfície, formas que vão do figurativo ao abstrato. Inclui charges, ilustrações, quadrinhos, vinhetas, além de produções digitais que criam, inclusive, efeitos de terceira dimensão.
4. **Misto** – infográficos, fusões que apresentam um todo de sentido com base na utilização dos outros conjuntos significantes citados.

A diagramação também utiliza certos elementos com funções específicas, que estamos chamando de:

Diagramáticos – linhas, fundos, caixas coloridas ou vazadas. A maioria desses recursos tem como função auxiliar na organização visual e não remete a conteúdos.

Nesse primeiro esboço, queremos chamar a atenção para o item 3, que compreende as unidades que denominamos "pictóricas", no sentido de serem representações feitas à mão, via computador ou essencialmente digitais para representar figuras e situações, geralmente com o uso abundante da cor. Ainda no caso do pictórico, é perceptível que o item pode ser desdobrado em outros conjuntos, caso das charges, das ilustrações, dos quadrinhos.

Em relação aos elementos mistos, os infográficos são os que têm ganhado espaço crescente na mídia impressa. No *Aurélio*, a definição desse elemento é a seguinte: "Combinação de desenhos, fotos, gráficos, etc., para a apresentação visual dramatizada de dados e informações." Note-se novamente que se está diante de um caso de sincretismo. Os infográficos são considerados textos de apoio e podem aparecer na forma de mapas, gráficos, explicações didáticas, demonstrações visuais de acontecimentos, apresentação biográfica de personagens envolvidos na notícia, glossário de termos técnicos ou específicos, indicações de leitura entre muitos outros recursos (*Manual da Folha de S.Paulo*, 2001: 23).

Já os elementos diagramáticos fazem parte do projeto gráfico ou de uma diagramação específica (caso do Folhateen, cujas matérias principais têm sempre uma apresentação diferente). Na *Folha de S.Paulo*, houve duas grandes alterações no projeto gráfico nos últimos anos. Este livro analisa a alteração de 2000 até maio de 2006, que teve como autor o designer gráfico italiano Vicenzo Scarpellini. O novo projeto de 2006 pode ser estudado com a mesma teorização aqui proposta. Scarpellini, no projeto 2000-2006, fez várias modificações, como utilizar "cores sinalizadoras". O "Outro Lado" de uma notícia controversa passou a ser identificado por um fundo azul-claro. Os textos didáticos têm apresentação sobre fundo ocre.[10]

Com essas observações, queremos defender o estudo de cada um dos conjuntos significantes por meio de suas características mais importantes. Tendo em vista os objetivos do livro, entretanto, detalharei nos próximos itens somente a fotografia e a manifestação tipográfica do verbal, que considero mais relevantes em função do impacto e da maior utilização no jornalismo impresso.

TIPOS GRÁFICOS E SIGNIFICAÇÃO

Nesta parte do trabalho, faremos um pequeno estudo sobre a significação produzida pelas letras nos diários e revistas. Um olhar ingênuo sobre os tipos gráficos pode ser bastante útil para começar a reflexão sobre essa forma de manifestação do verbal. Cotidianamente, uma pessoa alfabetizada entra em contato com uma multiplicidade de textos escritos. Em grande parte das vezes, as letras cumprem uma função meramente utilitária, de veículo do verbal. O formato da letra pouco acrescenta ao plano de conteúdo, à "mensagem". Por outro lado, é impossível ficar indiferente aos caracteres tipográficos de textos jornalísticos e publicitários, que parecem sempre ter certas atribuições. Em outras palavras, nesses objetos, as letras são pensadas e reunidas para significar "algo mais".

Podemos observar que a característica plástica é inerente a qualquer forma de manifestação verbal. Apresentamos, em seguida, a letra A em diversas famílias:

A	Arial
A	Times New Roman
A	Verdana
A	Impact
A	Avant Gard
A	Bauhaus
A	Courier New
A	Swiss921bt
a	TypoUpright BT

210   A MÍDIA E SEUS TRUQUES

Somos obrigados a reconhecer que todas as famílias de tipos gráficos são criadas a partir de uma letra que representaria um "grau zero". Mesmo assim, uma letra sem desenhos, inclinações, variações de "peso" entre as linhas que a compõe não deixa de ter sentido plástico. O fato de certas letras não terem significado no cotidiano não é uma falta de plasticidade, mas, antes de tudo, produto de uma "saturação". O uso contínuo anula o sentido plástico das letras porque cria um padrão de normalidade que as dessemantiza.

No jornalismo, entretanto, diante da enorme complexidade da questão, arriscamos um caminho já delineado em nosso trabalho sobre a revista *Veja*: uma das principais funções das formas das letras nos jornais é construir um simulacro visual de um tom de voz que pode parecer mais ou menos estridente, mais ou menos sério, mais ou menos jovial, a partir da exploração das possibilidades plásticas. Analisemos a relação entre formas, ocupação espacial e o simulacro da oralidade.

Da mesma maneira que a prosódia faz parte da fala, "acrescentando sentidos", a plasticidade das letras enriquece a manifestação escrita no jornalismo. Isso quer dizer que há uma relação entre o desenho e a apresentação das letras – seu tamanho da página, a distância entre unidades, as formas de alinhamento e de entrelinhamento – com a entonação, produto da variação na intensidade, altura, duração e ritmo da fala. As letras nas páginas de jornais e revistas tentam simular alguns recursos próprios da oralidade e retomar certas possibilidades prosódicas perdidas na escrita. Há uma certa tradução intersemiótica proporcionada pela tipografia (sempre subordinada à diagramação e ao projeto gráfico), que mostra que os tipos impressos estão longe de ser mero suporte dessemantizado do verbal.

Vejamos então como as letras simulam sonoridades:

- **O tamanho do corpo de letra relaciona-se com a altura da voz, que, por sua vez, representa um tipo de valorização da notícia.** Os títulos com letras grandes simulam exaltação, como se alguém quisesse despertar a atenção do outro. Grandes manchetes, por sua vez, parecem reproduzir gritos. Podemos notar sua função na estratégia de arrebatamento, de buscar a atenção por meio de descontinuidades, de sensibilização do olhar do leitor. Já o corpo de letra menor das matérias retoma um tom mais sereno, próprio para a troca de informações, para uma conversa.

- **O formato da letra – os traços mais finos ou mais grossos, inclinados ou não, com ou sem serifa – cria um simulacro de um tom da voz mais sério ou mais leve, mais elegante ou mais austero.** Convencionou-se, pelo menos na comunicação ocidental, que as letras mais grossas, densas, estão ligadas a assuntos mais sérios. Do mesmo modo, os tipos mais finos vinculam-se a questões mais leves, alegres.

Os caracteres gráficos mantêm relações especiais entre conteúdo e expressão, determinadas não só pelo tipo de ocupação espacial como também pelo formato das letras (com mais ângulos retos ou arredondados, por exemplo). Os textos, vale lembrar, podem manejar os sentidos das letras de maneiras diversas, rompendo com os estereótipos. Em *Veja*, o itálico utilizado nos tipos gráficos (*Times New Roman*, mais comum, e o *Arial*, em alguns quadros) só aparece na função de criar contraste. Porém, na *Folha*, a inclinação da letra marca o espaço dos comentários, crônicas, opiniões, portanto, uma parte nobre do jornal.

Essas considerações abrem caminho para abordar outra função importante dos tipos gráficos, que é a de criar um sentido de familiaridade, ligado à estratégia de fidelização. A diagramação, a partir do projeto gráfico, gerencia a *identidade visual* de uma publicação. Na *Veja*, os padrões se repetem com mais constância. Nos jornais, é preciso levar em consideração os diferentes cadernos, suplementos, revistas. A *Folha* é um caso notável. O jornal criou letras exclusivas. Nos títulos, há a *Folha Serif* e nas matérias o *Folha Minion*.[11] A ideia de identidade nos impressos está relacionada ao fato de se enxergar elementos comuns, que remetam a um modelo conhecido que, com o tempo, gere familiaridade. Na *Folha de S.Paulo*, a única unidade recorrente em todo o jornal é a fonte *Folha Minion* e o entrelinhamento. Todo o resto varia. O logotipo, o segundo elemento mais presente, por exemplo, desaparece da Revista da *Folha*.

A plasticidade das letras e sua organização espacial manipulada pelas leis de diagramação envolvem semissimbolismos que podem ser assim representados:

	Letras
Expressão	Corpo de letra com traços grossos x corpo de letra com traços finos
	Maior espaço ocupado x menor espaço ocupado
Conteúdo	Mais intenso e disfórico x Mais distenso e não disfórico
	(Maior valor e potencial de atenção) x (Menor valor e potencial de atenção)
	Notícia quente x Notícia fria
	Respeito x Irreverência
	Dramaticidade x Prosaísmo
	Tom grave x Tom leve

Para dar um exemplo, vamos utilizar *O Estado de S. Paulo*, que criou um padrão de uso para letras que ilustra as relações que acabamos de apresentar no esquema anterior. A seguir, há uma comparação entre a primeira página da segunda-feira, 4 de abril de 2005, e a página inicial do Caderno 2, de cultura e variedades, do mesmo dia.

A forma dos títulos principais das duas páginas não deixa dúvida. O corpo de letra mais denso do título da manchete comenta os preparativos do velório do papa. Trata-se da principal notícia do jornal, de grande dimensão pública, carregada de drama, de envelhecimento rápido. Já o Caderno 2 estampa uma notícia mais amena, um filme do conjunto Demônios da Garoa. As letras valorizam o assunto. Basta observar a grande ocupação espacial. Não deixam de caracterizá-lo, porém, como algo leve, que remete a questões individuais, como o prazer de assistir ao filme. O novo projeto gráfico do *Estado* radicalizou esse uso das letras. O Caderno 2, por exemplo, tem toda a tipologia dos títulos diferenciada, predominando o corpo de letra com traços muito finos, o que dá grande leveza e uma identidade visual particular às páginas.

O FOTOJORNALISMO

O estudo que faço da fotografia, neste item é, como não poderia deixar de ser, ligado a preocupações sobre o gerenciamento do nível de atenção. Observo uma crescente valorização da fotografia e do fotojornalismo, notadamente pelos diários. Isso significa que se aposta cada vez mais nas fotos para obter laços com os leitores. O Projeto Editorial 1988-1989 da *Folha de S.Paulo* já explicita as bases, as perspectivas e até os problemas dos novos usos da fotografia no jornal:

> Incorporamos ao procedimento do fotojornalismo padrões que até então estavam reservados à fotografia artística: ângulos e enfoques diferenciados; ênfase no detalhe das fotos de esportes; fórmulas para que as fotos de jornal expressem mais do que mera imagem e se entrelacem com o significado do evento a que essa imagem está ligada; interesse maior por imagens de beleza plástica e de efeito inusitado, ainda que sua temperatura noticiosa seja baixa. Também aqui é preciso depurar os avanços realizados; evitar com igual energia tanto o retorno ao fotojornalismo convencional como o exagero que consiste em esquecer que num jornal tudo o que se publica deve ser informação.[12]

O fotojornalismo nunca foi alheio à estética ou ao enfoque diferenciado. O que se nota no projeto da *Folha* é um novo patamar de coerção do discurso fotográfico, que deve romper o sentido de ser mero registro da realidade. A mesma preocupação é visível nos outros jornais.

214 A MÍDIA E SEUS TRUQUES

O Estado de S. Paulo, em sua reforma gráfica de 2004, também cedeu um espaço muito maior para a fotografia. A busca dos efeitos de belo, de estranhamento, entre outros, ficou mais perceptível.

Não queremos neste ponto do trabalho discutir novas maneiras de analisar a significação de fotos nos jornais e revistas. O objetivo, muito mais modesto, é apresentar alguns apontamentos sobre "antigas" e atuais estratégias do fotojornalismo para arrebatar e sustentar a curiosidade dos leitores. Também não há interesse aqui, como convém a um estudo de semiótica, em discutir ou explicitar a produção da fotografia. O que se quer é mostrar algumas estratégias persuasivas que essa forma de imagem mobiliza com base no estudo de sua utilização. Essas estratégias são pensadas como uma verdadeira lista de obrigações aos fotógrafos. Busca-se, sempre, a "grande foto" que significa mais atenção, mais leitores, mais vendas. Só que o texto fotográfico depende de uma série de fatores, muitos imponderáveis, para ser bem-sucedido. As crescentes cobranças pela "grande foto", entretanto, esbarram na própria dinâmica da fotografia, dos fotógrafos, dos jornais. É preciso um fotógrafo estar presente na hora do acontecimento, por exemplo. O *tsunami* que varreu a Ásia no final de 2004 foi surpreendentemente pouco fotografado. Perdido o momento de ápice narrativo, só se registraram consequências. A fotografia tem ainda que dizer muito com apenas um enquadramento. O valor de uma foto também raramente se desvincula do potencial de atração de uma reportagem como um todo. A cobertura da posse de um prefeito vai render imagens de "peso" muito diferentes das proporcionadas pela queda de um avião em um bairro residencial. Apresentaremos, a seguir, o papel da fotografia na construção dos sentidos do jornal:

Uma fotografia deve ser uma das principais iscas para o olhar em uma página, ou seja, uma das mais importantes armas na estratégia de arrebatamento e de sustentação. Com suas cores, contrastes, ocupação espacial, a foto precisa atrair a atenção do leitor para a unidade noticiosa da qual faz parte. O olhar deve ser fisgado. É a estratégia de arrebatamento. O leitor precisa ainda se interessar pelo conteúdo. A foto deve depois encaminhar o leitor para a parte verbal, ou seja, apresentar uma estratégia de sustentação geral que também tenha êxito.

Para arrebatar e sustentar a atenção, o fotojornalismo busca cada vez mais os efeitos estéticos. É evidente que o estético – como manifestação sensível e também inteligível – sempre fez parte do discurso fotográfico e é inerente à própria atividade dos fotógrafos jornalistas. Queremos evidenciar, contudo, que a busca por um discurso visual plástico nos diários e nas revistas é hoje uma coerção cada vez mais forte para obter adesão à leitura e chamar a atenção para as próprias publicações. Uma justificativa para mostrar essa mudança de mentalidade é que as fotos tiveram uma valorização espacial inédita nos últimos anos, principalmente nos diários. A fotografia também passou a não ser mais preocupação apenas do fotógrafo. O *Manual de Redação da Folha de S.Paulo* (2001: 33) afirma que cabe aos profissionais da redação, e não apenas aos fotógrafos, a "elaboração da pauta já com uma perspectiva visual e plástica". Diz ainda que "o entendimento mínimo das técnicas fotográficas e de suas possibilidades estéticas é uma necessidade em todos os patamares da hierarquia de uma Redação, não apenas de fotógrafos e editores" (2001: 33). Acredito que essa busca pelo belo, pelo estranho e pelo inusitado faz parte de outras publicações. Pode-se observar também que, do ponto de vista jornalístico, não é na TV, mas nos diários, e também nas revistas, que a imagem é um objeto de contemplação. Há possibilidade de maior fruição, de controle do tempo de consumo sem prejuízo do processo de se obter e manter o nível de atenção.

White (1974: 98) explica que a fotografia apresenta uma vantagem em relação ao texto escrito na hora de arrebatar e sustentar a atenção:

> Retratos atraem o olho, ganham a atenção, incitam a curiosidade. Retratos fazem o leitor ser receptivo à informação. Pessoas resistem ao esforço de ler: isso significa trabalho. Mas elas parecem não prestar atenção a isso quando olham retratos. Então, quanto mais informação puder ser acondicionada sem usar palavras, melhor. Retratos, ao substituir a descrição verbal por imagem visual, ajudam a diminuir o percurso do processo de leitura.[13]

Essas observações abrem caminho para discutir a fotografia nos jornais e revistas a partir das estratégias de arrebatamento (ligadas ao sensível), de sustentação (uma forma de passionalização e instauração de curiosidade para saber "o que aconteceu") e também de fidelização. Em outras palavras, um jornal que apresenta sempre fotos instigantes mobiliza o leitor a manter um relacionamento de longo prazo.

A fotografia tem um papel de servir de prova ao que se reporta, de parecer mostrar fragmentos de uma realidade inquestionável. Ou como afirma Kossoy (2001: 103):

> A informação visual do fato representado na imagem fotográfica nunca é posta em dúvida. Sua fidedignidade é em geral aceita a priori, e isto decorre do privilegiado grau de credibilidade de que a fotografia sempre foi merecedora desde seu advento. [...] Esta objetividade positivista creditada à fotografia tornou-se uma instituição alicerçada na aparência, no iconográfico enquanto expressão da verdade; um equívoco fundamental que ainda hoje persiste.

Falar de realidade em fotografia é analisar um "efeito de sentido" dessa forma de comunicação. Do ponto de vista do gerenciamento do nível de atenção, o caráter argumentativo-persuasivo do fotojornalismo está cada vez mais nitidamente dependente da estratégia de fidelização, ou seja, é o cumprimento de um contrato enunciador-enunciatário por certo período e a satisfação obtida nessa relação pelo leitor que vão garantir à fotografia no jornal o seu *status* de "fragmento da realidade". A credibilidade da fotografia depende da credibilidade do próprio jornal que a insere, principalmente quando leitores sabem das crescentes facilidades de manipulação digital das imagens.

Ao contrário do que ingenuamente se pensa, a fotografia não é, necessariamente, um tipo de objeto cuja imagem resultante estabelece uma correspondência ponto por ponto entre as partes do referente submetidas à ação da luz. Há filtros, jogos de sombra, efeitos de lentes. A manipulação da imagem fotográfica também é tão antiga quanto a própria fotografia. Já há fotomontagem em 1857. Trata-se de *"The two ways of life"* (Os dois modos de vida), exibida em 1857 na exposição *"Art Treasures"*, em Manchester, Inglaterra, e de autoria de Oscar Rejlander, que usou mais de trinta negativos diferentes para compor a imagem. Entre outros detalhes, mostra-se um ancião de barbas brancas, vestido com um pesado manto, que conduz dois jovens para a vida adulta (Kubrusly, 1991: 81-2). Com os avanços da fotografia digital, porém, houve enorme alargamento das possibilidades de alteração das imagens. Em fotos dos vagões destruídos por atentados terroristas em Madri, certos jornais apagaram, via manipulação digital, pedaços de carne e membros humanos espalhados pelos trilhos para que a imagem da tragédia ficasse menos chocante. Com o advento da imagem computadorizada, a fotografia está perdendo o próprio *status* cultural de objeto que registra fragmentos de uma dada realidade. Em outras palavras, a manipulação no computador está abalando o senso comum de que fotos "congelam" momentos de uma maneira inocente, desvinculada dos propósitos de quem a clicou ou a encomendou. O mundo digital, por massificar o controle individual sobre a captura e o tratamento de imagens ao mesmo tempo em que torna o processo simples, rápido e facilmente reproduzível, vai contribuir para bombardear a fronteira entre ser e parecer no discurso fotográfico que, por mais de um século e meio, conseguiu se vender para as multidões como "objetivo". Toda essa discussão, no entanto, nos interessa por outro viés. Nos jornais e revistas, a questão da objetividade não é técnica, mas ética, o que retoma observações do início do trabalho.

A fotografia deve "transmitir a força das ideias expressas nas reportagens". A frase consta do texto de apresentação do "novo visual" do jornal *O Estado de S. Paulo*, edição de domingo, 17 de outubro de 2004, quando mostrou seu novo projeto gráfico, em que passou a destinar maior espaço às fotos (p. A 10). Pode-se notar que a fotografia deve transcender seu papel de registro para ser uma espécie de resumo do que é apresentado nas outras unidades.

O fotojornalismo valoriza o flagrante. Uma narração verbal, oral ou escrita pode simular que os fatos estão acontecendo no momento da leitura. Já uma foto (e uma filmagem também) terá o valor de atenção proporcional à captura do "momento decisivo", conceito formulado por Henri Cartier-Bresson: é o aprisionamento imagético do instante clímax de uma narrativa. Nesse sentido, as fotografias mais valorizadas são as de flagrante, não as posadas. Temos uma relação *flagrante* x *posada* que estabelece correspondência, respectivamente, com notícias quentes e frias. As fotos posadas são abundantes nas revistas e menos comuns, mas dignas até de primeira página, nos jornais diários. Quase sempre se relacionam com assuntos frios, que não perdem a atualidade facilmente. Podem ser despojadas ou, no limite, feitas em um estúdio, com condições especiais de luz, maquiagem, com elementos cênicos.

Essas estratégias redundam em diferentes tipos de fotos. O que vamos fazer agora é mostrar o resultado dessas demandas no dia a dia dos diários e revistas. É importante não esquecer que uma foto, na análise de uma reportagem, não deve ser encarada como texto, apesar de sua relativa independência semântica. Uma foto é sempre um elemento a mais, de maior ou de menor utilidade no gerenciamento do nível de atenção de uma unidade noticiosa. É também parte de uma encenação que tenta convencer o leitor de que a notícia apresentada é um pedaço da realidade – e não um ponto de vista sobre o que acontece no mundo.

Vamos apontar a seguir como as estratégias apresentadas geram diferentes tipos de fotos: das mais comuns – e portanto, com menor potencial de atenção – até as mais admiráveis e, por isso mesmo, mais envolventes:

Fotos de registro – É produto da estratégia 2. São as fotos mais comuns encontradas na mídia impressa. A foto de registro é a que mais se aproxima do mero papel "ancorador" da fotografia nos textos: serve para mostrar o deputado de quem se fala na parte escrita da matéria ou o jogador que fez determinado gol, ou ainda como ficou o carro destruído em um acidente. É utilizada ainda para "decorar" a página, buscar o olhar do leitor. Tem grande valor na estratégia de fazer crer na objetividade da informação. É de fácil decodificação. Pode-se retomar o exemplo da matéria sobre a demissão do técnico do Santos. Deve-se notar que a foto de Oliveira pouco acrescenta em termos de novidade, em acréscimo de informação:

Foto de síntese – Satisfaz principalmente a estratégia 3 – é a mais adequada para representar o que é a "força expressiva" do assunto abordado. Resume toda uma situação tratada na parte escrita da matéria e geralmente apela para a passionalidade do observador (estratégia de sustentação). É o caso da foto a seguir, de Arko Datta, repórter fotográfico da Reuters, que mostra uma mulher chorando a morte de um parente morto pelo *tsunami* em Cuddalore, Índia, em 28 de dezembro de 2004.[14] Fica evidente para o leitor que a realidade não está sendo mais mostrada de maneira "objetiva", mas filtrada por um conjunto de valores que quer ressaltar determinados simbolismos.

Essa foto é uma sinédoque visual (um tipo de metonímia em que uma parte representa o todo). Note-se como o braço da vítima simboliza todos os mortos da tragédia, assim como a aflição da mulher retrata todo o desespero de centenas de milhares de pessoas que perderam familiares e amigos. A composição da fotografia também impressiona: o meio fio divide a parte posterior (a rua) em "morte", e a parte inferior (a calçada onde está a mulher) em "vida".

Foto de flagrante – Capta o chamado "instante decisivo" (coerção 4) e tem enorme valor documental e impactante. Acreditamos que o ato do fotógrafo de captar um acontecimento no momento de maior tensão narrativa é a essência do fotojornalismo. A foto a seguir, uma das raríssimas do *tsunami* que varreu a Ásia no final de 2004, mereceu o espaço de uma página inteira em caderno especial da *Folha de S.Paulo* sobre a tragédia, o que ilustra muito bem o potencial de atenção, curiosidade e tensão que o enunciador acreditou despertar no enunciatário. A versão original é colorida.

Atrás das palmeiras é possível observar a onda chegando e arrasando tudo. A figura mais central olha para trás e também dirige o leitor a observar o "fundo" da imagem. Cria, assim, um caminho de interpretação.

Foto plástica – Busca efeito estético (estratégia 1) e, dessa maneira, é a que mais expõe o fotógrafo como enunciador. Há um forte sentido de "autoria" da foto, de um ponto de vista subjetivo. Vale notar que a busca por uma representação mais estetizada, não raras vezes, determina a perda de parte da iconicidade, da representação do real. O leitor é convidado a uma interpretação mais pausada, elaborada. Um exemplo notável é essa foto do fotógrafo brasileiro Maurício Lima, da agência AFT, "Dead Iraq", de um soldado morto por soldados norte-americanos em Tikrit, no Iraque.[15]

A foto do correspondente de guerra é um discurso contra o conflito. Os soldados não têm rosto, são representados como se não possuíssem emoção. Já a posição da vítima remete a um Cristo crucificado, numa clara intertextualidade com obras bíblicas. O caráter pictórico da imagem é evidente, com um sofisticado uso da luz e das sombras para apresentar formas de maneira muito econômica e produzir efeitos dramáticos, notadamente o de conduzir o olhar à vítima e para a injustiça de toda a situação.

Devemos notar que uma foto plástica pode ter também uma foto de síntese e de registro. A foto de síntese frequentemente cumpre a função de ser um registro. Já a foto de flagrante é um caso particular. Essa imagem será sempre uma foto de registro, mas pode ou não ter características de síntese e impacto estético. De qualquer maneira, acreditamos que, quanto mais "completa", ou seja, quanto mais preencher os requisitos enumerados, mais uma foto cumprirá sua missão de engajar e manter o enunciatário na leitura no jornal.

ANÁLISE DE ABORDAGEM: A PRISÃO DE SADDAM HUSSEIN

Neste item, vamos comparar a cobertura da *Folha de S.Paulo* e de *Veja* da prisão de Saddam Hussein. Além de fornecer mais um exemplo do que foi discutido até o momento, a análise permite investigar algumas estratégias ligadas ao plano de conteúdo e dar acesso às visões de mundo dos dois meios de comunicação.

Folha – O jornal de segunda-feira, 15 de dezembro de 2003, dedicou ao assunto cinco páginas e meia das seis da editoria Mundo, que cobre assuntos internacionais. Nenhum outro tema recebeu tamanho espaço no jornal daquele dia. Apresentamos as três primeiras:

Deve-se notar como o jornal construiu, na editoria Mundo, uma espécie de página de manchete exclusiva para que o assunto fosse introduzido. A estratégia de arrebatamento é evidente. O leitor que folheava o jornal precisava ser surpreendido ao chegar na parte das notícias internacionais e, assim, sentir a valorização do tema. A *Folha* faz, assim, uma segunda página de manchete, dessa vez, dedicada a um só assunto e aos seus desdobramentos. Devem ser notados os títulos em letras maiúsculas (caixa alta), com destaque para o vermelho (no original) utilizado na metade inferior "nas mãos dos EUA". Dois terços da página inicial são ocupados por fotos (com detalhe para o conjunto de quatro imagens de Saddam justapostas, como se fosse a sequência de um filme) e a repetição do mesmo infográfico utilizado na primeira página, dessa vez com mais detalhes. Busca-se atrair o olhar com o procedimento de fazer o leitor se interessar pelas fotos e infográficos e, já "arrebatado", ficar com vontade de ler detalhes da captura por meio das matérias, o que o conduz para a necessidade de satisfazer curiosidades sobre o assunto, dentro da estratégia de sustentação.

Não podemos esquecer que o jornal já tinha dado ao tema um grande espaço na primeira página. O jornal apresenta a cobertura da prisão do ex-ditador do Iraque por meio da seguinte divisão entre páginas e assuntos:

A11 Performance da captura de Saddam e detalhes do esconderijo

A12 Sanção do presidente dos EUA e de outros políticos norte-americanos

– Sanção do primeiro-ministro da Inglaterra, Tony Blair, e de outros líderes europeus

– Avaliação de que a prisão é trunfo eleitoral de Bush

– Divisão no mundo árabe

A13 Repercussão em Bagdá

– Comportamento de Saddam na prisão

A14 Como poderá ser o julgamento de Saddam

– Esperança de analista na diminuição da resistência armada

– "Comentário" sobre as imagens de Saddam

– Cálculo de mortos pelo regime

A15 Retrospectiva de Saddam no poder

– Expectativa de abertura democrática no mundo árabe

A16 (Só a principal matéria envolve o Iraque) – bomba explode e mata 17 iraquianos

A disposição das unidades noticiosas informa que a parte mais valorizada é a captura, depois a repercussão nos EUA e no mundo, depois o impacto no Iraque e no mundo árabe. A notícia mais fria, o relato da vida de Saddam, fica para a penúltima página. O último assunto a ser abordado dentro do tema é o estouro de um carro-bomba no Iraque. As armas mais importantes para prender a atenção estão, como já apontamos, sempre no início. É apresentado o clímax da história, a performance da prisão. Busca-se fazer o leitor ficar curioso não só para os detalhes como também, à medida que a edição avança, para as consequências da detenção de Saddam. Podemos notar que o jornal, para obter um efeito de atualidade do material, distribui notícias envolvendo a performance principal – a captura, fato já acontecido, passado – com análises e comentários sobre as repercussões da prisão do ditador. É esse exercício de futurologia que faz com que o jornal garanta certa identidade para o material apresentado e a sensação de que a edição não é um mero relato de acontecimentos já sabidos pelo leitor, principalmente se ele teve acesso a meios mais rápidos, como o rádio, a TV, a internet. Essa necessidade de agregar ao fato principal ou gerador um elemento de atualização, como já apontado, faz com que se pise no perigoso terreno da especulação. A análise de Sérgio Dávila, por exemplo, de que a resistência armada contra os EUA deveria diminuir com a prisão de Saddam, mostrou-se errada.

Na *Folha*, a divisão jornalística entre textos factuais ou "objetivos", interpretativos e opinativos também é bastante marcada. A performance e as repercussões mundiais são apresentadas com grande afastamento enunciação-enunciado. O diário tenta não se envolver com o discurso norte-americano, separando sua enunciação da enunciação dos jornais e do governo dos Estados Unidos. O recurso mais comum são as aspas. Na página A12, por exemplo, esse cuidado está no título principal: "Acabou a 'era de trevas', diz Bush". Na matéria, escrita por Cíntia Cardoso, de Nova York, há outros exemplos. É o caso do trecho a seguir: "Na cobertura das televisões americanas, expressões como 'fim do regime de terror' e 'grande vitória de Bush' predominaram." Entretanto, a cobertura figurativa das matérias principais – um meio de investigar filiações ideológicas – mostra que, em certos momentos, o jornal privilegia o ponto de vista norte-americano. Por exemplo: fala-se em "ocupação do Iraque" em diversas unidades noticiosas. Até mesmo o texto de *Veja* sobre o assunto, analisado depois, refere-se à guerra também como uma "invasão", que tem um sentido de "entrar à força, usurpar, apoderar-se violentamente" (segundo o *Dicionário Aurélio*) que "ocupação" não tem.

Nos textos interpretativos, há um efeito de intimidade. Sérgio Dávila, na A14 ("Resistência deve diminuir"), fala diretamente ao leitor no trecho final da matéria: "De resto, espere nova onda de patriotismo americano, já demonstrado no anúncio da captura, por Paul Bremer. Ao dizer as palavras 'We got him' (nós o pegamos), o chefe americano no Iraque foi aplaudido." Há espaço, inclusive, para a subjetividade, com um raríssimo (no jornalismo) texto com um "eu" claramente marcado. É o caso de "Chove tiro na antiga Saddam City" (A13), de Robert Fisk, correspondente em Bagdá do *Independent*: "[...] Vamos nos recordar de onde estávamos quando Saddam Hussein foi finalmente capturado. Para mim, foram os disparos de armas de fogo que anunciaram a notícia. Eu estava sentado no chão de concreto da casa de um clérigo xiita morto por um tanque americano." Na publicação como um todo, o ponto de vista árabe, notadamente dos iraquianos em Bagdá, recebe grande destaque.

No geral, no entanto, a *Folha* faz uma cobertura "escrita" com forte apelo racional, com grande efeito de "neutralidade" ou de afastamento em relação ao que narra. O lado emocional do leitor, para contrabalançar, é explorado por meio das fotografias. A imagem de Saddam como um mendigo é um grande exemplo de fotografia de síntese, que busca simbolismos. Na própria cobertura da *Folha*, João Batista Natali ("Imagens da TV desumanizam ditador deposto" – A14) faz comentários relevantes sobre o que ele chama de operação de mídia dos Estados Unidos:

> O propósito era o de destroná-lo energicamente no plano simbólico, de modo a tirar dele reminiscências residuais de autoridade, dignidade e respeito. A imagem se destinava ao consumo interno iraquiano e com ao menos duas finalidades. Aos partidários da ditadura deposta era um recado de que a resistência à ocupação militar norte-americana estava acéfala. Para as vítimas numerosas da ditadura ou para as lideranças muçulmanas reprimidas era o sinal de que o pós-saddamismo se tornava de uma vez por todas irreversível. E ainda sobrou para o consumo simbólico nos demais países do mundo árabe. [...] Saddam [...] procurou

226 A MÍDIA E SEUS TRUQUES

e conseguiu se impor como liderança regional. [...] Tentou ainda atropelar princípios da onu [...]. A imagem que restará dele será agora a de um médico militar inimigo que o examina como se ele fosse um bicho, ou no máximo um prisioneiro sem vontade própria.

Há um ponto, porém, em que é possível discordar de Natali na análise que ele faz da fotografia do ex-ditador. A imagem de Saddam barbudo e sujo é justamente a de sua humanização, demonstração de sua fraqueza e fragilidade que se contrapõem à imagem de ditador besta-fera e assassino de centenas de milhares de iraquianos que ousaram desafiar o regime.

O jornal também insiste em explicar com enorme número de detalhes tudo o que aconteceu. O resultado é um material que pode consumir de duas a três horas de leitura, quase o tempo despendido para ler a *Veja* inteira ou para assistir a três edições do *Jornal Nacional*. Fica evidente que a *Folha* quer se mostrar como "jornal completo" por meio do excesso. O grande número de unidades noticiosas (há, por exemplo, três infográficos), no entanto, é oferecido para que o leitor faça o caminho que achar mais conveniente. O objetivo é dar opção para o leitor que tem tempo de ler o jornal e para o que não tem. Como lembra Scarpellini, autor do último projeto gráfico da *Folha*: "Um bom jornal, com o bombardeio crescente da mídia, é aquele que pode ser lido em dez minutos ou três horas. O leitor tem esse direito."[16]

Veja – A revista que tratou da prisão de Saddam na edição 1.834, de 24 de dezembro de 2003, é um número especial. É costume a última *Veja* do ano ser mais "fria". Não há edição na semana seguinte, do Ano Novo. Para compensar, a revista sempre apresenta uma retrospectiva (o que garante certa atualidade para a leitura), matérias especiais de temas amplos e um suplemento especial, também de assuntos que não envelhecem facilmente. A capa da edição 1.834 foi sobre fé.

Uma edição especial sobre saúde, com o título: "Como ficar mais bonito e saudável" foi encartada na publicação. Há várias razões para o texto de Saddam não ocupar a primeira página. Inicialmente, é possível pensar que se trata de um tema mais indigesto para os leitores, que iam receber a revista na véspera do Natal. Uma discussão sobre fé parece ser mais palatável. Por outro lado, *Veja* abordou a captura de Saddam quase uma semana depois de o fato ter acontecido. O assunto

já tomara grande parte do tempo e do espaço de outros noticiários. Os jornalistas da revista não poderiam apenas apresentar as mesmas informações e análises sobre a prisão já dadas pelos outros jornais. Outras estratégias foram pensadas. Vejamos o que foi feito. Apesar de não ser capa, a prisão de Saddam recebeu grande destaque espacial, com nove páginas. Apresentamos as duas primeiras:

Grandes letras brancas em fundo preto e fotos diagramadas em clara oposição no espaço das duas primeiras páginas mostram o investimento inicial na estratégia de arrebatamento. Chama a atenção, imediatamente, a escolha do material fotográfico e infográfico, que ocupa a maior parte dos espaços da reportagem. Há imagens de conteúdos díspares, cuidadosamente relacionadas para formar quase um paradoxo visual. O conjunto mais evidente é encontrado logo no primeiro conjunto de páginas. Temos os "dois" Saddam: o poderoso, o "galã", e o vencido, quase mendicante. Esse tom aparece em todo o texto e se apresenta como o "diferencial" em relação aos outros noticiários: a busca da curiosidade – estratégia de sustentação – do leitor, não exatamente por meio da apresentação de uma performance de captura do ex-ditador. Tentou-se mostrar como a prisão exacerbou contrastes. Há uma categoria de base, *vida* x *morte*, que vai se desdobrar, figurativamente, em uma série de outras relações: *luxo* x *miséria*, *força* x *fraqueza*, *ostentação* x *privação*, *coragem* x *covardia*, *liberdade* x *prisão*.

No segundo conjunto de páginas duplas, mostra-se o palácio e também a cozinha do casebre onde o ditador foi encontrado. No terceiro conjunto, um infográfico toma quase as duas páginas com uma grande foto de Saddam com a família, quase todos sorridentes, para contrastar com as fotos dos cadáveres dos filhos do ex-presidente e para lembrar que os genros foram mortos pelo próprio ditador. O último conjunto de páginas duplas conclui a reportagem com a apresentação de cinco vítimas de Saddam, entre elas, mãe e filha curdas, mortas por armas químicas. O "gancho" do texto como um todo, explicitado no terceiro parágrafo, é "o fim melancólico de um dos tiranos mais sanguinários dos tempos modernos".

O texto, de José Eduardo Barella, investe na passionalização do leitor, um "fazer odiar". O primeiro parágrafo é primoroso nesse procedimento e afirma que Saddam, no quesito covardia, é pior do que Hitler:

> Saddam Hussein, o ungido, Glorioso Líder, Descendente direto do Profeta, Presidente do Iraque, Presidente de seu Conselho de Comando da Revolução, Marechal de Campo de seus exércitos, Grande Tio de todos os seus clãs e tribos, Comandante em Chefe da Imortal Mãe de Todas as Batalhas, foi descoberto num buraco, na noite de sábado, 13. O tirano que dispunha de 23 palácios para uso pessoal tinha se

escondido numa cova de 1,80 por 2,40 metros, com uma tampa de concreto camuflada com lixo. Saddam, que propalava ser a personificação da tradição guerreira árabe, estava armado com dois fuzis AK-47 e uma pistola, mas entregou-se sem resistência. Não engoliu uma cápsula de cianeto, não se matou com um tiro, como fez Adolf Hitler em situação similar em 1945, nem atirou nos soldados. Tentou, isso sim, suborná-los com os 750.000 dólares que guardava numa maleta.

Como um todo, o texto segue um tom comum na *Veja*, o de sanção. A revista não esconde o papel de promotor da acusação que tudo sabe, dirigindo-se aos jurados. Tenta-se atenuar a forte carga opinativa com informações, estatísticas, argumentos de autoridade (ONU, revista *Forbes*, "episódios documentados", jornal *Sunday Times*) e mostrar que tudo o que é apontado só pode ser a única conclusão possível. Há relatos de torturas, assassinatos, com muitos detalhes. Mais do que a figura de um vilão, o que *Veja* faz é construir para o ex-presidente do Iraque o papel de vilão dos vilões. Saddam, assim, aparece como fonte de antivalores, como a tirania, a crueldade, a opressão, que impunha sua vontade na base do dever e sob pena de sanções severas, de tortura à morte. Os iraquianos são apresentados como vítimas, sujeitos obrigados a encarar guerras com repulsa.

Os relatos das atrocidades do ex-ditador não são exatamente "fato novo", que desperte o nível de atenção esperado do leitor. Mas a matéria é cuidadosa ao dosar o teoricamente já conhecido com o novo na busca do efeito de atualidade. A quinta página da sequência (de número 37) retoma, em um único parágrafo, a reação de Saddam na prisão e, para não perder o tema, faz mais descrição de torturas. Depois, dirige foco para os próprios parentes de Saddam. No total, 51 foram assassinados sob acusação de traição. O texto termina com uma especulação mais ampla ou, dito de outra forma, análises que também funcionam como elementos de atualização. Há discussões sobre as formas de julgamento do ex-ditador e as consequências para a "ocupação norte-americana". Retoma-se, contudo, pela última vez, o relato sobre a "ambição" de Saddam que, para *Veja*, justifica a própria invasão norte-americana:

230 A MÍDIA E SEUS TRUQUES

Só o delírio causado pelo poder absoluto, aliado à depravada indiferença para com a desgraça de seu povo, pode explicar por que ele preferiu o confronto. [...] Ele acreditava que, após os bombardeios, o presidente americano desistiria de derrubá-lo e ele poderia retomar sua rotina de ditador. Acabou, como resumiu o secretário de Estado americano, Colin Powell, "como um detrito esperando para ser coletado". Agora, resta apenas jogá-lo na lata do lixo da história.

O último texto das nove páginas motivadas pela prisão do ex-ditador do Iraque, de autoria de André Petry ("E nem parecia Bush...") discute as razões do "tom sóbrio" adotado pelo presidente dos Estados Unidos ao fazer um pronunciamento ao povo norte-americano; "Será que a Casa Branca percebeu que a captura de Saddam é só um símbolo – forte, fortíssimo, mas um símbolo apenas, e portanto incapaz de produzir efeitos práticos?", pergunta. Há um aspecto notável desse texto, o de parecer discutir o anterior em alguns momentos, explicitando as artimanhas da revista na busca da passionalização do leitor e sua relação com o ponto de vista norte-americano: "No jogo de guerra, a Casa Branca precisou demonizar Saddam, cuja biografia, autoritária, sangrenta, facilitou amplamente a tarefa." No momento seguinte, continua o analista, tudo fica mais complicado porque "há muita gente sem lugar no Iraque do pós-guerra". Ele cita os militantes do partido de Saddam, o Baath, os soldados fiéis ao ex-ditador, os sunitas, minoria da qual o ex-presidente do Iraque fazia parte e que perderam influência política, terroristas da Al Qaeda e até mesmo a classe média iraquiana, que "se ressente de estar sob as botas de um ocupante estrangeiro".

É interessante que o caminho buscado por *Veja* foi ver, na prisão de Saddam, uma justificativa para convencer seus leitores da importância da guerra dos EUA contra o Iraque. Numa análise narratológica da enunciação, o relato de *Veja* serve para desencadear no leitor a paixão da vingança contra Saddam. Busca-se, como estratégia de sustentação, a empatia do público com as vítimas, com amplo apelo às injustiças cometidas contra famílias, contra crianças massacradas, para que pais confessassem crimes. É evidente que o leitor não pode ir à desforra contra o ex-ditador. Mas a catarse tem possibilidade de acontecer via apoio à ação do governo dos Estados Unidos. É nesse sentido que acreditamos que todo o emocionalismo do texto principal, que tem uma estratégia de sustentação particular, ao criar um leitor tenso, "revoltado", tem clara função ideológica, a de despertar simpatia pelos norte-americanos e sua incursão no Iraque. *Veja* não esconde suas simpatias nem do que quer convencer. Na Retrospectiva 2003, página 56 da mesma edição, *Veja* cita a guerra do Iraque e lembra a seus leitores que a missão de Bush foi a de "implantar a democracia no país que foi de Saddam Hussein". Em outro trecho, a revista sai em defesa do governo Bush:

> Nesses oito meses, a ação armada americana no Oriente Médio prendeu a atenção do mundo e levantou suspeitas de ressurgimento do imperialismo de dominação territorial, prática colonialista do século XIX, enterrada no século passado. O ano termina com as expectativas americanas e as de seus adversários bastante diluídas. Nem Bush e seus assessores neoconservadores têm planos de dominar o mundo, nem a democracia no Iraque deve ser construída tão cedo. [...] Nem toda a força econômica dos Estados Unidos é capaz de fazer valer sua cultura e modo de vida em um país derrotado e empobrecido como o Iraque. A transição de conquistadores para construtores de nações vai demandar ainda toda a energia criativa e muito da riqueza americana.

NOTAS

[1] Trecho de entrevista "Uma porta de entrada para novos leitores de jornal – O diretor de redação da *Folha de S.Paulo* explica por que o interesse jornalístico pela ciência tende a aumentar" – Mariluce Moura, *Revista da Fapesp*, janeiro de 2004, ed. 95. Disponível no endereço: http://www.masteremjornalismo.org.br/entrevistas/otavio/entreotavio1.htm – último acesso em maio de 2005.

[2] "O futuro dos grandes", Marcelo Beraba, coluna do ombudsman, *Folha de S.Paulo*, 13 mar. 2005, A6.

[3] "A confiança dos leitores", Marcelo Beraba, coluna do ombudsman, *Folha de S.Paulo*, 5 jun. 2005, A8.

[4] "Ombudsman tem mandato renovado por mais um ano", reportagem local (sem identificação de autor), *Folha de S.Paulo*, 24 abr. 2005, A6.

[5] "Três vezes Paulo Coelho", Marcelo Beraba, coluna do ombudsman, *Folha de S.Paulo*, 27 mar. 2005, A6.

[6] Texto "Segmentação ou riqueza de detalhes" – sem autor – disponível no endereço: http://www1.folha.uol.com.br/folha/conheca/projetos-1988-4.shtml – acessado em março de 2005. Praticamente as mesmas razões são invocadas pelo jornal *O Estado de São Paulo* para justificar sua mudança de projeto gráfico a partir de domingo, 17 de outubro de 2004, que visava "a facilitar a leitura e tornar mais atraente o cardápio diário de informações" (A10).

[7] Trecho da entrevista "Uma porta de entrada para novos leitores de jornal – O diretor de redação da *Folha de S.Paulo* explica por que o interesse jornalístico pela ciência tende a aumentar" – *Revista da Fapesp* – edição 95, janeiro de 2004 – autoria de Mariluce Moura.

[8] Informações prestadas por Aparecida Cordeiro, secretária da redação da *Folha*, em 14 de setembro de 2005. Anos atrás, o jornal tinha mais cadernos regionais, como o da região do ABCD, o do Vale do Ribeira, o de Campinas. A crise financeira obrigou o jornal a fechar quase todas as redações locais.

[9] A fonte é o site da empresa: http://www.abril.com.br/aempresa/areasdeatuacao/revistas/pgart_030102_28102002_111.shl – acessado em abril/2005.

[10] Essas informações constam do texto "Novo projeto gráfico estreia terça para realçar informações essenciais e dar mais leveza ao jornal" – *Folha de S.Paulo*, 7 mai. 2000, p. 14. Não menciona autor.

[11] Informações de Fábio Marra, editor adjunto, Editoria de Artes da Folha de S.Paulo, março de 2005.

[12] Projeto Editorial 1988-1989, Agosto de 1988 – A hora das reformas – Aprendendo com as falhas. Disponível no endereço: http://www1.folha.uol.com.br/folha/conheca/projetos-1988-1.shtml – acessado em abril de 2005.

[13] Fragmento original: "*Pictures attract the eye, gain attention, arouse curiosity. Pictures make the reader receptive to information. People resist the effort of reading: it means work. But they do not seem to mind looking at pictures. So, the more information that can be packaged in non-words, the better. Pictures, by substituting visual images for verbal description, help to short-circuit some of the reading process.*"

[14] Essa foto, "*Tsunami Grief*," ficou em segundo lugar na *Pictures of the Year International*. Disponível no endereço: http://64.233.161.104/search?q=cache:yeOFsG6rim8J:www.poyi.org/62/15/02.php+Arko+Datta,+Reuters,+%22Tsunami+Grief%22&hl=pt-PT. Vale a pena ver a versão original, colorida.

[15] Essa foto, de 13 de dezembro de 2003, ficou em segundo lugar no *Picture of the Year de 2004*. A versão original é colorida.

[16] "Novo projeto gráfico estreia terça para realçar informações essenciais e dar mais leveza ao jornal." *Folha de S.Paulo*, 7 de maio de 2000, p. 14. Não menciona autor.

O PORTAL:
JORNALISMO NA INTERNET

O último objeto investigado para compor um modelo de análise é o jornalismo na internet. Como foi dito no início da segunda parte, a ordem dos estudos específicos tem uma justificativa. Diversas reflexões dos outros noticiários serão agora reaproveitadas e, em certos momentos, adaptadas. Como o assunto é de enorme amplitude, foi escolhido o *portal* UOL para estudo. Investigaremos como se dá o gerenciamento do nível de atenção em determinados objetos jornalísticos do UOL. A investigação de um portal como veículo de jornalismo não deixa de trazer questionamentos e dúvidas. O próprio UOL acomoda versões eletrônicas da *Folha de S.Paulo*, de *Veja* e de inúmeras outras publicações jornalísticas. O primeiro procedimento, portanto, será o de recortar com mais precisão o próprio objeto.

Uma teorização sobre o jornalismo e a internet precisa enfrentar certas dificuldades. Limites e vantagens tecnológicas sempre vão determinar formas de relacionamento entre um meio de comunicação e seu público. Em nenhum veículo, porém, essa característica é mais

234 A MÍDIA E SEUS TRUQUES

perceptível do que na internet. Em função disso, nesta parte do trabalho, explicamos com mais detalhes algumas questões de ordem técnica para o entendimento do objeto de análise e seus impactos. A rede também vive uma evolução muito mais rápida do que a experimentada por outros veículos de comunicação. Qualquer estudo corre o perigo de envelhecer precocemente. Para enfrentar o problema, preocupei-me em apresentar reflexões que não fossem facilmente sepultadas com a descoberta de novos usos para as tecnologias de informação digital.

Finalmente, a cobertura da prisão de Saddam Hussein servirá para mostrar alguns modos de organização do texto, apresentar formas de abordagem do assunto e permitir depois, na conclusão, uma comparação com as coberturas dos outros noticiários.

CONSIDERAÇÕES GERAIS SOBRE A INTERNET E O PORTAL

Bernardo Kucinski (2005: 73) afirma que a rede mundial (também conhecida por *world wide web* – daí o famoso "www") exerce e combina quatro características principais relativamente distintas:

> A função de *transmissão de dados*, ampliando o leque de instrumentos de meios de transmissão que compreende também o telefone, o telégrafo e o fax; a de *mídia*, a mais nova depois da invenção da TV nos anos 1950; a de *ferramenta de trabalho*, que permite acessar bancos de dados, fazer entrevistas, ler jornais e publicações de todo o mundo e trabalhar com base nesse material; a de *memória* de toda produção intelectual, artística e científica, na forma de arquivos digitalizados, acessíveis de qualquer parte do mundo.

Há alguns reparos possíveis nessa classificação. A internet acumula outras funções importantes, como a de meio de comércio eletrônico (*e-commerce*). A rede permite a compra de produtos, facilita o acesso a serviços e exibe verdadeiros estabelecimentos virtuais. Também apresenta um amplo espaço para entretenimentos específicos, caso dos jogos on-line, sem contar a possibilidade de se consumir ou "baixar" músicas e filmes, características que perpassam as quatro funções apontadas.

Kucinski refere-se à internet como "mídia" no sentido mais geral, de "meio de comunicação". Desse modo, concilia algumas observações que acabamos de fazer e permite situar melhor nosso objeto de estudo. O autor explica que

> como meio de comunicação social, a Internet se apresenta em várias formas: blogs pessoais (diários on-line), sites e portais, que são amplos espaços com grande número de conteúdos e informações, inclusive publicidade e programas de venda direta; boletins, que são pequenos jornais ou newsletters em forma exclusivamente eletrônica, que não existiriam se não fosse a internet, jornais e revistas on-line, que são versões às vezes resumidas ou seletivas de publicações que já existiam e continuam a existir em forma impressa; e, finalmente, os e-mails, uma modalidade de correio ou comunicação interpessoal, mas que na internet assume caráter também de comunicação socializada. Em todas essas formas, há uma superação dialética entre público e privado. (2005: 76)

Conteúdo, nesse sentido, é "a informação disponibilizada pelos sites aos seus leitores, que pode vir em formato de texto, foto, vídeo ou infográfico" (Ferrari, 2004: 97). Como vimos neste estudo, o "conteúdo" pode causar problemas, vou referir-me a essa definição como "conteúdo-web". Outro ponto: é mais preciso dizer que a internet, como mídia, acolhe, modifica e mesmo inaugura outras mídias, deixando bastante complexa a questão do próprio suporte existente.

O portal, no entanto, não está no mesmo nível dos sites, blogs, boletins. Beth Saad (2003: 250) lembra que

> as operações digitais brasileiras acabaram, em sua maioria, sendo cunhadas como "portal", seja por refletirem verdadeiramente uma estratégia de amplo acesso, seja por uma questão de marketing ou de *status*, supondo-se que um portal é mais importante que uma página web.

Como veremos depois, é notável também verificar que a página inicial do UOL é a própria síntese da internet e de suas possibilidades, pois apresenta inclusive os recursos listados inicialmente como funções da rede. Ponto de partida do internauta para que possa utilizar a internet, o portal é ainda um filtro que hierarquiza o mundo caoticamente apresentado em formato digital. Ao mesmo tempo em que "engloba" tudo, não deixa de ser também parte "englobada". De qualquer maneira,

236 A MÍDIA E SEUS TRUQUES

consideramos aqui o portal como "texto" na acepção semiótica. Existe um enunciador que precisa manipular um enunciatário para que se estabeleça um laço, uma convivência, que acaba por garantir a própria sobrevivência do serviço.

Pollyana Ferrari (2004: 18) afirma que o termo "portal", como significado de "porta de entrada", começou a ser usado em 1997.

> Os portais tentam atrair e manter a atenção do internauta ao apresentar, na página inicial, chamadas para conteúdos díspares, de várias áreas e de várias origens. A solução ajuda a formar "comunidades" de leitores digitais, reunidas em torno de um determinado tema e interessadas no detalhamento do conteúdo em questão e seus respectivos hiperlinks que surgem em novas janelas de browser. (2004: 30)

Para seguir em frente, é preciso explicar alguns termos.

Pequeno glossário:

Hiperlinks ou **links** são elos entre elementos de um site que possibilitam: 1) a passagem de um ponto a outro de um mesmo documento (como, por exemplo, sair do final de uma página e voltar ao início com um toque do mouse em um desenho); 2) a passagem de um documento a outro; 3) o controle da ação de um elemento, caso de um vídeo, que pode ser colocado em funcionamento, pausado, entre outras possibilidades. Graças aos links, a internet ganha sua grande característica: o internauta constrói seu próprio caminho dentro da rede, "navega" onde quer e quando quer.

Os sites ficam armazenados em provedores de acesso, que mantêm computadores denominados servidores. Para ter acesso a um site, é preciso conhecer seu endereço na rede. Esse endereço (ou URL), numérico, é recoberto com siglas e nomes para ficar mais fácil de decorar. Trata-se do **domínio**, como www.globo. com. Além de um computador conectado à rede, é preciso ter ainda um programa que "puxe" e dê visibilidade às páginas de um site hospedado em determinado servidor. Esse programa é o **browser** ou **navegador** (como o *Explorer* e o *Netscape*). O endereço eletrônico já é produtor de sentido. O UOL, por exemplo, que se autointitula "o maior provedor da América Latina", registrou seu principal domínio no Brasil e tem o endereço www.uol. com.br. Empresas que querem parecer globalizadas adotam um domínio internacional, registrado nos Estados Unidos, sem indicação de país de origem, como o do portal da Rede Globo:

www.globo.com. Outro ponto interessante é que todos os países do mundo têm uma identificação com duas letras nos domínios (.fr – França, .uk – Reino Unido, só para citar dois exemplos), menos os Estados Unidos. Esse fato não é nada inocente do ponto de vista ideológico. Os Estados Unidos aparecem como espaço globalizado superior, acima da hierarquia e das regras impostas aos outros países.

Homepage (ou casa-página) é geralmente página inicial de um portal ou site, erroneamente confundida com o site. Alguns sites têm, antes do carregamento da homepage, uma pequena introdução, geralmente uma imagem em movimento. É mais raro, mas existe, o carregamento simultâneo de duas páginas iniciais, a homepage propriamente dita e uma outra página que chama a atenção para um assunto de grande destaque. Um terceiro caso, é o aparecimento de uma pequena propaganda ou chamada, o *pop-up*.

Ferrari também aponta a questão que mais nos interessa: "O conteúdo jornalístico tem sido o principal chamariz dos portais". Fica agora mais claro o recorte proposto. O portal, como "invenção", não nasceu para ser um jornal digital nem mesmo para ter características jornalísticas. Isso é evidente quando se vê a homepage do UOL de 1999. O formato repetia-se todos os dias e dava a impressão de enorme imobilidade.

Aos poucos, o jornalismo foi ganhando mais e mais espaço. A razão é simples.

> Percebeu-se que a maior coerção de um site ou um conjunto de sites que formam um portal era a de se mostrar em constante atualização. A tela, no entanto, apresenta uma forma de textualização de base espacial, ou seja, predominantemente estática. Foi preciso, então, encontrar meios de se representar a ideia de fluxo, característica dos textos de manifestação temporal. A principal solução pensada, e ainda válida, foi exibir os principais assuntos por meio de uma hierarquia que privilegia a sensação de máxima proximidade com o tempo presente – cronológico – do enunciatário.

Podemos observar ainda hoje as unidades noticiosas sendo apresentadas, hierarquizadas no espaço da página. Só que se relacionam a acontecimentos que acabaram de ocorrer ou em pleno desenrolar. Para completar os efeitos de atualidade e de sensação de "fluxo", as notícias vão sendo trocadas em intervalos curtos de tempo. Desse modo, o internauta, no seu processo interpretativo, deve reconhecer que está diante de informação "nova", em pleno "desenrolar". O jornalismo, portanto, não foi somente escolhido pelo interesse do público nas notícias. Cada portal, ao enunciar o tempo todo sobre um conjunto de fatos, consegue o efeito de sentido de representação do próprio pulsar da vida cotidiana e de inserção do internauta nesse movimento incessante.

O recurso de apresentar "notícias" para dar impressão de atualidade a um site ou portal virou lugar comum na rede quando se percebeu seu potencial. Basta ver, por exemplo, os sites das principais agências de publicidade brasileiras ou de grandes ONGS. Temos, na página inicial de um site, geralmente "notícias" que não passam de informação atualizada sobre os próprios enunciadores. As agências, por exemplo, anunciam seus últimos contratos, seus anúncios mais recentes. As ONGS falam dos andamentos de seus projetos. Dessa maneira, o público não só fica sabendo das "novidades" como também é manipulado para enxergar o próprio dinamismo do site e de seus donos.

FORMAS DE TEXTUALIZAÇÃO

Em um estudo sobre o portal, a homepage merece o maior empenho. Trata-se do ponto inicial de visitação. Como principal entrada, apresenta as mais evidentes estratégias de gerenciamento do nível de atenção do internauta. Antes de apresentá-las em detalhes, é preciso conhecer melhor a homepage. Grande hierarquizadora dos assuntos de um site, a homepage também escancara os valores do enunciador. Por meio da primeira página, podemos conhecer o que ele considera mais – ou menos – importante, o que valoriza e o que "esquece", enfim, parte considerável de sua ideologia, sua visão de mundo.

Um portal apresenta, digitalmente, em sua arquitetura, manifestações gráfico-plásticas que têm uma série de pontos em comum com as encontradas nos jornais impressos. Aliás, a palavra "arquitetura", bastante comum entre construtores de sites (ver, por exemplo, Saad, 2003: 259), denuncia que se fala de organização do texto por meio de relações espaciais. A textualização de uma homepage e a primeira página de um jornal têm procedimentos parecidos. Na home, é também o espaço ocupado e o posicionamento dos elementos que mostram os valores em jogo em relação às notícias. Em outras palavras, podemos utilizar – com adaptações – os conceitos de espaço/nível de atenção propostos para as publicações de papel.

Relembremos que estipulamos quatro "leis de diagramação" para os jornais e revistas impressos:

Estratégia do plano de expressão	Categorias topológicas de expressão	Correspondência no plano de conteúdo
Primeira lei: o valor de uma unidade noticiosa é proporcional ao espaço a ela concedido.	maior volume ocupado x menor volume ocupado	maior valor e potencial de atenção x menor valor e potencial de atenção
Segunda lei: tudo o que estiver na parte de cima tem mais valor do que na parte de baixo.	parte de cima x parte de baixo	
Terceira lei: a máxima valorização espacial acontece na capa ou primeira página.	exterior x interior	
Quarta lei: o início de uma unidade noticiosa é o espaço mais valorizado. Essa lei obriga a colocação das principais informações e dos elementos de mais impacto sempre no começo.	inicial x final	

Vejamos os elementos da homepage do UOL para verificar a pertinência dessas relações dos impressos no portal. A página a seguir foi capturada às 10h30 da manhã da terça-feira, 10 de maio de 2005:

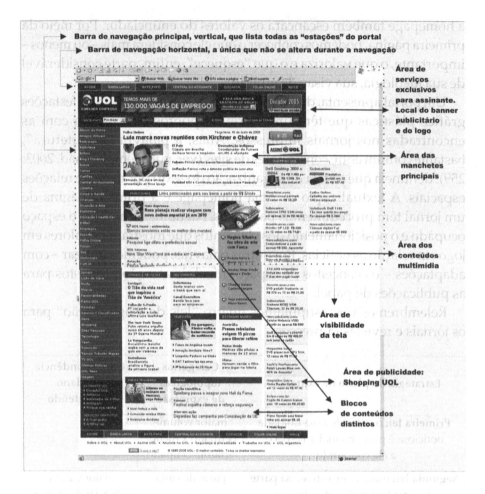

Podemos verificar que as "leis" dos impressos são aplicáveis para o estudo da primeira página do portal. A manchete principal aparece com um corpo de letra maior, ocupa mais espaço e está na parte de cima. Entretanto, há pouca variação de corpos e espessuras de letras nas contínuas atualizações da homepage. O potencial gráfico-plástico é pouco explorado. Quase todas as manchetes, de uma tragédia à vitória de um time de futebol, aparecem da mesma maneira. O retângulo central branco é o principal ponto de valorização e captação da atenção para determinados assuntos. Lá estão as notícias mais quentes, importantes e chamativas na ótica do enunciador.

Deve-se notar que o internauta, para ter acesso a tudo o que há no portal, precisa "rolar a página" com o mouse. A tela que aparece no computador é geralmente a metade superior (no gráfico, essa porção visível aparece dentro do retângulo pontilhado). Há uma categoria – *exposto* x *oculto* – que é diferente da existente nos impressos. Isso cria novas relações, principalmente para o material jornalístico. Do ponto de vista da página inteira (parte exposta mais a parte oculta), o retângulo das manchetes está na parte de cima. Só que, levando-se em conta somente a parte inicialmente exposta no carregamento da página, o mesmo bloco de manchetes está na parte central, que tem, assim, máxima visualização. Outro ponto a ser observado é a função não só das relações topológicas, mas também cromáticas. O olhar do internauta pousa no branco do retângulo das principais manchetes porque as outras partes do portal, por serem coloridas, acabam por destacá-lo por contraste.

A home tem três partes principais. A parte azul, à esquerda e no topo, dá acesso principalmente ao que os administradores do UOL chamam de "estações". São sites que organizam os principais conteúdos-web disponíveis: biblioteca, jornais, sexo, amigos virtuais. A parte central também permite acessar as estações, mas sua característica maior é a de ser uma coletânea do que as estações têm de mais chamativo e atual. Em outras palavras, são conteúdos-web já em forma de manchete. Na terceira parte, em cinza, há o shopping UOL. É nítida, portanto, a divisão entre partes de "serviços" – aqui no sentido de uma organização de assuntos que permite o acesso rápido do internauta ao que ele procura –, de "notícias" e de *"e-commerce"*.

É notável como o verbal e a disposição imóvel das letras se impuseram em um suporte que tem a possibilidade de apresentar não só um mas diversos objetos em movimento e simultaneamente. Analisemos um pouco mais a parte central, de notícias. O retângulo laranja mostra o conteúdo multimídia. E há blocos de conteúdos-web distintos. Os temas aparecem em caixas cujos títulos ficam em um retângulo vermelho-escuro e com as chamadas em fundo bege, tendendo ao cinza. Esses conteúdos-web – Jornais e Revistas, Seu dinheiro, entre outros – não são fixos. O efeito pretendido, porém, é de organização e hierarquização.

De qualquer maneira, constata-se que a ocupação dos espaços da home do portal é bastante fixa. O "principal portal de conteúdo do país", como se autodefine o UOL, tinha, até meados de 2006, uma organização muito semelhante à de um jornal impresso, ou seja, uma forma de construção de sentido por meio da administração do espaço do plano de expressão que, nos diários, de maneira geral, pouco se alterou em décadas. Os elementos que se movem – ou seja, apresentam

242 A MÍDIA E SEUS TRUQUES

relações também temporais – são quase sempre publicitários. Isso quer dizer que a estratégia de arrebatamento, quando a página é carregada na tela do computador, vincula-se principalmente às unidades de *"e-commerce"*, e não às jornalísticas. A atenção inicial deve ser fisgada para que o enunciatário se interesse em realizar compras ou em adquirir serviços por meio do site.

Podemos notar, no portal, a presença dos quatro grandes conjuntos significantes já mostrados nos jornais impressos:

1. **Verbal, manifestado tipograficamente** – Na home analisada, há pouca variação.
2. **Fotográficos** – Também, aqui, há pouca variação de tamanhos na home. Como grande parte das fotos deve ser pequena, há uma profusão de "carinhas", retratos.
3. **Pictóricos** – Na home, os recursos pictóricos também não são muito utilizados.
4. **Mistos** – Os infográficos e fusões são mais comuns nas estações, fora da home.

Há também os **diagramáticos** (o quinto conjunto)– como as caixas coloridas ou vazadas, entre outros recursos. Ao contrário dos impressos, existe no portal grande uso dessas últimas possibilidades de expressão, principalmente para dar a ideia de organização de determinados assuntos e para valorizar outros. Os recursos diagramáticos também são responsáveis pela divisão da home em partes distintas, de conteúdos-web facilmente reconhecíveis. Temos semissimbolismos "cristalizados" nos recursos diagramáticos, caso do azul representar a entrada para as estações e o espaço do assinante.

Um outro conjunto significante (na verdade, um "conjunto de conjuntos") é exclusivo da internet:

6. **Hipermidiáticos** – referem-se à manifestação de informação de mídias de fluxo, como o rádio, a TV ou quaisquer arquivos que tenham uma progressão temporal, como uma apresentação de fotos em programas de slides do tipo PowerPoint, desenhos animados e até mesmo animações somente com letras.

Uma observação: para a construção de páginas web, é preciso utilizar uma linguagem de programação. A mais básica é chamada de HTML (*Hipertext Markup Language*). Podemos comparar essas linguagens como uma cola. Os elementos são "grudados" e depois apresentados na forma de uma página, com fotos, texto verbal, links ou até mesmo um filme. Tudo isso vira *bit*, ou seja, a unidade mínima de um sistema digital que pode assumir apenas os valores 0 ou 1. O mundo digital, portanto, transforma tudo em 0 e 1. É interessante que mesmo os elementos hipermidiáticos também são entendidos como fragmentos agregados a uma página ou conjunto de páginas de modo que a organização espacial se imponha à temporal.

Quaisquer unidades dos cinco grandes grupos de conjuntos significantes podem ou não dar acesso a outras ou, ainda, desencadear funções pré-programadas pelo enunciador, como a de movimentar uma foto quando o mouse simplesmente desliza sobre um elemento. A passagem às páginas e outras unidades do portal ou fora dele é feita por hiperlinks. Funções e links põem um fim à semelhança de um site com uma revista. Notadamente os links possibilitam um contato não linear, personalizável, com os conteúdos-web da rede. É possível conhecer certas partes sem passar por outras. Via links, os conteúdos-web do site e de outros sites podem ficar disponíveis, acessíveis. Os links também informam os valores do site. Se um site de música coloca links destacados para cada gênero de música popular (samba, rock, MPB, axé etc.) e insere gêneros como jazz, música erudita em um link chamado "outros", mostra o que considera importante e o que considera menos importante. No caso, quer criar uma imagem de quem se identifica com o gosto popular.

Sabemos que os elementos tipográficos são os preferidos para a construção de links. Teoricamente, no entanto, qualquer elemento citado pode apresentar um link ou um conjunto de links (até mesmo uma única foto pode ter vários links), ações, ou seja, ser um elo para mais conteúdos-web. Observa-se uma categoria *ativo x inativo* que pode ser utilizada para determinar se um elemento de qualquer um dos seis conjuntos significantes citados é ou não uma ponte para um outro.

A característica cada vez mais evidente de que a internet é a "mídia de outras mídias" (a multimidialidade) faz com que a maioria das observações sobre outros tipos de jornais apresentados durante todo o trabalho tenha plena validade no ambiente virtual. Um programa de radiojornalismo ou telejornalismo na internet também vai obedecer às características básicas – como efeitos da entonação no primeiro e de câmera e edição no segundo – apontadas nas outras partes do trabalho. As relações entre conjuntos significantes mostradas nos impressos –

244 A MÍDIA E SEUS TRUQUES

notadamente as que envolvem os tipos gráficos e o fotojornalismo – também podem ser aplicadas na análise de um portal como o UOL. Algumas adaptações são, porém, inevitáveis.

> Os conjuntos significantes hipermidiáticos, marcados por relações textuais temporais, como um programa de TV ou rádio que pode ser assistido por meio do portal, submetem-se a uma estrutura espacial que lhes atribui valor. Mesmo que diversas janelas pudessem ser abertas para diferentes elementos de hipermídia, as formas de visualização do fluxo precisariam ser hierarquizadas e topologicamente organizadas. Poderíamos, em teoria, entrar em uma home com, por exemplo, quatro programas de televisão passando simultaneamente. Se tivessem diferentes tamanhos de tela, tenderíamos a considerar que o mais importante é o apresentado no quadro maior. Se todos fossem mostrados em telas do mesmo tamanho, seríamos tentados a valorizar mais o programa que está na parte de cima.

O EFEITO DE SENTIDO DE "INFINITAS POSSIBILIDADES"

Há outros pontos instigantes relacionados ao modo de textualização de um portal. Pode-se questionar a validade de uma reflexão sobre "texto" diante de um meio de comunicação que apresenta "conteúdos" de maneira hipertextual. É preciso lembrar, inicialmente, que um portal não é um texto sem limites. O caminho hipertextual realizado pelo internauta também é consequência de uma estratégia enunciativa que tenta organizar e tirar proveito da passagem do usuário pelas páginas, dentro da busca de audiência. As milhões de páginas disponíveis no UOL não impedem o enunciador, por exemplo, de organizar todo o portal na famosa estratégia – entre webdesigners – dos "três cliques". O portal inteiro é concebido para que o internauta "chegue" no lugar desejado passando por apenas três páginas: a home principal, a home da estação e a home do site relacionado na estação, como analisaremos no próximo item. No UOL, para relembrar e definir melhor, a palavra "estação" se refere a um site com conteúdo específico, mas de grande abrangência, hospedado pelo portal e marcado na barra de navegação à esquerda da home do portal. É o caso do UOL Notícias, UOL Sexo, UOL Jornais, entre outras opções.

Existem, no entanto, muitos caminhos possíveis dentro do portal. Só que é preciso discutir essa pretensa liberdade do internauta em construir seu próprio "texto", ou seja, o que ele quer consumir. Vejamos como o usuário pode ter acesso às notícias. Há dois caminhos principais:

clicar no link de alguma manchete na parte central, de notícias, ou ir diretamente às estações. No UOL, há oito estações dedicadas ao jornalismo. Todas têm funções específicas e, ao mesmo tempo, como não poderia deixar de ser na internet, apresentam certa interligação:

UOL **News** – Em maio de 2005, é comandado pela ex-âncora do *Jornal da Globo*, Lillian Witte Fibe. Trata-se de uma experiência de telejornalismo on-line. As notícias são oferecidas *on demand* (ficam disponíveis para serem consumidas a qualquer momento) em dois tipos de codificação: uma para banda larga e outra para banda estreita. Os conteúdos-web também são mostrados em diferentes mídias, apesar da ênfase em vídeos. É possível ler ou assistir a uma mesma entrevista. Grande parte dos vídeos é produzida pela Band News.[1]

UOL **Jornais** – Apresenta uma lista dos sites de jornais brasileiros e internacionais. Abriga ainda o site **Mídia Global**, que faz uma seleção das principais manchetes de jornais, revistas e agências de notícias (*Cox Newspapers, Der Spiegel, El País, Financial Times, Hearst Newspapers, Herald Tribune, La Vanguardia, Le Monde, Prospect Magazine, The Boston Globe, The New York Times, The* NYT *News Service,* USA *Today,* Agências de Notícias AFP, EFE, *Folha Online, Lusa,* Reuters, *Valor Online*) e apresenta links para os respectivos sites.

UOL **Últimas notícias** – É praticamente a apresentação de uma lista dos assuntos jornalísticos que vão entrando no site, às vezes de minuto em minuto. O material mais atual sempre encabeça a relação. Os títulos também têm a função de links e remetem para outras estações. O efeito de atualidade é tão perseguido que, antes dos títulos, se informa a hora em que a notícia foi colocada no portal.

Folha Online – Site que mostra os conteúdos da *Folha de S.Paulo* que são disponibilizados assim que produzidos pelo jornal. A *Folha* tem, portanto, dois sites distintos dentro do UOL, o que apresenta, na forma de conteúdo-web dentro do UOL Jornais, toda a sua edição do dia (praticamente o conteúdo verbal), e o *Folha Online*, com notícias que vão se renovando e que irão, no dia seguinte, fazer parte da edição impressa.

UOL **Revistas** – Traz sites de dezenas de publicações nacionais, entre elas *Caras, Trip, Atrevida, Herói, National Geographic, Fluir, Sexy, Próxima Viagem,* PC *World, Corpo a Corpo, Gula* e *Ciência Hoje,* além de traduções de textos de revistas estrangeiras como a alemã *Der Spiegel*.

UOL **Televisão** – Traz ampla cobertura jornalística da programação e de celebridades do veículo.

TV UOL – O destaque são os vídeos de entretenimento – músicas, entrevistas com artistas, *trailer* de filmes. Expõe os conteúdos em vídeo do UOL News e do UOL Esportes.

UOL Esportes – Apresenta bastante conteúdo jornalístico, com cobertura de diversas modalidades esportivas, os grandes campeonatos nacionais e internacionais. Destaca futebol, automobilismo e tênis. Traz também tabelas, entrevistas, reportagens e imagens dos gols, além de transmitir em vídeo os jogos e melhores momentos dos principais campeonatos brasileiros.

Essa lista, reforcemos, inclui as estações com conteúdos mais jornalísticos. A maioria das estações, no entanto, utiliza o formato "notícia" para dar efeito de atualidade aos conteúdos-web particulares. Até o UOL Bichos estampa notícias. Uma análise um pouco mais cuidadosa mostra que uma mesma notícia pode aparecer em diversas estações, com formatos distintos (vídeo, texto verbal, conjunto de fotos). Em 18 de maio de 2005, por exemplo, estreou o filme "A vingança dos Sith", último da cinesérie *Star Wars*. A parte central da home apresentava uma chamada. O mesmo assunto era tema de reportagens no UOL News, UOL Cinema, UOL Diversão e Arte, UOL Últimas Notícias, UOL Teen, *Folha Online*, UOL Tecnologia. A mesma notícia: "*Star Wars*: Episódio 3 estreia em 430 salas do Brasil" era encontrada no UOL Cinema, UOL Diversão e Arte, UOL Últimas Notícias, *Folha Online* Busca.

> Percebe-se que a sensação de uma enormidade de notícias em um portal também é um efeito de sentido. E por vários motivos. O que o internauta tem é uma espécie de "mais do mesmo", porém com diferentes embalagens, o que dá a sensação de uma infinidade de possibilidades de consumo do mesmo assunto.

Outro ponto é que a mesma notícia aparece em várias estações diferentes, pois é pouco provável que um internauta visite todas. Há maneiras de atraí-lo e de dar o que ele procura – ou seja, satisfazê-lo – por diferentes caminhos. Finalmente, também é possível verificar que as estações hierarquizam a notícia ao gosto do internauta. O mesmo filme para adolescentes pode merecer uma nota na home da *Folha Online* e um destaque maior na do *Folha Teen*. Cada estação pressupõe a existência de um diferente contrato enunciador-enunciatário, questão que vamos investigar.

O ENUNCIATÁRIO IMPACIENTE

Em uma conversa on-line com internautas[2] sobre a última grande mudança no portal UOL, ocorrida no começo de 2004, a diretora de conteúdo, Márion Strecker, foi questionada sobre qual público-alvo pretendia atingir com a reformulação:

> Pela contagem feita pela Tecnologia do UOL, temos perto de 17, 18 milhões de visitantes únicos por mês. É muita gente. A homepage do UOL é vista por gente de todas as idades e de todo o país. Somos um meio de comunicação de massa e não podemos mais eleger uma só fatia do público como alvo.

O portal, como fica bastante visível na distribuição de assuntos em links ou manchetes, busca o maior número possível de visitas ou, em termos mais técnicos, de "page-views", uma das bases de medição de audiência.

Para discutir melhor a questão do enunciatário instaurado pelo portal, é importante notar que o UOL divide seus visitantes em dois tipos distintos: 1) os assinantes, que pagam e têm acesso irrestrito a milhões de páginas, e 2) os visitantes, que devem ser conquistados para fazer parte do primeiro grupo e ter acesso restrito. A home, portanto, não é só o lugar para manter o internauta cativo como também o espaço de busca pelo internauta desgarrado, que está zanzando pela rede.

A dinâmica da rede mundial criou um sujeito nervoso, pouco paciente. Se não encontra o que quer com rapidez, tem sua autoimagem afetada, julga-se incompetente, assim como também passa a julgar o site "ruim". Ele imagina que há um grande número de possibilidades para atingir determinados objetivos. Por isso, irrita-se com qualquer demora ou obstáculo. Dos enunciatários de jornais analisados, ele é o mais volúvel e fragmentado (inclusive se comparado ao da *Folha de S.Paulo*). Como tem opções demais, cada vez que navega em uma página, tem a sensação de que pode estar perdendo algo melhor, de que seu tempo precioso poderia ser utilizado para tomar contato com informações que lhe dessem mais satisfação.

O principal valor partilhado entre enunciador e enunciatário em um portal é a rapidez. O internauta tem pressa. No entanto, há três questões diferentes e complementares que envolvem essa sensação de que tudo é ligeiro, veloz: 1) inicialmente, a rapidez deve ser consequência de uma construção eficiente do portal. Em outras palavras, as páginas devem ser apresentadas e ordenadas de modo a facilitar ao máximo a navegação do internauta. Ele deve percorrer o menor caminho possível para chegar onde deseja. 2) A internet também apresenta uma série de limitações de ordem técnica que envolve, por exemplo, o chamado "carregamento" das páginas ou conteúdos-web nos navegadores dos internautas. Essas limitações, por sua vez, também são levadas em consideração na hora de construção de um site ou portal. É preciso que as páginas e conteúdos não demorem a chegar ao internauta interessado. 3) Um portal também deve disponibilizar as notícias o mais rapidamente possível. Essa última questão será tratada na análise sobre a cobertura de Saddam, nas próximas páginas.

Analisemos com mais profundidade o primeiro problema: a coerção de um portal ou site, principalmente da homepage, ser eficiente em dar ao internauta o que ele procura e, assim, passar a sensação de "rapidez". Para atingir esse objetivo, o UOL constrói uma home cuja apresentação gráfico-plástica pouco se altera. Mudam as manchetes e publicidades, obviamente, mas as divisões, "caixinhas", cores, tamanhos das fotos, quase tudo permanece igual dia após dia. Uma análise superficial da home do UOL por semanas ou meses mostra pouquíssima variação de expressão. Como já dissemos, nem mesmo os títulos aumentam ou diminuem ao sabor da importância das notícias, como nos jornais impressos. Em um estudo mais superficial, existe a tentação de imaginar que, para arrebatar a atenção desse enunciatário instável, apressado, uma homepage deveria ser cheia de surpresas, de novidades. Uma investigação mais cuidadosa, porém, apresenta a avidez do enunciatário e a pouca mobilidade da home principal como outro falso paradoxo.

> É precisamente pelo fato de a internet vender-se como meio que disponibiliza bilhões de páginas, imensa variação e possibilidades, que o internauta tende a se sentir mais seguro diante do que já conhece. Daí o fato de que a homepage pouco se altera do ponto de vista formal. Outro ponto importante é que a ansiedade em navegar, em chegar onde se deseja rapidamente, faz do enunciatário na rede um sujeito que não quer pensar muito, evita obstáculos de qualquer ordem. Nesse sentido, a estratégia de arrebatamento do portal é muito mais sutil do que em outros jornais estudados.

Como citamos, a home do UOL, por exemplo, é mais reservada à publicidade por meio de animações nos *banners* (barra de anúncios) ou desenhos que surgem repentinamente e atravessam a tela. Os acessos à maioria dos conteúdos-web são fixos e marcados por convenções entre enunciador e enunciatário (mais precisamente, semissimbolismos cristalizados). Quem gosta de ver os conteúdos multimídia do site UOL em 2005 sabe, por exemplo, que a lista dos mais "quentes" se encontra no citado quadrado laranja no meio da home.

É evidente que a internet, mais do que qualquer outro meio de comunicação, sofre de limitações técnicas de toda a ordem. E aqui aborda a segunda questão que envolve a necessária sensação de rapidez na rede mundial de computadores. O grande drama da internet atualmente é a velocidade de tráfego de bits pelas linhas telefônicas e outras formas de transmissão (como cabo, satélite etc.) com profundos impactos na maneira de conceber os sites. Textos verbais não têm muitos bits, são "leves", de carregamento quase instantâneo na tela do enunciatário. Músicas e, principalmente, fotos e desenhos podem consumir milhões de bits. Imagens em movimento (na verdade, imagens congeladas cuja apresentação em sequência de quadros engana nossos olhos e simula movimentação), como filmes, são "pesadas". Fotos, desenhos, fundos coloridos ou letras voando pela tela tornam um site mais atrativo. Se o construtor de um site, porém, privilegiar mais e mais aspectos estéticos, pode torná-lo "pesado". Um site que demora a carregar vai afugentar enunciatários sem paciência ou recursos para manter uma linha de banda larga. Isso tudo é importante do ponto de vista semiótico. Cada uma das opções de concepção de um site também revela o tipo de público para o qual ele foi pensado. Um site com muitos recursos de hipermídia constrói um usuário que tem banda larga e maior poder aquisitivo. Mostra ainda grande investimento do enunciador na estratégia de arrebatamento do enunciatário. De maneira geral, podemos observar uma categoria – site "pesado" x site "leve" – que, na verdade, vincula-se ao carregamento das páginas e às relações temporais lento x veloz de grande pertinência na análise de um meio de comunicação marcado pela necessidade de parecer sempre mais e mais rápido.

O enunciador de um portal como o UOL, que precisa satisfazer enunciatários díspares – dos que têm banda larga aos que ainda convivem com um modem ultrapassado no micro – também concebe as páginas-web em função desse aspecto técnico. Isso significa que não é possível tirar proveito de uma série de opções de design gráfico. Até mesmo estratégias de arrebatamento comuns nos jornais diários, como o uso de fotos enormes de grande contraste de cores, por exemplo, não podem ser utilizadas na home. Tenta-se então instaurar e manter a curiosidade por meio da apresentação e da decodificação dos conteúdos, ou seja, por meio da estratégia de sustentação. O internauta deve passar os olhos nos títulos e querer saber detalhes da história. Como há muitos tipos de enunciatários, o portal é carregado de manchetes de diversos assuntos para instigar a curiosidade dos diversos segmentos do público-alvo e compensar a falta de outros recursos. Geralmente, há mais de quarenta títulos. Nenhum outro jornal estudado tem tantas manchetes.

A falta de variação gráfico-plástica do portal também indica a importância da estratégia de fidelização, de investimento em uma relação na qual o internauta sempre tenha segurança de achar o que quer rapidamente porque conhece já os caminhos. A organização textual de pouca variação do UOL aponta que é muito mais vital dar acesso imediato ao que o internauta deseja do que "entretê-lo" durante a operação. Em função disso, a home do portal é essencialmente utilitária. Portanto, o efeito buscado pela principal página web do portal é o de simplicidade, de organização, de rapidez, tanto para encontrar o que se pretende quanto para o descarregamento de informações na tela de qualquer usuário.

Essa estratégia "racional" e "utilitarista" da home do portal é quebrada em diversas homes das "estações". Isso porque o internauta, ao entrar na página inicial e escolher ir para a parte de "Corpo e Saúde", "Economia" ou "Criança", já mostrou certos interesses que permitem ao enunciador saber como "segmentá-lo". Vejamos as homes dessas estações citadas:

O PORTAL 251

A home de cada estação, ao contrário da home do portal, pode adequar-se ao seu público-alvo. Um site de informações econômicas, como o UOL Economia, continua privilegiando um contato "racional", o que projeta um enunciatário que está interessado em chegar rapidamente à informação desejada. Pode-se observar o volume de informação disponível nessa home. Percebe-se um simulacro de um internauta que quer "saber de tudo". Nas outras estações, o número de links e de informações é bem menor. O UOL Criança, além de apresentar menos assuntos, tem uma home construída em cores vibrantes, com ícones junto à barra de navegação. A estação Corpo e Saúde também apresenta chamativos fundos laranja e verde. O internauta que acessa essas duas homes pela primeira vez está diante de estratégias de arrebatamento, de elementos que atraem o olhar e se colocam para serem "sentidos". Nos três casos, porém, pode ser observada a mesma arquitetura de construção. Percebe-se o destaque espacial para as "notícias", o que o enunciador considera mais importante. Há também uma parte reservada para as "últimas notícias" que mostra a existência de um site com informação quente, que quer fazer crer que é atual. A barra à esquerda remete a assuntos mais específicos ou a mais pontos de interesse do internauta. Completa-se, desse modo, a teórica viagem dos "três cliques", imaginada, na maior parte das vezes, como um caminho do geral ao particular (home do portal – home da estação – home do assunto específico) e que deve dar a sensação de acesso rápido ao conteúdo desejado.

Essas constatações corroboram a análise de Ricardo Augusto Silveira Orlando (2001), sobre o UOL:

> O portal configura-se como iniciativa de introdução do caráter massivo na web que, em princípio, torna-se, de certa maneira, uma contraposição às características inovadoras da comunicação on-line. [...] Se o hipertexto pressupõe alteração na relação de forças entre autor/leitor, o portal investe na produção de escolhas viciadas, utilizando-se de forte esquema valorativo para impor as alternativas "ideais". Se a Internet abre um modelo todos-todos, ele trabalha basicamente para recompor a emissão centralizada. A "interatividade" configura-se como fabricação, simulando ambientes de abordagem individualizada, de diversidade de escolhas, de quantidade de alternativas. Trata-se de tática de dissimulação de seu caráter massivo. O investimento num modelo típico de comunicação massiva espelha a fé dos portais na passividade dos usuários.

TUDO É NOTÍCIA

As homes dos portais tornaram mais evidente a elasticidade do conceito de notícia. A necessidade de satisfazer a públicos distintos, às vezes ideologicamente díspares, transforma a homepage de um grande portal na mais concreta expressão da pós-modernidade. No exemplo citado de 10 de maio de 2005, na mesma página do portal reservada aos assuntos que se querem fazer crer como jornalísticos, encontram-se unidades noticiosas sobre a reunião dos presidentes da Argentina e Brasil ("Lula marca novas reuniões com Kirchner e Chávez" – manchete principal), junto a outras como "Presos rebelados exigem 15 pizzas para libertar reféns", ou que buscam a curiosidade sobre o "Futuro incerto de Angélica", a apresentadora da Rede Globo.

A convivência faz com que os assuntos densos (políticos, econômicos, que dizem respeito a questões de ordem coletiva) percam sua força, e as notícias leves (de diversão, entretenimento, que falam ao lado mais individualista, privado do internauta) adquiram respeitabilidade. Há dois tipos de conteúdos mais valorizados – que ficam no quadrado branco – e recebem maior destaque visual (caso da manchete principal, em corpo de letra maior em relação ao de outros títulos da home). De um lado, persistem, como nos diários, as manchetes sobre assuntos "densos", que envolvem política e economia. O UOL também valoriza conteúdos esportivos, principalmente jogos de futebol. O grande destaque dado ao esporte diferencia o portal dos outros noticiários estudados. Nesse sentido, o UOL instaura um enunciatário que valoriza, do mesmo modo, os detalhes de um escândalo de corrupção no governo e o resultado de uma disputa entre Santos e Palmeiras. O sujeito político, interessado em temas da coletividade, recebe tanta atenção quanto o sujeito lúdico, aquele que se importa com atividades que lhe dão prazer. Ressalte-se que há mais manchetes para os assuntos políticos do que para os de esportes.

Uma comparação com os outros jornais analisados torna possível verificar que grande parte da home do portal deve ser preenchida com notícia quente, ou seja, de rápido envelhecimento, de consumo imediato.

> O portal como um todo é dependente da **temperatura das unidades noticiosas** numa estratégia de transferência de valor dos pedaços para o todo. Em nenhum outro meio de comunicação analisado essa dependência é tão crítica. Citamos o fato de qualquer jornal precisar fazer seu consumidor acreditar que as notícias divulgadas são atuais. O portal tem o contrato com

> a cláusula mais rígida. Precisa, a cada punhado de segundos, afirmar-se como atual e pertinente a usuários com interesses desiguais que precisam se sentir contemplados no recorte de mundo disponibilizado na home. O "ineditismo" de um fato é um valor mais importante no portal do que em outros meios de comunicação. Serve para gerar o efeito de proximidade temporal entre enunciador e enunciatário.

Outro ponto, lembrado por Orlando (2001: 244), é que o portal se utiliza do prestígio de diversos outros jornais para obter autoridade na hora de enunciar as próprias notícias. É preciso um enunciador autorizado, que tenha credibilidade, para noticiar. Várias empresas jornalísticas também colocam no ar seus sites valendo-se do prestígio de suas marcas. A "face" virtual busca reproduzir no uso das mesmas cores, dos mesmos recursos verbais, a identidade já consagrada. Mantém-se desse modo a ideia de que um site, como o da *Folha de S.Paulo*, por exemplo, é uma continuação do jornal, não uma mídia totalmente diferenciada. Vale a pena estudar sites para verificar até onde cada um se ampara no prestígio de outras mídias mais "antigas", tradicionais. Enfim, o que é novidade ou mera reprodução para manter uma identidade de sucesso. A *Veja*, por exemplo, utiliza o site para quebrar a limitação da revista, que é a de apresentar fatos com intervalo de uma semana. As atualizações na internet são contínuas, o dia todo. O site também apresenta conteúdo diferenciado, detalha matérias, fornece mais imagens, sons e, principalmente, liga conteúdos de várias edições via links. O efeito pretendido, portanto, é o de expansão hipermidiática do jornalismo impresso ou mais serviços e detalhes informativos à disposição dos leitores, dentro de uma mesma marca.

A estratégia do UOL, como "nova mídia", não foi só a de se beneficiar da credibilidade de veículos jornalísticos ao incorporá-los no interior do portal. O UOL se vende ainda como mídia de outras mídias, ou seja, como um novo canal que tira proveito de cada um dos *ethos* dos jornais abrigados no seu servidor para compor um *ethos* próprio, o de mídia "completa" que a eles se sobrepõe, já que os subordina.

A COBERTURA DA PRISÃO DE SADDAM

Quem acessou os grandes portais brasileiros na manhã de domingo, 14 de dezembro de 2003, ficou sabendo da prisão de Saddam Hussein em primeira mão. Beatriz Singer e Dennis Barbosa, do *Observatório da*

Imprensa, registraram a corrida brasileira entre os sites para a divulgação da detenção do ex-ditador do Iraque:

> Nahum Sirotsky, correspondente do iG em Israel, foi o primeiro jornalista a serviço de um veículo brasileiro a dar a notícia da captura de Saddam. O *Último Segundo* saiu com a informação às 8h32 no sábado. A *Folha Online* anunciou às 8h26, mas a partir da informação de "agências internacionais". No texto, cita a agência iraniana IRNA. O Terra anunciou às 8h40, também com informações da IRNA. Já a *GloboNews* publicou a notícia exatamente no mesmo horário que o iG, às 8h32. Como os outros dois sítios, porém, colheu informações junto a agências estrangeiras, não informando quais lhe serviram. A página de notícias da edição online do *Estado de S. Paulo* deu a informação às 8h43, com informações da Associated Press.[3] [Um reparo: na verdade, as notícias começaram a ocupar as telas no domingo pela manhã, e não no sábado.]

> Por esses comentários, pode-se observar que, no jornalismo do UOL, o valor da notícia também se relaciona com o fato de a novidade estar rapidamente disponível para consumo. A sensação de rapidez do portal é muito importante. Na internet, o "tornar consumível" ou a "disponibilização" rivaliza com o próprio impacto do que é divulgado. Devemos relembrar que o *ethos* da marca é beneficiado pelo valor da notícia e também pela forma de divulgá-la. Na internet, o mais rápido é sancionado como o mais competente.

No UOL, a apresentação de um menu de notícias em constante renovação é uma das estratégias para dar a sensação de máxima atualidade ao material divulgado. Essa corrida pela "disponibilização" das novidades traz vantagens, mas também problemas. O noticiário tem uma fragmentação enorme porque está submetido a um procedimento de edição (como ato) completamente diferente em relação ao realizado pelos outros jornais. Pollyana Ferrari refere-se a essa lógica como de "empacotamento" e "empilhamento" de informações (2004: 19 e 50). A própria ideia de notícia como "resumo de um acontecimento" ou "exposição sucinta de um assunto qualquer" (*Dicionário Aurélio*) perde um pouco o sentido em função de seu caráter de enorme fragmentação. Quando o UOL citou a prisão de Saddam pela primeira vez, por exemplo, não havia sequer a certeza de que a informação procedia. A manchete era: "Líder curdo diz que Saddam Hussein foi capturado".

Nem mesmo o departamento de defesa norte-americano confirmou a notícia. Em seguida, o panorama mudou. E o portal foi publicando e empilhando as notícias por ordem de novidade. Às 9h08, nova manchete: "Governo provisório no Iraque anuncia captura de Saddam; EUA não confirmam". Às 9h36, a *Folha Online* liberou uma matéria de arquivo, preparada muito antes para a ocasião: "Saiba mais sobre Saddam Hussein". Lia-se o lide sobre a prisão e todos os 11 parágrafos restantes contavam a trajetória do ex-ditador em ordem cronológica a partir do nascimento dele, em 1937. Novidade mesmo só nas primeiras linhas. Mas já havia uma tentativa de contextualização. Via-se uma foto de Saddam sorrindo, de terno e gravata. Às 9h53, outra notícia: "Saddam dormia quando foi capturado, diz Conselho de Governo". Nesse texto, o internauta ficou sabendo que Saddam foi preso na cama, informação que depois foi desmentida pelo exército dos EUA. O ex-ditador terminou detido após se esconder em um buraco na versão dos militares norte-americanos. Às 10h30, nova atualização do *Folha Online*: "Veja nota oficial do governo provisório do Iraque sobre a captura de Saddam".

Além de uma obviedade, a de que Saddam estava preso "sob forte vigilância", ficava-se sabendo pelo relato da agência *Reuters* que o ex-presidente iraquiano "usava uma barba falsa" no momento da prisão. A informação não era verdadeira. Não houve, porém, desmentidos. As notícias mais atuais iam corrigindo as informações. O portal, ao mesmo tempo, foi disponibilizando informações sobre o assunto em outras estações, como no UOL Últimas Notícias. Nesse último espaço, uma pequena nota de quatro linhas da agência *France Presse*, às 9h59, anunciava a prisão. Às 10h08, no mesmo espaço, um texto da BBC *Brasil* também falava da captura e tinha um link para o site da agência, com mais informações, a maioria já conhecida, como a recompensa oferecida pela captura. Às 10h12, a *Folha Online* dava destaque para a confirmação da notícia pelo governo norte-americano, colocava um mapa, links para mais detalhes e imagens no final da página:

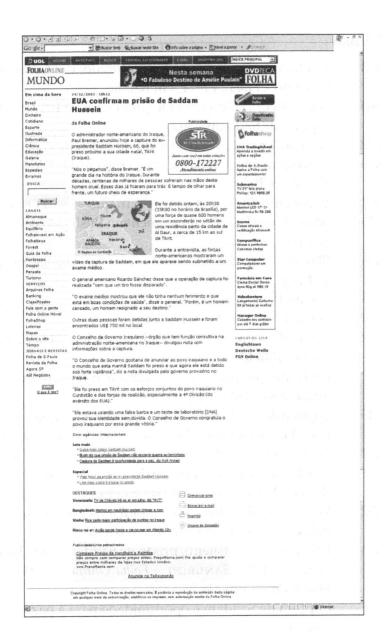

A partir daí, a *Folha Online* vai apresentando novos detalhes e as repercussões. A seguir, mostramos todas as manchetes e a ordem de disponibilidade das notícias no site, o que ilustra bem a ideia de "empilhamento" na forma de um menu. Cada título era também um link, no qual o internauta tinha acesso aos detalhes. A prisão de Saddam dominou os assuntos do site. Em negrito, estão notícias sobre outros temas.

14/12/2003

09h53 Saddam dormia quando foi capturado, diz Conselho de Governo – *France Presse*, em Bagdá

10h03 Veja nota oficial do governo provisório no Iraque sobre a captura de Saddam – *Reuters*

10h12 EUA confirmam prisão de Saddam Hussein – *Folha Online*

10h48 Vídeo com imagens de Saddam Hussein é exibido – *France Presse*, em Bagdá

11h02 Veja a cronologia da Guerra do Iraque – *Folha Online*

11h25 Alemanha e França cumprimentam Bush pela captura de Saddam – *France Presse*

11h46 Blair diz que prisão de Saddam traz "reconciliação e paz" ao Iraque – *Folha Online*

11h55 Site do Pentágono celebra a captura do "ás de espada" – *France Presse*, em Washington

13h32 Bush fala sobre prisão de Saddam às 15h – *France Presse*, em Washington

15h32 Bush diz que prisão de Saddam não encerra guerra ao terrorismo – *Folha Online*

15h45 Captura de Saddam pode ajudar Bush nas eleições de 2004 – JEAN-LOUIS DOUBLET da *France Presse*, em Washington

15h52 Carro-bomba explode no centro de Bagdá – *Folha Online*

16h17 Saddam Hussein foi retirado do Iraque logo após captura, diz TV – *France Presse*, em Washington

16h32 Veja a lista dos dirigentes iraquianos presos ou mortos pela coalizão – *France Presse*, em Bagdá

16h44 Para assessor brasileiro, prisão de Saddam ajuda Bush na eleição – JOÃO SANDRINI – *Folha Online*, em Brasília – *France Presse*, em Madri

17h05 Captura de Saddam é oportunidade para a paz, diz Kofi Annan – *France Presse*

17h18 Coalizão anglo-americana ainda procura 14 ex-dirigentes iraquianos – *France Presse*, em Bagdá

17h29 EUA ofereciam recompensa de US$ 25 mi por Saddam Hussein – *France Presse*, em Washington

18h01 Veja os principais trechos do discurso de Bush após prisão de Saddam – *France Presse*, em Washington

18h07	Membro do Conselho Iraquiano afirma que Saddam permanece no país
18h51	Prisão de Saddam causa euforia e descrença em iraquianos – *Folha Online*
18h55	**Presidente paquistanês escapa de atentado no norte do país –** *France Presse*, **em Islamabad**
19h02	"Regime terrorista terminou" no Iraque, afirma Rumsfeld – *France Presse*, em Washington
19h05	**Quatro soldados americanos são feridos em ataque no Kuait –** *France Presse*
19h19	Tribunal Penal iraquiano poderá julgar Saddam Hussein – *France Presse*, em Bagdá
19h22	**Tumulto em show na Argentina deixa 20 feridos e 110 detidos –** *France Presse*, **em Buenos Aires**
19h25	General da antiga Guarda Republicana de Saddam é morto a tiros – *France Presse*, em Mossul (Iraque)
19h42	*Human Rights Watch* defende julgamento de Saddam sem "vingança" – *France Presse*, em Nova York
19h56	**Especialista do Exército dos** EUA **é morto em explosão no Iraque –** *France Presse*, **em Bagdá**
20h04	Códigos da operação para capturar Saddam foram inspirados em filme – *France Presse*
20h15	Veja a lista das pessoas mais procuradas no mundo – *France Presse*, em Paris
20h17	Canadá felicita forças da coalizão por captura de Saddam Hussein – France Presse, em Montreal
20h25	Captura de Saddam Hussein beneficia governo Tony Blair – OLIVIER LUCAZEAU da *France Presse*, em Londres
20h55	Saddam nega ter arsenal e não coopera em interrogatório, diz revista – *France Presse*, em Washington
21h06	Líderes mundiais expressam satisfação pela prisão de Saddam Hussein – *France Presse*, em Paris
21h14	**Morre ministro filipino das Relações Exteriores –** *France Presse*, **em Taipe**
21h22	Iraque apresentará à ONU projeto de cessão de soberania – *France Presse*, em Paris
21h33	**Igreja católica peruana pede perdão por violações de direitos humanos –** *France Presse*, **em Lima**

21h35	Negociações sobre a Coreia do Norte podem ser adiadas para 2004 – *France Presse*, em Tóquio
22h45	Al Arabiya volta ao Iraque sem permissão para cobrir prisão de Saddam – *France Presse*, em Dubai (Emirados Árabes Unidos)
22h50	**Presidente do Paquistão confirma que foi alvo de atentado – *France Presse*, em Islamabad (Paquistão)**
22h54	Saddam Hussein será tratado como prisioneiro de guerra, diz Rumsfeld – *France Presse*, em Washington
22h58	Rice questiona efeito da prisão de Saddam em ataques contra coalizão – *France Presse*, em Washington
23h25	EUA escolheram cuidadosamente imagens do vídeo de prisão de Saddam – France Presse, em Washington

15/12/2003

03h35	Acabou a "era de trevas", diz George W. Bush – CÍNTIA CARDOSO da *Folha de S.Paulo*, de Nova York
03h52	Sentimentos se dividem no mundo árabe após prisão de líder anti-EUA – *Folha de S.Paulo*
04h08	Em Bagdá, sensação é de alívio e medo – SÉRGIO DÁVILA da *Folha de S.Paulo*
04h36	Análise: Resistência deve diminuir com captura de Saddam – SÉRGIO DÁVILA da *Folha de S.Paulo*
04h49	Cálculo de mortos pelo regime de Saddam chega a um milhão – SÉRGIO DÁVILA da *Folha de S.Paulo*
05h05	Análise: Prisão do ex-ditador dá alento a abertura árabe – SÉRGIO MALBERGIER da *Folha de S.Paulo*
05h14	**Presidente afegão defende manutenção de poderes na nova Constituição – *Folha de S.Paulo***
05h24	**Ex-aliado aponta ação de De la Rúa em suborno – CAROLINA VILA-NOVA da *Folha de S. Paulo*, de Buenos Aires**
05h37	**Cantora Lauryn Hill ataca Igreja no Vaticano – *Folha de S.Paulo***
05h36	Saddam Hussein será tratado como um prisioneiro de guerra, diz Rumsfeld – *France Presse*, em Washington
05h46	Saddam Hussein será julgado por magistrados iraquianos – JEAN-MICHEL CADIOT da *France Presse*, em Paris
05h49	**Dois franceses morrem em acidente aéreo no noroeste da Colômbia – *France Presse*, em Bogotá**

05h41	Prisão de Saddam fortalece Bush antes de eleição presidencial de 2004 – *France Presse*, em Washington
07h01	Ataque suicida mata oito iraquianos em Bagdá – *Folha Online*
07h13	Comentário: Imagens da TV desumanizam ditador deposto – João Batista Natali da *Folha de S.Paulo*
07h17	Saddam pediu para negociar sua prisão, diz comandante – *France Presse*, em Ad Dawr (Iraque) – *Folha Online*
07h41	Estudantes fazem manifestação pró-Saddam em Tikrit – *France Presse/Folha Online*
08h12	Nova Zelândia se opõe à pena de morte para Saddam – *France Presse*, em Wellington (Nova Zelândia)/*Folha Online*
08h32	**Segurança é reforçada no Vaticano após advertência de Israel – agência *Lusa*, em Lisboa**
09h31	Governo australiano apoia pena de morte para Saddam – *France Presse/Folha Online*
09h36	Detenção de Saddam é um "passo para a paz" no Iraque, diz UE – *France Presse*, em Bruxelas
10h36	Sem banheiro, esconderijo de Saddam é decorado por arca de Noé – *Folha Online*
11h07	Irã prepara denúncia contra Saddam em tribunal internacional – *France Presse*, em Teerã (Irã)
12h31	Cruz Vermelha pretende visitar Saddam Hussein – *Folha Online*
12h48	**Colin Powell faz operação de câncer de próstata – *France Presse*, em Washington**
13h40	EUA dizem ter capturado outros ex-dirigentes iraquianos – *Folha Online*
13h50	Prefeitura de Fallujah é saqueada por partidários de Saddam – *France Presse*, em Fallujah (Iraque)
14h11	Saddam pode ser condenado à morte, diz líder iraquiano – *Folha Online*
14h37	Após captura de Saddam, EUA prendem antigos membros do regime – *Folha Online*
15h29	Lula felicita Bush pela captura de Saddam Hussein – *France Presse*, em Washington
15h39	Saddam Hussein será levado a julgamento, diz Bush – *Folha Online*

Devemos lembrar que outras partes do portal também foram sendo atualizadas. É possível notar que o material mais factual, na acepção jornalística, foi dando lugar ao especulativo. Não houve correções das informações conflitantes. Do ponto de vista do gerenciamento do nível de atenção, a fragmentação narrativa em dezenas de textos tem inúmeras consequências. Percebe-se, no caso da cobertura da prisão de Saddam, um enunciador cedendo voz a outro que tem mais autoridade para cumprir o papel de informar. O portal UOL dá voz, por exemplo, à *Folha de S.Paulo* em sua versão on line que, por sua vez, remete às agências de notícias na maioria dos momentos.

Uma consequência da fragmentação narrativa é a curiosidade de acompanhar o desenrolar da história, um tipo de estratégia de sustentação que tem grande peso nos sites noticiosos. É preciso ressaltar que o internauta tinha na tela do computador o que de mais recente era divulgado sobre a prisão do ex-ditador. O auge da divulgação aconteceu entre a manhã e a tarde de domingo, dia de pouco jornalismo "quente". Rádio e TV das grandes redes nem contam com edições de seus principais programas no final de semana.

O contato do enunciatário com o empacotamento contínuo de notícias, ao que tudo indica, não é sentido como defeito, mas circunstância inerente à urgência de informar. O preço, no entanto, é uma fragmentação que contraria os prognósticos mais otimistas em relação ao chamado "web jornalismo", o de possibilitar o acesso a uma série de recursos de hipermídia para contextualizar a história de uma maneira que nenhum outro jornal, individualmente, poderia fazer.[4] Dito de outra maneira, um site pode apresentar fotos, filmes, textos, sons, infográficos e muitos outros recursos para contar detalhes de uma notícia, como veremos depois. Não houve, porém, organização desses recursos para apresentar a prisão de Saddam em alguns casos. Ao contrário, a sensação, foi de mais e mais empilhamento. Na *Folha Online*, por exemplo, a contextualização significou somente apresentar ao internauta links que remetiam a outros textos da lista de notícias. Na matéria das 16h44 do dia 14 – "Para assessor brasileiro, prisão de Saddam ajuda Bush na eleição"– o final do texto apresentava em "Saiba mais sobre Saddam Hussein" o seguinte conjunto de links:

- Site do Pentágono celebra a captura do "ás de espada"
- Veja a cronologia da Guerra do Iraque
- Com barba e roupa de camponês, Saddam não resistiu à prisão

Esses links, por sua vez, eram matérias anteriores. Enfim, esse texto criava um outro texto maior que, por sua vez, dava acesso a mais e mais dados sobre a prisão do ex-ditador.

> Percebemos também que, por mais que o empacotamento tenha como coerção um ordenamento temporal, há espaço para o enunciador fazer escolhas do que o enunciatário deve valorizar. Essa hierarquia fica evidente no que aparece na primeira página do próprio portal. As manchetes da home têm como critério de escolha não somente o que é mais atual mas o que é potencialmente mais atrativo num dado período, que pode ser de alguns minutos ou de algumas horas. Um portal, devemos relembrar, é o único noticiário estudado que não se organiza na forma de edições, que tem um intervalo de tempo fixo, de 24 horas no *Jornal da* CBN, no *Jornal Nacional*, na *Folha de S.Paulo* e de uma semana na revista *Veja*. Em um portal, é preciso escolher uma manchete que, além de efeito de atualidade, tenha também maior repercussão em relação a outras notícias.

A reprodução a seguir da primeira página do UOL foi feita na segunda-feira, 14h54:[5]

A notícia principal sobre um Saddam não cooperativo foi pinçada de uma série de outras possibilidades. Pode-se notar, no entanto, uma escolha cuidadosa. Tentava-se atrair a curiosidade do internauta que queria saber as reações do ex-ditador já no cárcere. Desse modo, o portal tentava conciliar os interesses de um público que já tinha tomado contato com a notícia e de outro que, ao chegar à home, estava sendo apresentado à novidade. As outras notícias contextualizavam o assunto e mostravam os primeiros textos interpretativos que abordavam o julgamento do ex-ditador.

A home do portal apresentava sete possibilidades distintas de entrada para o assunto "prisão de Saddam". A manchete principal e as três submanchetes no retângulo de destaque não deixam dúvidas sobre a valorização do assunto. O portal ainda apelava às estações UOL News, UOL Jornais e UOL Revistas para mostrar ao internauta que nesses espaços também a detenção do ex-ditador teria máximo destaque. Ao contrário de um jornal impresso, como a *Folha de S.Paulo*, o valor do assunto não ocorre somente porque o título tem um corpo de letra muito grande. Temos um desdobramento da primeira lei de diagramação que é exclusiva do portal: a importância de uma notícia está ligada ao número de manchetes e links a ela associados.

Se clicasse no link da manchete principal, o internauta seria levado à parte de Mídia Global (a seguir) e ao site "Especial Iraque". Como esse seria o caminho natural do internauta que tomava o primeiro contato com a notícia, pode-se observar como a novidade aparece contextualizada.

NOTAS

[1] "Lillian Witte Fibe estreia no comando do UOL News". Disponível em http://noticias.uol.com. br/uolnews/2004/09/17/ult2528u8.jhtm – último acesso em maio de 2005.

[2] "Bate-papo com Márion Strecker" em 26 mar. 2004, às 20h – disponível no endereço: http:// bp.tc.uol.com.br/convidados/arquivo/frames.jhtm?url=http://bp.tc.uol.com.br/convidados/ arquivo/midia/ult1666u117.jhtm – acessado em maio de 2005.

[3] "Captura de Saddam – Ig foi o primeiro". Em http://observatorio.ultimosegundo.ig.com.br/ artigos/mo161220031.htm – último acesso em maio de 2005.

[4] O livro de Pollyana Ferrari, *Jornalismo digital*, apresenta justamente essas possibilidades que, acredita a autora, ainda não foram corretamente aproveitadas.

[5] A primeira página mostra um estágio anterior em relação à home analisada. A barra das estações está em vermelho, o que cria quatro regiões distintas (serviços para usuários, em azul; serviços nas estações, em vermelho; notícias, em branco; e *e-commerce*, em cinza e branco). Há menos destaques cromáticos para os blocos de informação.

CONCLUSÃO

Qualquer pesquisador escolhe um ponto de vista para conceber e analisar um objeto. No jornalismo, há estudos comuns: técnicos, segmentadores (que se interessam por um título, uma foto, a parte verbal ou visual), generalizantes (de grandes teóricos), de "histórias de bastidores". Essas análises são indispensáveis. Só que também é preciso construir conhecimento para examinar os jornais como instrumentos de persuasão e de poder em suas manifestações concretas, cotidianas, atraentes, dinâmicas, fugazes. Apresentar e justificar ferramentas de investigação dos objetos jornalísticos norteou todo o nosso trabalho.

ETHOS E EFEITOS DE PROXIMIDADE

Os jornais analisados mostraram a necessidade de equilibrar duas coerções quase contraditórias. De um lado, devem parecer objetivos na maneira de noticiar, o que impõe uma série de efeitos de construção textual, como a apresentação de textos em terceira pessoa, sem um "eu" que assume a enunciação. Ao mesmo tempo, buscam obter e manter a atenção por meio de certa intimidade e confiança entre enunciador e enunciatário, o que significa investir em um *ethos* amigável, compreensivo.

Mais do que afirmar que existe um efeito de objetividade ou de subjetividade, é importante notar que cada jornal faz uma verdadeira regência de todas as suas unidades e possibilidades discursivas para administrar sentidos que trafegam entre esses dois limites.

O necessário equilíbrio entre os efeitos de distanciamento em relação às notícias e de proximidade com o público-alvo gerou dois *ethos* distintos dos jornais:

- *o que simula uma relação entre iguais.* É o caso da *Folha*, do *Jornal da* CBN e do *Portal* UOL, que tentam fazer crer numa relação de mesmo nível com seu público, no sentido de sujeitos que partilham uma posição sociocultural parecida. A *Folha*, ao segmentar os leitores, como mostrado, chega ao requinte de ter uma construção adequada a cada segmento do público, mesmo caso do *Portal* UOL com as diferentes "estações". No *Jornal da* CBN, o âncora faz brincadeiras com resultados do futebol, dirige-se aos ouvintes como se fossem amigos.
- *o que simula uma relação professoral.* Essa forma de ligação é marcada por um didatismo que impõe uma construção textual que remete à posição de alguém que muito sabe em relação a outro que pouco sabe. O jornal (e seus profissionais) está em um nível sociocultural superior. Podemos citar como exemplos o *Jornal Nacional* e a revista *Veja*. Ambos têm em comum o fato de se dirigirem a um público mais amplo se comparados aos jornais anteriores. O apresentador do JN, Willian Bonner, usa sempre terno e gravata, explica em detalhes nomes e situações complexas com voz pausada, vocabulário simples. Não fala para os seus "iguais", assim como o próprio JN, mesmo que o slogan da rede tente construir essa relação. Já a *Veja* prefere mostrar que sabe mais, porém com uma atitude diferente. A revista se apresenta como juiz de tudo o que acontece.

COMPARAÇÃO ENTRE OS JORNAIS ANALISADOS

A tabela a seguir relaciona os jornais estudados, o tipo de organização textual predominante, o ciclo de produção e a forma de interação:

Veículo e noticiário	Textualização	Ciclo de produção	Forma de interação
Impresso *Folha de S. Paulo* e *Veja*	Espacial	24 horas no primeiro e semanal no segundo	Usuário define forma de consumo de um número determinado de notícias
De internet *Portal* UOL	Predomínio da espacialidade sobre a temporalidade	Possibilidade de ser de minuto a minuto	Usuário define forma de consumo de um número determinado de notícias
De televisão *Jornal Nacional*	Temporal	24 horas	Usuário deve adequar-se ao horário e à programação
De rádio *Jornal da* CBN	Temporal	24 horas	Usuário deve adequar-se ao horário e à programação, mas tem a possibilidade de obter informações gerais consumindo apenas uma parte do programa

Se cada jornal é obrigado a disputar a atenção do público-alvo, certos limites e vantagens de cada um ficaram demarcados na análise. Os programas jornalísticos da TV, por exemplo, têm os laços mais tênues com a audiência. Tão frágeis que, como foi discutido, certos teóricos acham impossível qualquer conteúdo mais "profundo" nesse veículo de comunicação. Para não perder a atenção, o JN é bastante dependente da estratégia de arrebatamento, de criação de atenção de base sensorial. O telespectador precisa de estimulação a cada segundo. Os dez minutos e quarenta segundos da reportagem sobre o ex-ditador do Iraque apresentam 130 segmentações, enquanto as mais de três horas do *Jornal da* CBN analisado tiveram cerca de seiscentas.

No JN constatou-se uma profusão de estímulos com constante mudança de vozes, de cenas, de repórteres e de apresentadores. Na análise da edição do *Jornal Nacional*, um objeto em que vários conjuntos significantes se organizam para produzir um todo de sentido, observou-se como o verbal assume um papel estratégico. Para manter o telespectador atento, aposta-se na narrativa verbal como procedimento organizador do texto. São apresentadas curiosidades da história que motivam o engajamento do público para saber mais detalhes – estratégia de sustentação. Um noticiário de televisão, como o *Jornal Nacional*, tem a possibilidade de fazer uma narrativa visual, mas prefere construir inicialmente uma lógica "verbal" na qual são intercalados trechos de vídeos. O telespectador ouve, vê e "comprova" a existência de personagens e lugares citados. O *Jornal*, assim, também impõe uma leitura. O ritmo acelerado não dá tempo de refletir sobre o que é dito e mostrado. Não há, contudo, predomínio do verbal diante de outras "linguagens". Falar sobre massacres de Saddam mostrando suas vítimas é muito mais do que redundância ou estratégia de ilusão referencial. Pode-se observar um "adensamento" de informações, de sentidos.

No *Jornal da* CBN, também um noticiário que se desenvolve no tempo, o ritmo é mais desacelerado, apesar de ainda intenso. O enunciatário consome, geralmente, uma parte do programa. Também realiza outras atividades enquanto ouve o rádio. Para tentar mantê-lo "ligado" à apresentação, o programa é bastante segmentado. Há um ir e vir das mesmas notícias, só que com elementos de atualização diferentes. Existe grande preocupação com a estratégia de arrebatamento, com a criação de descontinuidades do plano de expressão para avivar a curiosidade do ouvinte. Ao contrário do JN, no entanto, valoriza-se um contato mais pessoal, de conversa entre amigos.

O *Jornal da* CBN e o *Jornal Nacional* têm maior controle do contato do enunciador com a notícia. Ambos "espalham" os assuntos, muito mais preocupados em criar um ritmo do que em organizar rigidamente o material, caso dos impressos. Isso quer dizer que notícias longas devem ser colocadas junto de outras curtas. Momentos de aceleração do plano de expressão são compensados por outros de desaceleração. Os dois jornais podem começar com um assunto de saúde em um dia, de segurança pública no outro e de política no seguinte. Também precisam iniciar muito tensos e irem, aos poucos, apresentando assuntos mais leves. Trata-se da comentada estrutura *"happy end"*, que também inclui todos os outros noticiários estudados. Somente no *Jornal da* CBN esse relaxamento não é gradual. Como a rotatividade de enunciatários é muito grande (a rádio chega a medir a audiência em minutos), é preciso manter um nível de tensão quase sempre alto até os instantes finais. Nos segundos finais, brinca-se com um assunto do dia. Uma canção ironiza alguns aspectos da história ou dos personagens.

No *Jornal Nacional* um escândalo de corrupção ou a morte de alguém muito famoso pode ocupar grandes partes ou até o noticiário inteiro, que tem duração fixa. Quanto maior o potencial de atenção, mais partes do programa serão preenchidas. Já nos impressos, a apresentação de uma edição cotidiana inteira dedicada a uma única notícia e a seus desdobramentos é impensável. Há, sim, mais páginas para os assuntos considerados mais importantes. E edições especiais. Qualquer editoria, contudo, deve ter seus assuntos principais mostrados em todas as edições normais. Os impressos precisam "organizar o mundo" para os seus leitores, lhes dar um pouco de tudo em uma mesma edição.

CONCLUSÃO **269**

Na *Folha de S.Paulo*, fica evidente a necessidade de a informação de parecer "excessiva" aos leitores. Se o *Jornal Nacional* se esforça em resumir a prisão de Saddam em dez minutos e quarenta segundos, a leitura do mesmo assunto nas cinco páginas e meia da *Folha* demandaria de duas a três horas. É evidente que os jornalistas do diário sabem que poucos leitores vão gastar esse tempo. O que está em jogo é tentar convencer o enunciatário de que, ao contrário das outras mídias, a *Folha* lhe dá mais detalhes, mais "profundidade", mais possibilidades de escolha. Podemos observar uma estratégia de sustentação específica da *Folha*, proporcionada pela possibilidade de organização dos elementos espacialmente. Como o leitor tem maior controle do que quer ler ou ver, o diário apresenta uma série de iscas diferentes para buscar a atenção de enunciatários distintos. Um leitor pode se interessar sobre detalhes da captura; outro, por saber o que pensa a população iraquiana. E todos devem encontrar alguma coisa de interessante nas páginas para manter laços com o diário.

Já a revista *Veja*, de edição semanal, tem tempo para refinar suas estratégias de arrebatamento e de sustentação. O leitor instaurado pela revista não é o que nada sabe. Ele espera uma "contextualização" e, ao mesmo tempo, um "diferencial" na abordagem da notícia. Todos os noticiários estudados tentam construir efeitos de neutralidade em relação às notícias, menos *Veja*. A voz que tudo sanciona da revista, contudo, é muito mais uma coerção do que uma escolha qualquer para construir o *ethos* do enunciador. Se não aparecesse como "juiz", *Veja* perderia uma grande maneira de se diferenciar dos outros noticiários.

No *Portal* UOL, as estratégias de sustentação e fidelização têm como base a promessa de apresentação de uma notícia em primeira mão. O que vale é a "rapidez". Quem consulta o UOL tem a chance de ser o primeiro a saber algo "importante". Podemos notar que, no caso de Saddam, o internauta teve como grande estímulo para manter a audiência ir acompanhando o desenrolar da própria notícia. Sem ter a obrigação de organizar conteúdos na forma de edições com intervalo de tempo fixo, o *Portal* UOL pode comercializar as novidades nos menores pedaços possíveis. A curiosidade sobre a notícia é, principalmente na internet, relacionada à sua própria apresentação como "última novidade".

Em relação aos noticiários "rápidos" analisados neste trabalho – como o *Jornal Nacional* e o *Jornal da* CBN –, o UOL leva algumas vantagens. Inicialmente, faz um "arquivo de novidades". Isso significa que o internauta se relaciona com a notícia de uma maneira diferente. No rádio e na TV, as novidades são organizadas em programas com horários fixos. Em função de sua importância, as notícias também podem ser divulgadas em boletins especiais. Na internet, ao contrário, não há o momento especial. Quem estipula o horário de consumo é o próprio internauta. Ao acessar um portal como o UOL, ele sabe que estará diante de uma hierarquia de notícias em constante atualização. O portal enuncia o tempo todo e, desse modo, pode se submeter ao consumo e às necessidades de qualquer usuário. Basta entrar na home. O consumidor não tem de ficar adequando seu ritmo pessoal à grade de programação ou a um programa jornalístico específico, como no caso da TV e do rádio. Até mesmo os canais jornalísticos das TVs por assinatura, caso da Globo News, não têm condição de oferecer uma espécie de "menu" de notícias em constante atualização, como fazem portais do tipo UOL. A característica de fluxo das TVs força os canais de notícias a ocupar todo o tempo com o que for muito importante ou a fazer um rodízio de notícias de destaque. Só na internet o usuário administra esse processo e o adapta às suas necessidades de consumo.

É notável que, juntos, os veículos de comunicação impõem um excesso de informação. Um olhar dirigido ao *Jornal Nacional*, à *Folha de S.Paulo*, à *Veja*, ao *Portal UOL*, ou ao programa de rádio CBN *Brasil*, contudo, mostra que cada um se vende como produto cujo grande apelo de consumo é apresentar um saber organizado sobre o mundo – mesmo com estratégias distintas – que traz vantagens a seus consumidores. Dito de outro modo, cada noticiário, individualmente, vende-se como solução para um problema que ajuda, coletivamente, a agravar.

UMA ANALOGIA ENTRE JORNAIS E RESTAURANTES

É possível fazer uma analogia entre restaurantes e jornais. Nos impressos, a manipulação do espaço determina certas formas de consumo, criação de necessidades e de satisfação de desejos. Esses noticiários assemelham-se a um estabelecimento do tipo bufê, com autosserviço. As mesas de iguarias devem dar a impressão de uma enorme diversidade, mesmo sabendo-se que cada consumidor tem seus limites. O bufê tem um começo, um meio e um fim, um caminho a ser percorrido, mas ninguém é compelido a seguir o roteiro predeterminado. É possível ainda equiparar o arranjo do bufê ao projeto gráfico de um jornal. Em outras palavras, há partes fixas, espaços determinados que nunca se alteram para grupos diferentes de alimentos. A diagramação é justamente a arrumação no dia a dia. Pensemos as unidades noticiosas como um tipo de alimento específico que se coloca em cada recipiente do bufê. O arranjo geral, além da impressão de grande variedade, deve permitir a escolha de maneira rápida e eficaz do que é considerado mais interessante para ser degustado. Essa arrumação, no entanto, precisa não apenas ser prática, mas também bonita, ou seja, apelar aos sentidos para que, no limite, exista mais consumo. Assim, pratos especiais, com os melhores conteúdos, também precisam ficar em recipientes diferenciados, em uma localização espacial privilegiada para, assim, chamar mais a atenção.

O restaurante também tem um cliente padrão, que pode ser imaginado com base no poder aquisitivo, faixa etária, classe social. Só que a variedade de pratos deve satisfazer desde vegetarianos até os amantes de carnes mal passadas, dos que querem emagrecer com uma porção diminuta e insossa até os que não têm a menor preocupação com o colesterol. Certos consumidores montam o prato com um pouco de tudo. Outros colocam grande quantidade da salada da política – sempre valorizada espacialmente. Alguns vão direitamente para as alegrias das variedades de sobremesas. Há quem encha o prato só com um item. Os que dispõem de mais tempo vão e voltam ao bufê, mastigam mais vezes, degustam. O empreendimento, no entanto, é montado para uma maioria que engole tudo com rapidez, pois tem outras atividades para realizar.

O restaurante dos outros noticiários analisados seria um pouco diferente. O do rádio é no sistema de rodízio. A comida vai passando na frente do cliente, sem parar, e ele não tem como prever quando entrará em contato com o que está buscando. Como ele não pode ir até a comida desejada e deve esperar que o alimento venha até ele, realiza outras tarefas. Porém, se ele se distrair, pode ter de esperar a próxima rodada para colocar no prato o item desejado. Uma vantagem do rodízio do rádio é que fica horas à disposição de qualquer interessado. As melhores iguarias são servidas no final.

O telejornalismo estudado proporciona um prato-feito em sistema de *fast food*. E que exige que o consumidor se adapte ao horário fixo de consumo. Não há muita variedade, não se pode escolher, mas os ingredientes são pensados para dar conta das necessidades diárias. Vende-se também a ideia de que se trata de uma refeição gratuita e, portanto, acessível a qualquer consumidor. Para compensar a massificação, tudo é servido por gente bem vestida e educada. O serviço é muito rápido e satisfaz a quem não tem tempo a perder.

Já o portal é um bufê sem fim, que muda a cada minuto, mas arrumado sempre do mesmo jeito, principalmente o da entrada do restaurante. O consumidor é obrigado a ficar procurando o que quer diante de um enorme número de possibilidades. Os produtos são os mais frescos encontrados, mas geralmente estão crus ou mal cozidos. Para achar algo, é preciso procurar e procurar entre muita coisa ruim. Antes de achar e se achar, o consumidor terá de experimentar um pouco de tudo. E pode ficar saturado antes de localizar o que realmente deseja.

PARA SABER MAIS

Quem quiser aprofundar os estudos de Semiótica Discursiva tem diversas opções no mercado editorial. Vale dizer que este livro, por questões de espaço e de foco, não discutiu de maneira mais abrangente algumas celebradas contribuições da Semiótica, principalmente o chamado Percurso Gerativo de Sentido. A Editora Contexto conta com obras importantes para ajudar o leitor a complementar seus estudos. Serão citadas quatro, inclusive já com uma proposta de ordem de leitura.

O primeiro livro indicado é *Semiótica: objetos e práticas* (de Ivã Carlos Lopes e Nilton Hernandes – orgs., obra publicada pela Contexto). A revisão teórica foi realizada pelos professores José Luiz Fiorin, Luiz Tatit e Diana Luz Pessoa de Barros, da USP. A obra reúne 17 estudos, da ficção à publicidade, passando pela política e pela mitologia, pela dança, que têm diversas linguagens de manifestação, do verbal escrito à visual, do verbal falado à musical, entre outras. Há, enfim, um amplo leque de análises concretas que trazem uma boa amostra das capacidades descritivas da Semiótica. E todas escritas com a preocupação de mostrar a teoria para leitores iniciantes.

Elementos de análise do discurso, de José Luiz Fiorin (publicada pela Contexto), é o segundo livro. Trata-se de um clássico da Semiótica brasileira. E recentemente ganhou uma edição revista, ampliada e aumentada. O autor mostra os mecanismos de construção do texto, como, por exemplo, a estrutura narrativa, a utilização das categorias de pessoa, espaço e tempo para criar efeitos de sentido, os procedimentos de produção de textos que simulam o mundo ou o explicam, as chamadas figuras retóricas entendidas como processos discursivos.

O terceiro livro é *A comunicação nos textos*, de Norma Discini (publicada pela Contexto), uma obra importante, principalmente para jornalistas e outros profissionais de comunicação. Isso porque Norma Discini aborda com muitos exemplos questões linguísticas e discursivas.

Semiótica visual (publicada pela Contexto), de Antonio Vicente Pietroforte, o quarto da lista, tem o mérito de apresentar questões teóricas e análise de objetos pouco estudados, principalmente da cultura brasileira, como quadrinhos, esculturas, fotografias, pinturas e poesia concreta.

BIBLIOGRAFIA

AKER, David A. *Criando e administrando marcas de sucesso*. 2ª edição. São Paulo: Futura, 1996.

ABRAMO, Cláudio. *A regra do Jogo*. São Paulo: Companhia das Letras, 1988.

BARBEIRO, Heródoto; LIMA, Paulo Rodolfo de. *Manual de radiojornalismo:* produção, ética e internet. Rio de Janeiro: Campus-Elsevier, 2003.

BARROS, Diana Luz Pessoa de. Texto e imagem. *Linguagens:* revista brasileira da Região Sul. Associação Brasileira de Semiótica, n. 1, outubro de 1986.

_____. *Teoria do discurso:* fundamentos semióticos. São Paulo: Atual, 1988.

_____. Procedimentos de construção do texto falado: aspectualização. In: COSTA, Iná Camargo et al. (eds.). *Língua e literatura*. São Paulo: DL/USP, n. 21, 1994/1995.

_____. *Teoria semiótica do texto*. 3ª edição. São Paulo: Ática, 1997.

_____. *Procedimento do plano da expressão e construção dos sentidos*. Texto inédito, cópia digital, 2004.

BOAL, Augusto. *Teatro do oprimido e outras poéticas políticas*. Rio de Janeiro: Civilização Brasileira, 1980.

BONI, Paulo César. *O discurso fotográfico:* a intencionalidade de comunicação no fotojornalismo. São Paulo, 2000. Tese (doutorado) – Escola de Comunicações e Artes, Universidade de São Paulo.

BOURDIEU, Pierre. *Sobre a televisão*. Rio de Janeiro: Jorge Zahar, 1997.

CARMO JR., José Roberto. Semiótica e futebol. In: LOPES, Ivã Carlos; HERNANDES, Nilton (orgs.). *Semiótica:* objetos e práticas. São Paulo: Contexto, 2005.

DISCINI, Norma. *O estilo nos textos:* história em quadrinhos, mídia, literatura. São Paulo: Contexto, 2003.

DUCROT, Oswald; TODOROV, Tzvetan. *Dicionário enciclopédico das ciências da linguagem*. 2ª ed. São Paulo: Perspectiva, 1972.

FALCIANO, Flávio. *Fluxo internacional da notícia na Rádio CBN de São Paulo*. São Paulo, 1999. (Dissertação de mestrado) – Universidade Metodista de São Paulo.

FECHINE, Yvana. Televisão, hábito e estesia In: OLIVEIRA, Ana Claudia de; LANDOWSKI, Eric (orgs.). *9° Caderno de discussão do Centro de Pesquisas Sociossemióticas*. São Paulo: Editora CPS, 2003.

276 A MÍDIA E SEUS TRUQUES

FERRARI, Pollyana. *Jornalismo digital*. São Paulo: Contexto, 2004.

FIORIN, José Luiz. Semântica estrutural: o discurso fundador. In: OLIVEIRA, Ana Claudia de; LANDOWSKI, Eric (eds.). *Do inteligível ao sensível:* em torno da obra de Algirdas Julien Greimas. São Paulo: Educ, 1995.

_____. *As astúcias da enunciação:* as categorias de pessoa, espaço e tempo. São Paulo: Ática, 1996.

_____. *Linguagem e ideologia.* 5ª ed. São Paulo: Ática, 1997a.

_____.*Elementos de análise do discurso.* São Paulo: Contexto/Edusp, 1997b.

_____; PLATÃO, Francisco. *Lições de texto:* leitura e redação. 2ª ed. São Paulo: Ática, 1997.

_____. Semiótica e comunicação. *Galáxia:* revista transdisciplinar de comunicação, semiótica, cultura. São Paulo: Educ; Brasília: CNPq, n. 8, outubro de 2004.

FLOCH, Jean-Marie. *Petites mythologies de l'oeil e de l'espirit:* pour une sémiotique plastique. Paris-Amsterdam: Hadès-Benjamins,1985.

_____. *Sémiotique, marketing et communication.* Sous les signes, les stratégies. Paris: PUF, 1990.

FONTANILLE, Jacques. *Sémiotique du discours.* 2ª ed. Limoges: Pulim – Collection: Nouveaux actes semiotiques, 2003.

_____; ZILBERBERG, Claude. *Tensão e significação.* São Paulo: Discurso Editorial/ Humanitas/FFLCH/USP, 2001.

GAGE, Leighton D.; MEYER, Cláudio. *O filme publicitário.* 2ª ed. São Paulo: Atlas, 1991.

GREIMAS, Algirdas Julien. *Semântica estrutural.* São Paulo: Cultrix/Edusp, 1973.

_____. *Sobre o sentido:* ensaios semióticos. Petrópolis: Vozes,1975.

_____. *Du Sens II:* essais sémiotiques. Paris: Seuil, 1993.

_____; COURTÉS, Joseph. *Dicionário de semiótica.* 9ª ed. São Paulo: Cultrix, 1983.

_____. *Semiótica:* diccionario razonado de la teoría del languaje. Madrid: Biblioteca Românica Hispânica, Gredos,1986.

_____.; FONTANILLE, Jacques. *Semiótica das paixões*. São Paulo: Ática, 1993.

HERNANDES, Nilton. *A revista Veja e o discurso do emprego na globalização:* uma análise semiótica. Maceió: Edufal/Salvador: Edufba, 2004.

HJELMSLEV, Louis Trolle. *Prolegômenos a uma teoria da linguagem.* São Paulo: Abril Cultural, 1975. (Coleção Os pensadores)

KOSSOY, Boris. *Fotografia & história.* 2ª ed. revista. São Paulo: Ateliê Editorial, 2001.

KUBRUSLY, Cláudio A. *O que é fotografia.* 4ª ed. São Paulo: Brasiliense, 1991.

KUCINSKI, Bernardo. *Jornalismo na era virtual:* ensaios sobre o colapso da razão ética. São Paulo: Unesp e Fundação Perseu Abramo, 2005.

LANDOWSKI, Eric. *La société réfléchie.* Paris: Seuil, 1989 [edição brasileira: 1992].

_____. Pour l'habitude, In: OLIVEIRA, Ana Claudia de et al. (orgs.). *Caderno de discussão do IV Colóquio do Centro de Pesquisas Sociossemióticas,* São Paulo, 1998.

LEVY, Pierre. *L'économie de l'attention.* Disponível em http://lajoie.uqam.ca/cirasi/cirasi-levy.html – último acesso em maio de 2005.

MACHADO, Arlindo. *A televisão levada a sério.* São Paulo: Senac, 2000.

MACIEL, Pedro. *Jornalismo de televisão:* normas práticas. Porto Alegre: Sagra-Luzzato,1995.

MATTELART, Armand e Michele. *História das teorias da comunicação.* 5ª ed. São Paulo: Loyola, 2002.

MARCONDES FILHO, Ciro. *O capital da notícia.* Jornalismo como produção social da segunda natureza. 2ª ed. São Paulo: Ática, 1989.

_____.*Televisão:* a vida pelo vídeo. São Paulo: Moderna, 1988. (Coleção Polêmica).

_____.*Comunicação e jornalismo:* a saga dos cães perdidos. São Paulo: Hacker Editores, 2000.

BIBLIOGRAFIA **277**

_____. *O espelho e a máscara:* o enigma da comunicação no caminho do meio. São Paulo: Discurso/Ijuí: Unijuí, 2002.

MARTIN, Marcel. *A linguagem do cinema.* São Paulo: Brasiliense, 1990.

MEDITSCH, Eduardo. *O rádio na era da informação:* teoria e técnica do novo radiojornalismo. Florianópolis: Insular/UFSC, 2001.

MELO, José Marques de. *Gêneros jornalísticos na Folha de S.Paulo.* São Paulo: editado pela Folha de S.Paulo, 1992.

_____. *Gêneros opinativos no jornalismo brasileiro.* São Paulo, 1983. (Tese de Livre-docência) Escola de Comunicações e Artes – Universidade de São Paulo.

MIELNICZUK, Luciana. Webjornalismo de terceira geração: continuidades e rupturas no jornalismo desenvolvido para a web – Disponível em: http://www.adtevento.com.br/ intercom/resumos/R08161–pdf – acessado em maio de 2005.

MUNSTERBERG, Hugo. A atenção. In: XAVIER, Ismail (org.). *A experiência do cinema.* Rio de Janeiro: Graal, 1983.

NÖTH, Winfried. *A semiótica no século XX.* 2ª ed. São Paulo: Annablume, 1996. (Coleção E)

ORLANDO, Ricardo Augusto Silveira. *A comunicação on-line e os portais da web:* uma abordagem semiótica. Campinas, 2001. Dissertação (Mestrado em linguística) – Disponível em versão eletrônica na Biblioteca Digital da Unicamp a partir do endereço: http://libdigi.unicamp.br/

PALACIOS, Marcos. *Jornalismo online, informação e memória:* apontamentos para debate. Disponível em: www.facom.ufba.br/jol/pdf/ 2002_palacios_informacaomemoria.pdf – último acesso em maio de 2005.

PERELMAN, Chaïm; OLBRECHTS-TYTECA, Lucie. *Tratado da argumentação:* a nova retórica. São Paulo: Martins Fontes, 1996.

PORCHAT, Maria Elisa. *Manual de Radiojornalismo Jovem Pan.* São Paulo: Brasiliense, 1986.

REBOUL, Olivier. *Introdução à retórica,* 1996.

REZENDE, Guilherme Jorge de. *Telejornalismo no Brasil:* um perfil editorial. 2ª ed. São Paulo: Summus 2000.

SAAD, Beth. *Estratégias para a mídia digital:* internet, informação e comunicação. São Paulo: Senac, 2003.

SCHWARTZ, Tony. *Mídia:* o segundo Deus. 2ª ed. São Paulo: Summus Editorial, 1985.

SAUSSURE, Ferdinand de. *Curso de linguística geral.* 15ª ed. São Paulo: Cultrix, 1989.

SILVA, Odair José Moreira da. *A manifestação de Cronos em 35 mm:* o tempo no cinema. São Paulo, 2004. Dissertação de mestrado – Faculdade de Filosofia, Letras e Ciências Sociais, Universidade de São Paulo.

SQUIRA, Sebastião. *Aprender telejornalismo:* produção e técnica. São Paulo: Brasiliense 1995.

TARASTI, Ero. Ideologies manifesting axiologies. In: PETRILLI, Susan (org). *Semiotica:* ideology, logic and dialogue in a semioethic perspective. Berlin/New York: Mouton de Gruyter e Susan Petrilli, v. 148, 2004.

TATIT, Luiz. *Musicando a semiótica:* ensaios. São Paulo: Annablume, 1997.

_____. Abordagem do texto. In: FIORIN, José Luiz (org). *Introdução à linguística – I.* Objetos teóricos. São Paulo: Contexto, 2003.

TEIXEIRA, Lúcia. Entre dispersão e acúmulo: para uma metodologia de análise de textos sincréticos. *Gragoatá.* Revista do programa de pós-graduação em Letras da Universidade Federal Fluminense, Niterói: EdUFF, n. 16, 2004.

WAIN, G. *Como filmar.* 3ª ed. Lisboa: Prelo Editora, s. d.

WATTS, Harris. *On camera:* o curso de produção de filme e vídeo da BBC. São Paulo: Summus, 1990.

WHITE, Jan V. *By Design:* world-and-picture communication for editors and designers. New York/London: R. R. Bowker Company, 1974.

ZILBERBERG, Claude. Por une poetique de l'attention. In: Communicative, Berne, Frankieet. M. New York, Paris, 1980.

MANUAIS E PUBLICAÇÕES ESPECIAIS

Jornal Nacional: a notícia faz história. Memória Globo. Rio de Janeiro: Jorge Zahar, 2004.

Manual de redação da Folha de S.Paulo. Vários colaboradores. São Paulo: Publifolha, 2001.

Manual de Vídeo do Centro de Comunicação e Artes do Senac. São Paulo: Senac, década de 1990.

MARTINS, Eduardo (org.). *O Estado de S. Paulo:* manual de Redação e Estilo. São Paulo: O Estado de S. Paulo, 1990.

PORCHAT, Maria Elisa. *Manual de Radiojornalismo da Jovem Pan.* 3ª ed. revista. São Paulo: Brasiliense, 1993.

O AUTOR

Nilton Hernandes é jornalista, mestre e doutor em Semiótica pela Universidade de São Paulo – USP. Professor adjunto do Departamento de Letras da Universidade Federal do Mato Grosso do Sul – UFMS – no mestrado em Estudos de Linguagens. É "sócio fundador" do Grupo de Estudos Semióticos (GES-USP), em atividade desde 2001, e coorganizador, junto com Ivã Carlos Lopes, do livro *Semiótica: objetos e práticas* (Contexto). Em 2002, recebeu o prêmio de melhor dissertação de mestrado do país na área de linguística, da Anpoll (Associação Nacional de Pós-Graduação e Pesquisa em Letras e Linguística) com o trabalho "A revista Veja e o discurso do emprego na globalização – uma análise semiótica". Formado em jornalismo pela Universidade Metodista, trabalhou na Volkswagen do Brasil, no jornal *Diário do Grande ABC* e entidades sindicais e organizações não governamentais. Foi repórter, editor, assessor de imprensa, gerente de comunicação e marketing, consultor de comunicação. Em 1999, passou a se dedicar à pesquisa e à docência. Ministrou aulas em cursos de jornalismo e publicidade de diversas escolas particulares.